RESEARCH ON LEGAL REGULATION FOR TRANSFER
MARKET OF LAND MANAGEMENT RIGHT

土地经营权市场法律规制研究

向　超◎著

重庆大学出版社

内容提要

本书的研究和写作立足于法学视角,并力图从制度经济学、政策科学等学科寻求佐证。全书依照法律规制的基本结构,从"规制基础"—"规制问题"—"规制原则"—"规制路径"的逻辑出发,运用规范分析、价值分析、内容分析与实证分析等研究方法,对土地经营权市场及其法律规制的一般理论、土地经营权市场规制存在的问题、土地经营权市场法律规制的基本原则、土地经营权市场准入规制、土地经营权市场运行规制、土地经营权市场价格规制等问题进行研究,以期助益于土地经营权市场的规范运行。

图书在版编目(CIP)数据

土地经营权市场法律规制研究 / 向超著. -- 重庆:
重庆大学出版社,2020.6
ISBN 978-7- 5689-2134-3

Ⅰ.①土… Ⅱ.①向… Ⅲ.①土地经营—土地法—研
究—中国 Ⅳ.①D922.304

中国版本图书馆 CIP 数据核字(2020)第 075763 号

土地经营权市场法律规制研究
TUDI JINGYINGQUAN SHICHANG FALÜ GUIZHI YANJIU
向 超 著
责任编辑:陈 力 王廷兴   版式设计:陈 力
责任校对:关德强   责任印制:邱 瑶
*
重庆大学出版社出版发行
出版人:饶帮华
社址:重庆市沙坪坝区大学城西路 21 号
邮编:401331
电话:(023) 88617190 88617185(中小学)
传真:(023) 88617186 88617166
网址:http://www.cqup.com.cn
邮箱:fxk@ cqup.com.cn(营销中心)
全国新华书店经销
重庆市正前方彩色印刷有限公司印刷
*
开本:889mm×1194mm 1/32 印张:10.5 字数:237 千
2020 年 6 月第 1 版 2020 年 6 月第 1 次印刷
ISBN 978-7-5689-2134-3 定价:48.00 元

　　本书出版得到国家社科基金重大项目"实现巩固拓展脱贫攻坚成果同乡村振兴有效衔接研究"(21ZDA062)和中央高校基本科研博士启动项目"土地经营权市场规制工具的实证研究"(SWU2109503)资助。

前　言

　　十八届三中全会以来形成的一系列土地流转政策,激活和培育了土地经营权市场化建设的政策环境。2017 年中央农村工作会议明确提出要强化乡村振兴制度性供给,指明了农村发展的核心机制:制度供给和体制创新。2018 年中央一号文件《中共中央　国务院关于实施乡村振兴战略的意见》指出,全面完成土地承包经营权确权登记颁证工作,实现承包土地信息联通共享。完善农村承包地"三权分置"制度,在依法保护集体土地所有权和农户承包权前提下,平等保护土地经营权。"三权分置"改革是在土地经营权配置低效现状基础上对土地承包经营权的制度细化,通过承包权与经营权分离,消弭内含于土地承包经营权中的社会保障功能和财产增值功能之矛盾。由此,土地经营权作为市场核心得以证成,土地经营权市场作为制度归宿得以生成。然而,土地经营权市场的构建必将面临两大阻力:其一,土地承包经营权制度所造就的市场主体行为惯性,如农民流转动力不高、新型农业经营主体入市信心不足等问题;其二,土地经营权市场中市场主体客观存在的有限理性,如侵害农民权益、违法经营等问题。职是之故，以实现土地要素和激活市场机制为目标，展开以准入规制、运行规制以及价格规制为体系的制度构建。

本书的研究和写作立足于法学视角，在遵循问题主义的前提下，依照法律规制开展与完善的基本结构展开对核心命题的论述。具体来看，从"规制基础—规制问题—规制原则—规制路径"的规制逻辑出发，运用实证分析法、比较研究法、价值分析法、系统分析法等研究方法，对土地经营权市场规制的一般理论、土地经营权市场规制的基本问题、土地经营权市场规制的基本原则、土地经营权市场准入规制、土地经营权市场运行规制、土地经营权市场价格规制等相关问题进行阐释，以期为土地经营权市场的有效运行框定边界、提升运行效率。具体内容包括：

导论部分主要阐释了本选题的背景、研究综述、研究方法及可能的创新。从实践现状、政策推进、理论纷争的视角出发，明确"三权分置"下土地经营权市场法律规制的政策目标与制度价值；从土地经营权、土地经营权市场以及法律规制的概念界定及梳理三个方面分析当前命题的研究现状；土地经营权的生成遭受合法性的诟病；土地经营权市场阶段性成长，普遍性不足；土地经营权法律规制目标明确，制度建构滞后。研究方法上采用了以数据分析为中心、实地调研为手段的实证研究方法；立法体例与制度建构为鉴益的比较法研究方法；面向既有法律制度的实施现状判断与当前改革价值实现应然分析的价值分析方法；以市场制度周延性、体系性构建为目标的系统分析方法；并提出了研究主题、研究方法与研究视角等方面可能存在的创新。

第一章阐释了土地经营权及其法律规制的一般理论。从土地经营权、土地经营权市场、土地经营权市场法律规制的一般理论出发，为后文土地经营权市场法律规制的制度展开奠定理论基础；土地经营权具备新型权利的基本特征；物权性的发展方向和市场化的功能定位是权利实现的基本向度；土地经营权市场法律规制制度是土地经营权放活的制度保障，是土地社会保障功能理念转换的实现路径，是土地要素价值释放的市场化制度；基于对土地经营权市场现状的有效识别，需要秉持理论澄清与普适、法律界定与适用、制度建构与规制、理念提炼与形成的规制整体思路；并明确土地经营权有别于土地承包经营权发展路径的调适，即权利内容与性质的派生性、流转方式与流转权利的创新性。

第二章提出了我国土地经营权市场法律规制中的问题。"问题—主体—机制"的分析框架是公共管理学的经典研究视角，以现实问题为依据，可以更好地分析当前治理机制的失灵与不足。经检视，土地经营权交易主体规制存在农业经营者准入、工商资本监管方面的问题；土地经营权运行规制存在合同规制、交易风险、规制体制方面的问题；土地经营权价格规制存在不当价格调制、缺乏调制行为方面的问题。整合发现，土地经营权市场因旧有制度与改革制度并存的特殊时期而存在的问题，是传承经验与创新发展的共性问题，是土地经营权市场法律规制研究主题下理应克服的问题。

第三章论述了土地经营权市场法律规制的基本原则。立足于土地经营权市场现状与市场法治的要求，探讨了土地经营权市场法律规制过程中应该明确的基本原则。促进经营权流转是"三权分置"实现的目标原则；保障交易安全是土地经营权市场化的基础原则;遵守经济规律是土地经营权本原属性的实现原则;兼顾各方利益是农地产权制度改革的保障性原则;政府适度干预是土地经营权市场规制的手段性原则;公平与效率兼顾是土地经营权市场的均衡发展原则。

第四章讨论了土地经营权市场准入规制。土地经营权市场准入规制是土地经营权运行的启动环节。传统农户与新型农业经营主体存在主体性质、经营方式等方面的差别,需要在法律规制中树立公平与效率的理念,在保障传统农户利益的基础上促进新型农业经营主体快速发展。因此,制度目标的设定上应注重准入门槛"宽度"的设置,注重农业经营主体类型化,实现规制协调。具体而言,正确评估农户、家庭农场、专业大户、专业合作社及农业企业等规制对象的市场特性,探讨出准入规制理应把握的重点方向为农民专业合作社和农业企业,并以此展开土地经营权市场准入规制的制度构建。

第五章探讨了土地经营权市场运行规制。土地经营权市场运行是多主体、多环节的市场现象,市场主体(参与者)、中介组织(协助者)、政府(干预者)是土地经营权市场主体制度的核心要素;私法层面而言,土地经营权市场合同制度和土地经营权市场登记制度是市场运行的程序性法律制度,是土地经营权市场运行的基础性制度。公法层面而言,政府基于职能和公共利益需要对相关市场进行宏观调控,实现效益的最大化。此外,市场失范行为甚至违法行为同样需要政府履行监管职责,其规制路径为构建并不断完善市场基础法律制度、市场改革法律制度、市场秩序法律制度及社会保障法律制度。

第六章阐述了土地经营权市场价格规制。价格是权利收益的基本条件,价格规制是市场化实现的必要方式。土地经营权已被赋予市场收益性属性,具备了市场化、资本化的性质。因此,从立法体制及制度优化的视角对土地经营权价格规制予以检视并作出制度回应尤为重要。理清土地经营权交易价格的法制生成,准确评析土地经营权交易价格的规制现状是展开有效规制的基础。对土地经营权交易价格规制理应坚持直接规制与间接规制有效衔接原则、微观规制与宏观调控合理配合原则以及规制法定原则。进而展开一般立法统合与特殊立法规制并存的立法完善,指导性定价为辅与市场性定价为主的制度优化。当然,土地经营权的价格规制是一个综合性的概念,本书对农地估价方法的讨论,对农地发展权价值的讨论,对农地生态价值的讨论还不够深入或暂时阙如,这也成为今后研究的主要方向。

"三权分置"是基于承包土地大规模流转的事实同时伴随新型农业经营主体的创新而得以发现和提炼。落实"三权分置"首先需要明晰和厘清土地经营权的用益物权性质,并以此为基础展开土地经营权市场化实现的制度构建。理论层面,基于改革目标及物权法理等要素之考量,应以多种形式去实现土地经营权的权利构造。实践层面,以土地经营权立法规制为基础,展开对土地经营权市场准入、运行、价格规制制度的构建。整体而言,本书是对改革热点所展开的制度性回应。也正是由于文章多以政策设定为研究主线,在制度构建过程中可能存在对农村社会现实的回应不足,而这也是本书需要进一步深化及有必要对本选题进行持续研究的主要原因。

目 录

第二章　我国土地经营权市场规制存在的问题

第三章　土地经营权市场法律规制的基本原则

第四章　土地经营权市场准入规制

第五章　土地经营权市场运行规制

第六章　土地经营权市场交易价格规制

后　记

参考文献

导　论

一、选题背景与意义

(一)选题背景

以《中华人民共和国农村土地承包法》(以下简称《农村土地承包法》)第二条为基础,本书所使用的"农村土地"指农民集体所有的依法由农民集体使用的耕地、林地、草地,以及其他依法用于农业的土地,但是不包括国有的农村土地。本书所讨论的主要对象即土地经营权,是基于"三权分置"背景下派生于土地承包经营权、用益农村土地的一种经营性权利。这种权利纯化为非身份性权利,不再与承包土地的资格性权利挂钩,由此成为可以进行市场化处置的前提,也是本书法律规制开展的基础。

基于制度变迁的路径依赖,我国农村土地制度的基本轨迹归结于实践先行、政策指导和法律确认的"三部曲"模式。①暂且不论《关于完善农村土地所有权承包权经营权分置办法

---

① 徐勇.农民改变中国[M].北京:中国社会科学出版社,2012:6.

的意见》(以下简称《三权分置意见》)出台之前,"土地经营权"流转的实践情况。《三权分置意见》的出台旨在消弭学界、地方政府以及社会大众对三权分置改革核心"土地经营权"的较大分歧。虽然政策落实、地方试点已逐步展开,但真正进行制度构建和实践指导的法律确认还趋于完善中。但可以断言的是,"三权分置"改革及其核心"土地经营权"制度的最终落实,必然需要体现在相关法律规定之中。职是之故,当前的理论分歧和制度争议亟须予以澄清和破解,为《民法典·物权编》的设计、《中华人民共和国土地管理法》(以下简称《土地管理法》)《农村土地承包法》的适用奠定基础。①

1.实践现状

经营权的设置及实施在"三权分置"被正式提出以前于地方就存有迹象。以土地股份制为例,这种经营形式模糊了产权与土地的对应关系,土地承包权异化为股权,以股权的调整适应人口的调整,维护土地经营权稳定性的基础上,使得土地经营权单独运行成为可能。实践中,大部分地方所开展的土地承包经营权抵押贷款,均是将土地经营权拟制成了一种可自由转让、具备抵押权能的财产权。对此,江苏、浙江等地还通过颁发土地经营权证便利规模经营权主体申请抵押贷款。即使是普通农户所申请的农地抵押贷款中,其事实抵押物亦为经营权。② 再如山东、吉林等地,同样采用分离的形式

---

① 丁文.论"三权分置"中的土地经营权[J].清华法学,2018(1):114-128.
② 汪险生,郭忠兴.虚置还是稳固:农村土地集体所有制的嬗变——基于权利分置的视角[J].经济学家,2017(5):58-67.

设立"使用权""流转权",并以此办理银行质押、抵押贷款。[①]

"三权分置"确立以来,为规范农村土地经营权流转交易行为,保障交易各方合法权益,许多省份制定实施办法,为本辖区的农村土地经营权流转交易"立规矩"。如湖北省《关于规范引导农村土地经营权流转积极发展农业适度规模经营的实施意见》鼓励承包农户依法采取转包、出租、互换、转让、入股等形式流转承包地;《安徽省实施〈农村土地经营权流转交易市场运行规范(试行)〉办法》《江苏省农村土地经营权流转市场交易实施细则》《湖南省农村土地经营权流转交易市场运行规范(试行)》等均规定了本省范围内农村土地经营权流转交易应具备的条件、交易品种、交易主体以及交易程序,细致地规范了土地经营权流转交易行为。[②]

为了盘活农村资产,解决农民贷款难的问题,232个试点县(市、区)开展了土地经营权抵押贷款试点。试点区政府普遍专设贷款风险补偿基金,对银行、担保机构开展承包土地的经营权抵押贷款的损失进行风险补偿,创新建立"1+N"反担保模式。[③]此外,央行以贷款平台为媒介创新出"央行再贷款+土地流转贷"模式,并在制度上激励商业银行通过此模式吸收资金并用于农地抵押贷款。[④]截至2016年12月中旬,

---

① 叶兴庆.从"两权分离"到"三权分离"——我国农地产权制度的过去与未来[J].中国党政干部论坛,2014(6):7-12.

② 目前,全国各地正加紧构建流转顺畅、保护严格的土地经营权市场交易体系,县(市)级以上土地流转交易市场达到1 324个,乡镇土地流转服务中心达到17 268个。参见朱隽,王浩.活权 活地"活"三农[N].人民日报,2016-8-3(9).

③ 即组合土地经营权抵押+不动产抵押、动产抵押、权利质押、法人保证、个人保证等多种反担保措施。

④ 李海波.关于创新金融扶贫模式的探讨——基于河北模式的讨论[J].农村金融研究,2017(5):13-18.

重庆市武隆区试点区已经累计发放农村承包土地的经营权抵押贷款 455 笔,金额 5 130 万元。①

此外,土地经营权入股发展农业产业化经营试点即将进入总结阶段。2015 年初,农业部决定在江苏省常州武进区等 7 个地区开展土地经营权入股发展农业产业化经营试点。7 个试点县(市、区)培育了一批以土地经营权入股的农业企业、合作社,以土地经营权股份为联结机制,实现了股份制的市场运行模式,并取得了良好的效果。以青州市试点区的合作社为例,农民以土地入股加入合作社后,土地由合作社统一经营从事蔬菜种植,而入股的农民既可以得到土地流转费用,也能得到盈利分红。

2.政策推进

"三权分置"与土地承包经营权一样,是以地方实践为基础并逐步走入中央政策文件和法律中的。自 2003 年《农村土地承包法》实施以来,农地经营制度始终是历年来中央一号文件的重心。2008 年 10 月,十七届三中全会通过了《中共中央关于推进农村改革发展若干重大问题的决定》,作为农村发展改革的纲领性文件,其明确指出了农村土地流转市场的规范化构建及规模经营主体的培育。② 由此认为,该论述是本书土地经营权市场的政策性来源,也是首次明确提出要建立健全土地承包经营权流转市场,过去中央多次指出农村

① 朱蓝澜.人民银行武隆县支行创新推动辖区农村土地承包经营权抵押贷款试点[EB/OL].中国金融新闻网,2017-01-26.
② 《中共中央关于推进农村改革发展若干重大问题的决定》指出:"加强土地承包经营权流转管理和服务,建立健全土地承包经营权流转市场,按照依法自愿有偿原则,允许农民以转包、出租、互换、转让、股份合作等形式流转土地承包经营权,发展多种形式的适度规模经营。有条件的地方可以发展专业大户、家庭农场、农民专业合作社等规模经营主体。"

承包地可以流转，但基本上只允许农地在本村范围内流转，成员之间相互熟识，也就是私下流转，不需经过市场。这表明我国农地流转制度出现了重大变化，建立农地流转市场和中介交易机构意味着土地承包经营权可以作为商品在市场上进行交易，其流转价格可以由市场确定，同时也意味着土地承包经营权可以在更大地域范围内进行交易，而不只限于本村集体成员。此外，2013年11月中共中央十八届三中全会通过了纲领性文件《中共中央关于全面深化改革若干重大问题的决定》（以下简称《决定》），该文件对农地流转提出了创新性的改革思路和举措。《决定》指出："坚持家庭经营在农业中的基础性地位……在坚持和完善最严格的耕地保护制度前提下，赋予农民对承包地占有、使用、收益、流转及承包经营权抵押、担保权能，允许农民以承包经营权入股发展农业产业化经营。鼓励承包经营权在公开市场上向专业大户、家庭农场、农民合作社、农业企业流转，发展多种形式规模经营"。2014年7月国务院出台了《关于进一步推进户籍制度改革的意见》，对农地财产权的流转和进城落户农民是否退出承包地有了新的具体规定，其在第十二条中规定："建立农村产权流转交易市场，推动农村产权流转交易公开、公正、规范运行。坚持依法、自愿、有偿的原则，引导农业转移人口有序流转土地承包经营权。"2014年11月中共中央办公厅、国务院办公厅发布了《关于引导农村土地经营权有序流转发展农业适度规模经营的意见》（以下简称《意见》），该文件重申中央对农村土地经营权流转的原则和政策，规范农地流转的行为，强调承包经营权流转的范围。《意见》指出："在同等条件下，本集体经济组织成员享有土地流转优先权。以转让方式流转承包地的,原则上应在本集体经济组织成员之间进行,且需经发包方同意。"2015年7月国务院办公厅出台了《关于加快转变农业发展方式的意见》,其第八条在谈到推进多种形式的农业适度规模经营时指出:"在坚持农村土地集体所有和充分尊重农民意愿的基础上,在农村改革试验区稳妥开展农户承包地有偿退出试点,引导有稳定非农就业收入、长期在城镇居住生活的农户自愿退出土地承包经营权。"2015年10月29日通过的《中共中央关于制定国民经济和社会发展第十三个五年规划的建议》指出:"维护进城落户农民土地承包权、宅基地使用权、集体收益分配权、支持引导其依法自愿有偿转让上述权益。"2016年10月,中共中央办公厅、国务院办公厅印发的《三权分置意见》则专门强调:"鼓励在理论上深入研究农民集体和承包农户在承包土地上、承包农户和经营主体在土地流转中的权利边界及相互权利关系等问题。"由是观之,以促进流转、优化规模经营、增加抵押权能为目的的农用地"三权分置"在所有权与土地承包经营权"两权分离"的基础上通过承包权与经营权分置形成的"三权分置",已经完成了从地方规范性文件提炼到中央政策性文件并开始启动修法的蜕变、升级。2018年1月中共中央、国务院《关于实施乡村振兴战略的意见》同样指出:完善农村承包地"三权分置"制度。可见,农地"三权分置"改革已然代表了新型农地制度改革的方向,乃大势所趋。

3.理论纷争

在学界,"三权分置"最早源于经济学家在1985年提及的"土地承包经营权转包引起了土地的所有权、使用权、经营权在不同层次上的分离"以及1989年提出的"实行'三权分离',即将所有权、承包权、经营权予以分离"。① 由是观之,1989 年学界就提出了"三权分离"的概念。即在 1990 年,已经提出了与当下"三权分置"较接近的表述,如学者提出了"坚持劳动农民共享的集体所有权,稳定农户承包权,提倡流转经营权"的观点;还有学者根据枣阳市顺城村的做法,不仅提出了"三权分离"的概念,而且总结了"三权分离"的优势:可以完善土地制度、发挥规模经济、重组生产要素、保护土地资源。②

在 2014 年之前,相关研究文献极少对"三权分置"或"三权分离"进行系统论述和阐释,一般只是简单地提及。不过,自从中共中央于 2013 年肯定并推进"三权分置"改革以来,"三权分置"迅速成为学界研究热点,成果亦呈井喷之势。截止到 2019 年 11 月 27 日,在中国知网"文献"库中按照主题"三权分置"进行检索,1994 年、1999 年、2006 年、2010 年、2012 年各有 1 条,2014 年有 41 条,2015 年有 106 条,2016 年有 334 条,2017 年有 422 条,2018 年有 525 条,2019 年有 381 条文献,除此以外,1994—2012 年的其他年份则未检索到记录;在中国知网"文献"库中按照主题"三权分离"进行检索,1994 年有 16 条、1999 年有 12 条、2006 年有 19 条、2010 年有 15 条、2012 年有 17 条、2014 年有 70 条、2015 年有 53 条、2016 年有 26 条,2017 年有 13 条,2018 年有 11 条,2019 年有 5 条文献。虽然上述检索尚未剔除与土地制度改革相关的,但是 2013 年末以后的文献均主要围绕土地"三权分置"制度

---

① 关春根.略论农村土地转包[J].湖南农学院学报,1985(4):65-71;夏振坤.再论农村的改革与发展[J].中国农村经济,1989(8):3-9.
② 夏振坤.再论农村的改革与发展[J].中国农村经济,1989(8):3-9.

改革,从关键词"三权分置""三权分立""土地经营权市场""土地经营权市场法律规制"的设定,大体上能反映不同年份对农用地制度改革的研究概况。

　　整体而言,"三权分置"的研究成果已经斐然且仍处于激烈的讨论之中,但研究中还必须要回应如下的追问或质疑:第一,法学界对"三权分置"法律表达的偏执,是固守法律规范的技术路线,抑或是对研究场域"狭隘"的一种体现。这种研究态势与"三权分置"制度的实现是否契合以及是否符合当前阶段性特征?第二,在学界众多的研究分歧之中,能否以改革目标为追求形成可资用益的法治理论。土地承包经营权有无身份性?承包权与经营权能否分置?即使是肯认土地承包经营权之承包权与经营权分离即赞同农用地"三权分置"的学者,对承包权到底是内含于土地承包经营权并从土地承包经营权分置出来,还是介于集体土地所有权与土地承包经营权之间并无法派生,乃至于承包权是成员权还是用益物权,经营权是债权、用益物权还是债权物权化等,均存在重大论争。而且,诸多论争导致所有权、承包权与经营权之"三权分置"的权利结构与实施路径观点纷呈、分歧严重。针对土地经营权法律规制的研究成果相对较少,且基本以硕士论文为主,或以市场规制的局部视角展开了研究。由于尚无相对体系的针对土地经营权市场法律规制的文献,对于此部分的争议亦相对较少,而这也构成了本书所能体现出的学术价值。

(二)研究意义

1.理论意义

第一,对经营权之性质进行契合于市场交易规则的界定,为经营权市场的顺利发展祛除理论上的困惑。自三权分置概念被提出以来,围绕土地承包权、土地经营权、土地所有权的研究汗牛充栋。学者们分别从不同的角度对"三权"及相关问题进行了探讨,整理来看,就土地承包经营权性质之界定的学说就包含了10种,分别是物权说、债权说、兼具债权特征的物权说、兼具物权和债权双重属性说、性质二元化说、性质亚二元化说、多重属性说、类所有权说、性质模糊说及无法界定说。而本书开篇即需要将经营权之性质进行契合于市场交易规则的界定,认为只有物权性质的土地经营权才能依法流转,且该物权为依附于所有权的他物权,他物权中的用益物权。从《农村土地承包法》的修法路径来看,这一思路在立法专家层面也得到了认可,且将借由《农村土地承包法》第四十九条之规定依法登记形式进行法律确认及实施。①

　　第二,系统地对土地经营权及土地经营权市场进行了探讨,将停留在权利本身讨论而忽视权利实现和市场构建的研究现状向前推进了一步。围绕土地经营权市场法律规制,通过对土地经营权市场化的探讨以及土地经营权市场基本要素的分析,以市场准入、运行及价格规制为逻辑,将这一新型市场具体框架构建起来,使得对本问题的一系列学术研究更具有脉络和逻辑。此外,本书从农村土地经营权市场的特殊性出发,从价值取向、规制目标、市场主体、市场运行、市场价格、市场竞争、市场监管等方面,对农村土地经营权市场的法律规制进行系统探讨,形成了较为完善的农村土地经营权市

---

　　① 全国人民代表大会农业与农村委员会副主任委员柳随年在第九届全国人民代表大会常务委员会第二十二次会议上《关于〈中华人民共和国农村土地承包法(草案)〉的说明》中明确谈到《农村土地承包法》对家庭承包的土地实行物权保护。

场法律规制理论体系。

第三,本书根据各地农民土地经营权市场化的实证研究,勾勒出市场化流转机制的制度框架和理论要点,是对本课题的丰富和扩展。如何走出土地承包经营权低水平市场化流转困境,顺利实现农村剩余劳动力转移、土地的适度规模经营和农业现代化,还需要政府有关部门和理论界加强对土地产权等相关理论的深入研究,以便提出一套符合我国农村实际的土地承包经营权市场化流转的理性设计。本书在论证的过程中,对制度变迁理论、产权理论等进行了鉴益,形成了对土地经营权市场法律规制理论可能的增量研究。

2.实践意义

第一,有利于提升土地经营权市场的规范化程度。就当前现状来讲,土地经营权交易市场存在诸多乱象,其重要原因就是当前对该市场的规制不够和失效。无论是法律规范层面、制度设计层面还是政府监管层面都只是在形式上有所考究,并没有在实质上力图改变当前乱象。本书通过对土地经营权的本质分析,以市场准入、市场运营管理、价格规制等手段全面构建起农地流转市场的规制体系,提升土地经营权市场的规范化程度,促进土地经营权市场的发展。

第二,有利于提高土地利用效率,实现农业现代化。随着近些年国家公共物品供给能力的增强,农业现代化的实现方式也进一步深化。"三权分置"政策即是在当前强力的公共物品供给之下形成,把握农村土地的核心要素,赋予经营权要素性质,使其产权价值得以释放。[1] 分散的经营模式与

---

① 邓大才.中国农村产权变迁与经验——来自国家治理视角下的启示[J].中国社会科学,2017(1):4-24.

土地承包经营权制度已然释放出了应有的制度价值。时下的中国农情是,农户承包经营模式面临着农业现代化不足、效率低下的问题。农业、农村市场化是趋势也是优势。土地经营权的独立性释放可以促使农业经营主体成为适格的土地经营权人,并在降低土地运行成本及提升现代化水平的基础上释放农地活力。此外,土地经营权的放活还可以增强农户参与农业经营的积极性和进取性,提高农业现代化程度。

第三,有利于农业产业结构调整。既有的地方经验已经证明,土地合理流转有助于农业产业优化。从主体上看,以承包农户为单位的农业经营主体因经营能力往往局限于小农生产,而通过农地流转形成的规模农业企业可以形成多样化的产业发展。同时,新型农业经营主体在产业优化过程中还能优化承包农户的生产结构,形成联动的产业调整机制,进而构建现代化的农业产业群。

第四,有利于促进农民增加收入。古往今来,土地之于农民犹如水之于鱼,土地是农民生存的根本。土地承包经营权制度正是赋予农民合法用益土地的权利才使得制度具备生命力,中国农业、农村方得以重大发展。然当前土地承包经营权制度下的承包地不能满足农民增收的希望,而"三权分置"政策下激活了土地承包经营权的财产增值功能,承包人基于承包权享有农地流转的收益权,承包人亦可"带着土地进城",农民可取得更多财产性收入。①

---

① 高海.土地承包经营权"两权分离"的论争与立法回应[J].武汉大学学报,2016(6):135-142.

二、研究综述

当前看来,"三权分置"相关政策业已明确了"土地所有权—土地承包权—土地经营权"的土地产权架构,而学术界对此还缺乏应有的理论准备,因此也走了一段不短的弯路。应当看到,"两权分离"的制度激励在 20 世纪 80 年代中期即已释放,其退出农村土地制度的舞台具有历史必然性。其在释放制度红利的过程中也引致了一些衍生性问题,如基础性制度凝固化[1]、土地细碎化[2]、土地市场发育不完善[3]、土地利益矛盾加剧[4]等。虽然亦有学者研究表明了土地细碎化的存在对农户收入的正面影响大于其负面影响,但是否推进农地市场化的争论始终聚讼未止。"中国最大的问题是农民问题,农民最大的问题是土地问题。"[5]"三权分置"自 2014 年11 月中共中央办公厅、国务院办公厅《关于引导农村土地经营权有序流转发展农业适度规模经营的意见》提出以来,不断通过政策推进、地方试点、制度完善等方式以彰显其应有的实践理性。同时,土地经营权市场作为农村深化改革的前沿阵地,其价值取向、实现理路作为实践之理论基础应得以确定和认同。职是之故,通过对近年来关于土地经营权市场

---

① 周文,倪瑛.我国农村土地制度改革问题探讨[J].云南民族大学学报:哲学社会科学版,2006(4):100-104.

② 田孟,贺雪峰.中国的农地细碎化及其治理之道[J].江西财经大学学报,2015(2):88-96.

③ 叶剑平,蒋妍,丰雷.中国农村土地流转市场的调查研究——基于 2005 年17 省调查的分析和建议[J].中国农村观察,2006(4):48-55.

④ 杨若涵,任大廷.土地矛盾中农民利益的维护[J].人民论坛,2013(5):48-49.

⑤ 杜润生.中国农村体制变革重大决策纪实[M].北京:人民出版社,2005:1.

法律规制文献的回顾与梳理,以期为土地经营权市场化消除理论障碍。

(一) 土地经营权

从产权的既有理论出发,土地经营权作为产权的一种,应该得到社会认可。[①] 反观当前学界对土地经营权的讨论,角度颇多且众说纷纭,从法律命名、生成路径到法律性质、具体类型,都并未形成相对统一的认识。由此,应立足于改革实践的指向,对相关争议和讨论予以回应,保证"三权分置"改革的顺利进行。

1.法律命名

从中央一级文件来看,自"三权分置"被提出以来,较为一致地采用了"土地经营权"的法律命名。[②] 而这一创新性的政策性命名并未得到学界的一致认同。孙宪忠认为,考虑到现行法律制度本身的和谐统一等方面的规则,"经营权"必须在改革所指明的方向上确定经营权的法律名称,可参照"台

---

① 刘诗白认为:"所谓产权,包括财产所有权、实际占有权、使用权和处置权,它是具有法律赋予的社会权力的所有、占有、使用、处置关系,它是特定的生产方式下人们用来硬化一定的所有制关系、约束人们的经济行为、维护与稳定一定的经济秩序的法权工具。"参见刘诗白.社会主义商品经济与企业产权[J].经济研究,1988(3):37-42.黄韬指出:"产权是有法律、习俗、道德等界定和表达的,得到人们相互间认可的关于财产的权利。"参见黄韬.中国农地集体产权制度研究[M].成都:西南财经大学出版社,2010:42.

② 此数据考察的文献包括:《深化农村改革综合性实施方案》《关于引导农村土地经营权有序流转发展农业适度规模经营的意见》《关于完善农村土地所有权承包权经营权分置办法的意见》《关于全面深化农村改革加快推进农业现代化的若干意见》《关于落实发展新理念加快农业现代化实现全面小康目标的若干意见》《关于深入推进农业供给侧结构性改革加快培育农业农村发展新动能的若干意见》。

湾土地法",以"耕作权"或者"耕作经营权"来命名。[①] 丁文提出,分离出来的经营权亦可使用"土地承包经营权"的名称,并从立法确认、物权法定及法律依据的角度论证了使用新表述"土地经营权"可能遇到的障碍。[②] 胡风谈到,没有一个法律概念是完全不变的,法律之适用本身带有演进法律的作用和任务,虽然"三权分置"改革过程中土地承包经营权较之前会发生内涵和外延的增减,但是权利名称不一定必须更改,以此认为"土地承包经营权"的名称当然可以沿用。[③] 当然,较多的学者采用"土地经营权"的法律命名。[④] 本书认为,此名称更具有现实意义。其一,土地经营权更为完整地表现了"三权分置"改革意图中对土地承包经营权所分离出的"经营权"进行的"纯粹财产权"塑造。其二,此法律命名尽可能小地减小了"三权分置"改革所可能带来的普适阻力,土地承包权与土地经营权的称谓更圆融地迎合土地承包经营权的分离,社会大众接受难度较低。总结来看,"三权分置"与土地经营权的立法表达问题分为"体系再造"与"制度嵌入"两种模式。"体系再造"是指"三权分置"的立法表达放弃了现有的立法制度体系,而根据"三权分置"的结构和模式对各方之间的利益关系进行全新的法权关系表达。"制度嵌入"是

---

① 孙宪忠.推进农地三权分置经营模式的立法研究[J].中国社会科学,2016(7):145-163.

② 丁文.论土地承包权与土地承包经营权的分离[J].中国法学,2015(3):159-178.

③ 胡风.三权分置背景下土地承包经营权的分离与重构[J].西北农林科技大学学报:社会科学版,2017(3):9-15.

④ 采用"土地经营权"为法律命名的文献包括:蔡立东,姜楠.农地三权分置的法实现[J].中国社会科学,2017(5):102-122;高圣平.承包土地的经营权抵押规则之构建——兼评重庆城乡统筹综合配套改革试点模式[J].法商研究,2016(1):3-12;张红宇.准确把握农地"三权分置"办法的深刻内涵[J].农村经济,2017(8):1-6.

指"三权分置"的立法表达应尽可能做到将"三权分置"模式下的法律制度设计与原有的"两权分离"模式下的制度体系进行稳妥对接与融合。① 从 2018 年修正的《农村土地承包法》来看,"土地经营权"的法律表达得到了确定,而这也说明"体系再造"的表达模式受到了本次改革的认可。

2.生成路径

一项制度要想有效运作,应当与其所承载的制度功能相匹配。土地承包经营权制度所承载的政治性、社会性和经济性制度功能本身就超越了该制度创设的初衷。② 这种结构性失衡的制度局限需要对土地承包经营权制度进行变革,而"三权分置"便是变革的产物。《三权分置意见》所指出的土地经营权的"派生性"并不能完全解析出其应有的法制生成路径。③ 对此,学界贡献了诸多智识。蔡立东、姜楠通过用益物权生成于母权的行使逻辑(所有权—用益物权—次级用益物权),提出"集体土地所有权—土地承包经营权(农户承包权)—土地经营权"的权利生成结构。④ 张洪波主张保留现有土地承包经营权相关权利制度,增设物权性质的流转方式,形成实质意义上的土地经营权。⑤ 陶钟太郎、杨环参照《欧盟

---

① 房绍坤.承包地"三权分置"的法律表达与实效考察[M].北京:中国人民大学出版社,2018:23.

② 参见赵万一,汪青松.土地承包经营权的功能转型及权能实现——基于农村社会管理创新的视角[J].法学研究,2014(1):74-92.

③ 《关于完善农村土地所有权承包权经营权分置办法的意见》指出:"农村土地集体所有权是土地承包权的前提,农户享有承包经营权是集体所有的具体实现形式,在土地流转中,农户承包经营权派生出土地经营权。"

④ 参见蔡立东,姜楠.农地三权分置的法实现[J].中国社会科学,2017(5):102-122.

⑤ 参见张洪波.农地"三权分置"的法律表达:基于权能理论的分析[J].烟台大学学报:哲学社会科学版,2017(4):41-46.

分时度假合同法》以及德国《住宅所有权法》中的分时段居住权制度,认为经营权生成的效果等同于土地承包经营权在时间维度上被分割并予以部分转让,并不与物权的排他效力相悖。① 当然,有学者认为农地"三权分置"理论是经济学界解决我国土地承包经营权困境的政策选择,但不符合法律逻辑。基于权能分离理论,对土地的直接占有、使用只能集于一人,土地所有权派生出土地承包经营权之后,无法再生发具有他物权性质的"土地经营权",即认为"三权分置"不符合他物权的生成逻辑,土地经营权生成无法律依据。②

3.法律性质

"问题导向型"研究应注重理论的深化与内在逻辑的一致性。③ 土地经营权性质的研究应该与其生成路径、制度初衷形成内在逻辑的一致性,也正因为如此,土地经营权多样化的生成路径也致使对其性质的讨论见仁见智。法学界主要以民法、物权法为视角展开,主要有以下观点:其一,从"一物一权主义"出发,认为土地承包经营权已经是用益物权的情况下不能再设立土地经营权为物权,由此认为土地经营权只能是债权。④ 其二,拓展传统物权法理论,以国外相关制度

---

① 参见陶钟太郎,杨环.农地"三权分置"实质探讨——寻求政策在法律上的妥适表达[J].中国土地科学,2017(1):64-72;参见蔡立东,姜楠.承包权与经营权分置的法构造[J].法学研究,2015(3):31-46.

② 参见单平基."三权分置"理论反思与土地承包经营权困境的解决路径[J].法学,2016(9):54-66;丁关良.土地承包经营权流转法律制度研究[M].北京:中国人民大学出版社,2011:284.

③ 参见尹亚军."问题导向型立法"——一个经济法立法趋势[J].法制与社会发展,2017(1):68-80.

④ 法学界认为土地经营权属于债权的部分学者及文献包括:高海.论农用地"三权分置"中经营权的法律性质[J].法学家,2016(4):42-52,176-177;赵鲲.共享土地经营权:农业规模经营的有效实现形式[J].农业经济问题,2016(8):4.

为鉴益,主张土地经营权是土地承包经营权人基于处分行为在土地承包经营权这一用益物权之上设立的独立用益物权。① 其三,"债—物二元论"。土地承包经营权本身是由债权转变为物权的动态过程,现行法律尚未修订之前,土地经营权为非法定用益物权,形式特征及法律形态上均属于债权。但其作为一种财产权,设置权利质押并没有理论与法律障碍,又具有物权性。② 亦有学者从"三权分置"构想实现角度出发,将物权化与债权化并置的土地经营权制度认定为改革之重心,并主张通过法律来明确经过登记公示的物权性土地经营权以及未经过公示的债权性土地经营权。③

(二)土地经营权市场

2013 年数据显示,我国农业市场化程度大概在 60%。④ 而土地作为农业部门最基础性的生产资料,其市场化程度对农业现代化的发展影响重大。据刘金山统计,我国农业土地

① 法学界认为土地经营权属于物权的部分学者及文献包括:陶钟太郎,杨环.农地"三权分置"实质探讨——寻求政策在法律上的妥适表达[J].中国土地科学,2017(1):70;肖鹏.土地经营权的性质研究——基于土地经营权抵押贷款规范性文件的分析[J].中国土地科学,2016(9):12-18;陶钟太郎,杨遂全.农村土地经营权认知与物权塑造——从既有法制到未来立法[J].南京农业大学学报,2015(2):73-79,127;宋宗宇,何贞斌,陈丹.农村土地经营权的确定化及其制度构建[J].农村经济,2015(7):19-24;许明月.农村承包地经营权抵押融资改革的立法跟进[J].比较法研究,2016(5):1-13.

② 参见薛建良,郭新宇.农地产权权能扩展及管理措施完善研究[J].经济与管理,2016(2):88-91;姜红利.放活土地经营权的法制选择与裁判路径[J].法学杂志,2016(3):133-140.

③ 参见赖丽华.基于"三权分置"的农村土地经营权二元法律制度构造[J].西南民族大学学报(人文社科版),2016(11):112-118.

④ 参见胡亦琴.农村土地市场化进程中的政府规制研究[M].北京:经济管理出版社,2013:16.

市场化程度不足 10%,且农业要素中土地的市场化水平最低。[①] 按照钱伯华的划分标准,我国土地处于非市场化阶段。[②] "三权分置"作为双层经营体制确立以来是对农村土地制度的最大变革,其决定了农地制度的发展方向。因此,本书将"土地经营权市场"的研究历程分为两个阶段,以"三权分置"改革的提出为界分点。

1.第一阶段:1978—2014 年(三权分置改革提出以前)

此阶段国内关于土地经营权市场的研究可认定为三种:第一,无市无场;第二,有市无场;第三,有市有场。

(1)无市无场阶段

有学者认为,学界对流转市场、市场场域均处于讨论、争议阶段,当前处于"有流无转""无市无价""有市有价"的市场混合体,真正的流转市场是不存在的。[③] 亦有学者从农村要素市场角度提出,虽然中国已经建立了很多市场,如金融市场、技术市场、劳动力市场,但农村要素市场并没有形成,又何来土地流转市场。[④] 从城乡角度出发,虽然城市建立起了土地交易市场,但农村尚未真正形成类似规模、相应规范的市场法律制度。[⑤] 从产权理论角度,农民私有产权并没有

[①] 参见刘金山.我国农业的过度竞争分析[J].上海经济研究,2002(11):19-25.

[②] 参见钱伯华.中国市场经济发展报告[EB/OL].http://www.cei.gov.cn,2017-12-1.

[③] 徐勇教授在华中师范大学农研中心提出此观点。邓大才教授于论文《关于土地承包经营权流转市场的几个重大判断》提出此观点。参见邓大才.关于土地承包经营权流转市场的几个重大判断[J].学术研究,2009(10):92-97.

[④] 此观点为李国祥教授在接受网易财经专访时提出。

[⑤] 参见朱文.新农村建设中农村集体土地流转制度改革与创新[J].农村经济,2007(9):17-19.

确定,土地尚无流转"商品"之属性,因而并无市场。[1] 此外,从流转市场确定性要素角度,刘同理等学者认为,土地承包经营权流转事实、流转价格、流转载体等要素并不一定就构成了流转市场。市场的建立离不开交易条件、交易规则、交易平台以及一定的市场附属组织和机构,而当前的流转市场并未完备,因此不存在真正的流转市场。[2]

（2）有市无场阶段

基于市场发展成熟度的界定,相关学者认为土地流转市场处于形成阶段,这个判定可从流转地区、交易量、交易场域等因素中得以证成。有学者指出农村土地流转市场在部分发达地区和土地流转活跃的地区已初步形成。[3] 王瑞雪指出,土地流转事实虽然存在,但流转范围局限性大,价格制度不完善,市场发育程度较低。[4] 陈景华指出,以农村产权交易平台为标准,当前农地流转市场还极不完备。[5] 叶剑平等认为,市场处于初级阶段、发展缓慢是当前农地流转市场的主要特征。[6] 持这类观点的学者对当前农地流转市场持消极态度,认为当前农地流转市场还处于起步的初级阶段。

---

[1]　参见邓大才.关于土地承包经营权流转市场的几个重大判断[J].学术研究,2009(10)：92-97.

[2]　参见李登攀.土地流转乃大势所趋农村新一轮改革启幕[EB/OL].搜狐财经,2008-10-9.

[3]　参见陈卫平,郭定文.农户承包土地流转问题探讨[J].经济问题探索,2006(1)：70-74.

[4]　参见王瑞雪.土地换保障参保主体多元化的经济学解释[J].调研世界,2012(11)：57-59.

[5]　参见陈景华.制约我国农村土地流转的原因分析[J].中国国土资源经济,2008(10)：29-32.

[6]　参见叶剑平,蒋妍,丰雷.中国农村土地流转市场的调查研究——基于2005年17省调查的分析和建议[J].中国农村观察,2006(4)：48-55.

（3）有市有场阶段

从既有研究来看,学者多以土地流转行为（市）与土地流转场域（场）作为界定相关市场形成与否的标准。安宇红认为,"早在 2003 年 11 月,江苏省东台市溱东镇就成立了农村土地流转市场"。[①] 以江苏省东台市溱东镇为调研地,有学者提出:其已经形成了三级网络的实体市场。[②] 以滕州为例,王忠林认为农地流转有形市场的确存在。[③] 以交易载体为标准,"农村产权交易中心"或者"农村产权交易所"的挂牌被认为是农村土地流转市场存在的主要证明。持这类观点的学者认为农地流转市场的形成要件应包括:交易事实行为、交易价格以及交易平台。

（4）评述与启示

市场是普遍化的商品交易关系,总的来讲,当前我国的土地经营权市场作为土地制度改革的阵地还存在普遍性不足的问题。可以说,当前的土地经营权市场还是初级市场,市场主体内容还不够确定,市场机制还不能起决定性作用,市场稳定性不足,但这并不影响土地经营权交易的市场行为本质。迄今,全国各地正处于确权颁证完善化、土地经营权流转市场化的攻坚阶段,"三权分置"之前的相关讨论为土地经营权进入市场流转提供了制度论证与蕴意阐释,三权分置之后的学术纷争为土地经营权市场化的构建提供了理论基础与制度思路。据此,土地经营权市场的存在自民间小范围

---

① 安宇宏.土地流转市场[J].宏观经济管理,2008(11):69.

② 参见曹荣山,沈志荣.溱东创设农村土地流转有形市场[J].江苏农村经济,2008(9):52.

③ 参见王忠林.建立交易平台 完善工作机制 滕州市创新农村土地流转模式[J].今日中国论坛,2008(12):102-105.

流转伊始即可得证,三权分置式改革只是对土地经营权市场的构建提供了政策导向与法律基础。

2.第二阶段:2014年以后(三权分置改革提出以后)

"三权分置"所提出的时代背景一定程度可以推导出该阶段土地经营权市场应有的发育程度,甚至可以认为,"三权分置"的既定政策选择是对土地经营权市场已经形成的默认。从历史变迁的角度看,中国农地市场政策和法律的每一次调整都是在市场化既定方向之上所进行的微小的调整,并且经过近40年的逐步积累,中国农地农用市场化实现呈现不可逆转的趋势。① 从农村现状来看,农民工外出务工成为常态,农村土地流转需求量极大。② 承包农户外出务工及农地融资需求的扩张还将加速承包人与承包地的分离。从产权制度相关讨论来看,"两权分置"体系下,承包权属于身份权,具有专属性。经营权属于财产权,可以直接体现土地承包经营权的经济价值属性。而土地承包经营权融合了二者之功能,虽然对承包权的实现并无阻碍,但对土地经营权的市场化却造成了阻力,且对土地流转的市场化带来了法理上的困惑和政策上的混乱。

---

① 参见钱钟好,牟燕.中国土地市场化改革:制度变迁及其特征分析[J].农业经济问题,2013(5):20-26.

② 2013年全国农民工达到2.69亿人,其中外出农民工达到1.66亿人,在外出农民工中有3 400多万人是举家外出的。就业结构、就业地点的变化,为土地流转创造了条件。据农业部统计,截至2014年6月底,全国农户承包土地流转面积达3.8亿亩,占家庭承包耕地面积的28.8%。最新统计数据显示,截至2016年6月底,全国承包耕地流转面积达到了约为4.6亿亩,超过承包地的三分之一,在一些沿海地区这一比例已经达到二分之一。现在经营耕地面积3.33公顷(50亩)以上的规模经营农户超过350万户。参见叶兴庆.集体所有制下农用地的产权重构[J].毛泽东邓小平理论研究,2015(2):1-8,91;韩长赋.国新办举行关于完善农村土地"三权分置"办法发布会图文实录[EB/OL].中华人民共和国国务院新闻办公室网站.

　　早在 20 世纪 90 年代,"明确所有权、稳定承包权、放活经营权"的思路就已经被提出,随后的多年里各地政策与实践也有一定的回应。如,2011 年中央一号文件就有意识地使用过"承包地使用权流转"的概念,2014 年 11 月 1 日表决通过的《行政诉讼法》于受案范围在第十二条第七款中规定:"认为行政机关侵犯其经营自主权或者农村土地承包经营权、农村土地经营权的。"实践中,亦有地方通过创设规避性概念行流转之实。① 这种概念即是土地承包经营权中对其财产属性之"经营权"的分离,只是未以土地经营权命名罢了,在本质上实属无异。2013 年底召开的中央农村工作会议明确指出,顺应农民保留土地承包权、流转土地经营权的意愿,将土地承包经营权分离为承包权和经营权,实现承包权与经营权分置并行。2016 年 10 月中共中央办公厅、国务院办公厅发布《三权分置意见》,其中多项内容涉及土地经营权市场建立、完善问题,如"加快放活土地经营权""建立健全土地流转规范管理制度"等内容。②

　　从既有研究来看,"三权分置"理论提出后对土地经营权市场的研究具有理论价值和现实意义。但置于改革语境下,仍然需要回应以下三个方面的追问或质疑:其一,"三权分置"下土地经营权市场生成路径问题;其二,土地经营权市场

————————

　　① 如吉林、山东、云南等地方在推行农村金融过程中,创设"国家补贴收益权""经营收益权""使用权""流转权""流转经营权"等概念,并以其办理银行质押、抵押贷款业务。

　　② 再如中共中央国务院印发的《关于全面深化农村改革加快推进农业现代化的若干意见》;中共中央办公厅、国务院办公厅印发的《关于引导农村土地经营权有序流转发展农业适度规模经营的意见》等文件均强调在稳定农村集体所有权的基础上,严格保护承包权,加快放活土地经营权,逐步完善"三权"关系,建立起规范性的土地经营权交易市场。

的构建是否是农村社会发展的自然需求，或是城乡体制改革下对农地资源的再牺牲；其三，土地经营权市场构建的具体制度安排问题。

（1）"三权分置"下土地经营权市场生成路径问题

"三权分置"发轫于经济学界，并受到广泛支持，而法学界对其合法性、合理性存有较大争议。经济学视角下，土地经营权市场的生成应该由市场供求关系来影响和决定，法学界视角下土地经营权市场的产生则需要经过权利可流转性、新型市场社会效应等因素的"拷问"。从既有的实践方向和已有共识来看，各界对土地流转的积极性都持有赞同态度，但对土地经营权市场的生成路径及土地经营权市场化的实现尚处于争议阶段；丁关良等认为，由于土地经营权的权利内涵无法界定，不是法定的民事权利，其属于土地所有权行使时的表现，不能构成单独的民事权利，因而其不能参与到市场流转之中。[①] 陈小君认为，"一物一权"原则理应遵守，不应将土地经营权在现行法律框架下强行物权化，这种安排是立法技术的倒退。[②] 蔡立东指出，在坚持集体土地所有权性质的前提下，运用法学理论与实践相结合的方法，明确土地经营权所可能引致的市场效应。[③] 此外，还需要对农村土地现状进行系统分析，探索农村土地经营权市场化流转的路径，诠释农民承包土地所蕴含的财产性权利。吴义龙提出，

①　丁关良、阮韦波.农村集体土地产权"三权分离"论驳析——以土地承包经营权流转中"保留（土地）承包权、转移土地经营权（土地使用权）"观点为例[J].山东农业大学学报：社会科学版,2019(4):1-18.
②　参见陈小君.我国农村土地法律制度变革的思路与框架：十八届三中全会《决定》相关内容解读[J].法学研究,2014(4):4-25.
③　蔡立东.土地承包权、土地经营权的性质阐释[J].交大法学,2018(4):20-30.

三权分置法律逻辑与政策阐释均存有缺陷,实践中也引发诸多问题,土地经营权作为新型权利的市场化实现难有根基,应考虑完善土地承包经营权物权性质的权能,使之成为真正的财产性权利,在集体土地所有权框架下充实成员权应有属性,使之成为可靠的保障性基础,同时积极跟进配套保障制度。①

　　(2)土地经营权市场的构建是否是农村社会发展的自然需求,或是城乡体制改革下对农地资源的再牺牲

　　中国土地流转产生的路径为互助性的传统模式"流转"到实践中灰色地带的经营性流转再到政策允许下各地相对自由发展的规模性流转。流转动力也从民间自发需求到政府改革推进。对此,部分社会学研究者对农业适度规模持支持态度,并主张应激励农村自发需求的土地流转,但对于政府推进的土地流转甚至"三权分置"政策持否定态度。② 农业经济学、法学学者则主要从土地功能性、"三农问题"等角度对此问题展开研究。叶敬忠等指出,当前相关土地流转之政策宣传存在较大程度的虚假性,当前推崇的土地流转也并非所有农民自由而理性的选择。经过大规模流转之后,粮食产量难以保证,农民稳定收入转变为生活保障性的补助,或为农民提供少量的季节性低酬就业。此种方式将造成土地非生产功能的极大破坏。③ 贺雪峰指出,"三权分置"并非农村

---

① 参见吴义龙."三权分置"论的法律逻辑、政策阐释及制度替代[J].法学家,2016(4):28-41,176.

② 参见胡震,朱小庆吉.农地"三权分置"的研究综述[J].中国农业大学学报:社会科学版,2017(1):106-117.

③ 参见叶敬忠,吴惠芳,许惠娇,蒋燕.土地流转的迷思与现实[J].开放时代,2016(5):76-91.

社会发展的自然需求,解决土地经营问题,"三权分置"也并非最佳方式。其主张通过对土地所有权的强化,解决当前农村土地要素价值的实现问题,但并没有形成具体可行的方案。① 此外,一些社会学、政治经济学学者谈到,社会资本对于弱质性的农村而言,具有极大的破坏性,这种根本性制度的顶层设计改革极易造成农村社会的不稳定,造成农业资源在经济发展中的再牺牲。因此,对土地流转的大力推进应保持高度的警惕性,建立起有效的农民增值利益分配机制,避免"三权分置"改革及土地经营权市场的构建成为纯粹资本下乡的产物和工具。

(3)土地经营权市场构建的具体制度安排问题

一项制度要想有效运作,应当与其所承载的制度功能相匹配。土地经营权自创设以来,被赋予了过多的政治性、社会性、经济性功能,以致功能超载。② 这种结构性失衡的制度功能一定程度割裂了资本与土地的结合,致使土地生产要素功能的实现受阻。也许正是基于这样的现实原因,土地经营权的生成才具有客观的实践基础。李宁等指出,农业模式的现代化转型与农地产权可分割流动性、农民身份转型与农地产权财产属性分化、农村社会治理结构转型与农地权利配置格局之间具有紧密的相关性,这赋予了我国农地产权改革在社会转型方面的多重含义。因此,农地市场尤其是流转市场的建立和完善,在推动农地产权深化改革的同时,需要考察多重转型含义的内涵,在具体方向与路径中要特别注意模

---

① 参见贺雪峰.不宜过分强调土地经营权[EB/OL].新浪财经,2016-11-10.
② 参见赵万一,汪青松.土地承包经营权的功能转型及权能实现——基于农村社会管理创新的视角[J].法学研究,2014(1):74-92.

式、原则与推动力量的选择,尤其不能把农地流转规模作为后续农地产权市场化改革的唯一目标。① 陈彤认为,应在法律框架下因地制宜地探索中国农村土地流转市场化实践中的农民权益保障的优选方案。② 肖鹏、吕之望谈到,土地经营权市场化实现的途径之一即是抵押,而当前土地经营权抵押的制约因素包括土地经营权流转市场不完善、土地经营权严格的转让条件、土地经营权的用途管制等。应考虑转换思路,在识别土地经营收益权质押在主体范围、设立难度、权利实现和农业经营等方面的优势基础上,正确认识土地经营收益权质押为解决家庭农场的融资困境所提供的新思路。③

(4)评述与启示

"三权分置"肇端于国家层面的政策抉择,是顶层设计的意识形态体现,从政治的角度看,其生成的动因可能来自统治者的需求或社会力量间的斗争再或两种兼而有之:其一,社会的实践需求通过顶层设计反映出来;其二,统治者的特殊利益需求转化为改革需求。④ "三权分置"改革理论之后的土地经营权市场同样经历着"三权分置"式的改革,主要体现在土地流转合法性局面的打开,实践中多个地方在确权登记进行的过程中,对土地经营权流转展开了试点,丰富了土地流转的形态。当然,土地承包经营权与土地经营权并存于现

---

① 参见李宁,陈利根,孙佑海.推动农地产权市场化改革需要考虑多重社会转型[J].江苏社会科学,2015(1):69-79.

② 参见陈彤.论农村土地流转市场化的权益分配机制[J].福建论坛:人文社会科学版,2013(10):32-37.

③ 参见肖鹏,吕之望.土地经营权抵押的制约与创新[J].西北农林科技大学学报:社会科学版,2016(4):43-48.

④ 参见周永坤.法理学:全球视野[M].北京:法律出版社,2010:283.

有流转市场,民间自发与政府协调流转同样并存于现有流转市场,无可厚非地出现了改革衔接期的混乱现象。① 这在一定程度上阻碍了社会资本的进入,致使土地流转的社会实践需求难以有效及时的实现。当然,如前所述,"三权分置"亦可能是统治者的特殊利益需求转化为改革需求,即土地经营权的生成及土地经营权市场的构建是否是农村社会发展的自然需求,抑或是城乡体制改革下对农地资源的再牺牲。本书以为,土地经营权市场制度的构建应着重处理好以下几个方面:其一,农地政策执行与现有法律制度抵牾现象是改革进程中的难点也是改革优化的机会,市场构建应注重政策执行的合理性,维护好现有法律制度的确定性,注重改革的层次性和渐进性。此外,市场法律制度的构建与修正需要循序渐进,此种修正模式也一定程度克服了政策执行的投机风险和负外部性。其二,土地经营权市场构建的推进过程中,法治构建应先后有序。应首先明晰土地经营权与另外两权之权利关系,明确土地经营权市场中土地经营权权属界定、权利构成及交易规则。其三,共性与个性的问题。中国各地区发展的不平衡性是现实问题,农地具体制度更是由于地域、地貌等原因而千差万别。无论顶层设计到地方执行或是地区经验到国家政策、法律的路径均将面临地区客观条件、发展现状的特殊性的考验。因此,法律顶层设计必须要考虑到各地区之资源禀赋、人口数量、生产方式的差异性,赋予地方政府适当自治权,避免一刀切式的改革。"既要维护中央立

---

① 亦有学者提出农地流转的类型可分为市场交易流转和行政性调整两类。参见钱忠好,牟燕.中国土地市场化改革:制度变迁及其特征分析[J].农业经济问题,2013(5):20-26.

法的统一性和权威性,又要探索如何合理划分中央和地方之间的权限,授权地方立法规范本地区的具体事宜。"①

(三)法律规制

土地经营权概念始发于 20 世纪 90 年代,2014 年初相关政策文件以"三权分置"形式正式提出了土地经营权的概念。而严格意义上的法律明文规定出现于 2014 年《行政诉讼法》中,其第十二条第一款第七项规定:"认为行政机关侵犯其经营自主权或者农村土地承包经营权、农村土地经营权的。"截至目前,多个顶层设计对土地经营权进行了制度安排,其分离于土地承包经营权之路径也陆续得到了政策强势推进的回应,学界亦达成较为一致的认同:土地经营权旨在消除土地承包经营权身份性的流转性束缚,以纯粹财产权的形式释放土地要素资源的价值。因此,本书对于土地经营权相关规制的研究应首先缘于其母体土地承包经营权流转市场法律规制的制度经验,并以此为基础进行修正、优化,进而展开土地经营权市场法律规制的制度构建。

第一,土地经营权市场法律规制的基本面向。世界范围来看,规制的发展已然呈现出规制内部结构自创生再造与"后规制国"治理模式的两元划分。② 中国规制法治的发展整体上恪守了保守主义的规制传统,借由规制结构的自然演化

---

① 参见胡震,朱小庆吉.农地"三权分置"的研究综述[J].中国农业大学学报:社会科学版,2017(1):106-117.

② 规制自创生再造是指规制法依赖其自身的规范进行自我完善和再造;后规制国治理是相对于"规制国"而提出,意指弱化科层作为控制的工具,强调向其他控制模式转变的治理模式;参见科林·斯科特.规制、治理与法律:前沿问题研究[M].安永康,译.北京:清华大学出版社,2018:118-135.

塑造了自成体系的自创生规制模式。这种对刚性规制的青睐除了由于科斯所言之"创新的制度成本"外,还取决于我国法律文化与社会现实的塑造作用。[①] 当然,这仅仅具有实证层面的解释学意义。探寻"规制国"的理论渊源则需要回归到规制的工具路径。规制是公共机构通过强制或非强制的手段改变被规制者的行为模式或利益结构,从而实现规制者所欲实现的目标。[②] 以我国农业经营为例,国家、农业企业、农户对农业经营在目标层次上存在交错与矛盾,而围绕农业经营的制度体系在相容性上却标准一致。也正因为如此,制度目标的实现主体、目标层次存在异质、难以相容时,实现规制目标的最优方案则是强制性较高和直接性较高的刚性规制工具。而规制工具与规制目标的匹配直接决定公共规制的质量,所以规制工具的选择与应用在规制决策体系中处于关键地位。[③]

在晚近发展中,规制俨然成为国家活动的重要形式。包括公共行政学、政策学、法学等在内的多个学科对此展开了关注、阐释与分析。与此同时,学界同样对规制工具的研究也渐次深入,并呈现出相容与适用等方面的学科差异。基于学科自觉和规制场域的不同,呈现出以下特征:其一,从学科视野来看,环境保护学在规制工具的运用上相对领先,并实现了一定的纵向研究,如在环境规制工具的区域差异,环境

---

① 参见 Coase, R. H. The problem of social cost [J]. The Journal of Law and Economics, Vol. Ⅲ, 1960:1-44.

② 参见段礼乐.市场规制法的体系生成与制度实践:以市场规制工具为中心 [A].史际春.经济法学评论第 15 卷第 2 期[C].北京:中国法制出版社,2016:61-79.

③ 参见应飞虎,涂永前.公共规制中的信息工具[J].中国社会科学,2010(4) 116-131.

规制工具的空间异质效应,环境规制工具与技术创新、企业绩效等方面具有体系性成果。① 其二,从法学的角度观察,法学领域对于规制工具理论研究与实践应用有所涉及,但整体薄弱。部分学者对市场规制工具在具体场域的运用作了研究,比如金融法领域②、环境法领域③、行政法领域④等。然相较于其他研究工具,规制工具方面的研究明显不足,在研究质量上与成果数量上都存在提升的空间。⑤ 其三,置于本书的研究场域而言,目前尚无文献成果从法律规制与规制工具的视角讨论土地利用市场。总的来说,国内学者对规制工具的研究,或是聚焦于个别学科,或是侧重于对某一具体场域(以环境保护为主)的评估与应用,鲜见从法律规制与工具配置视角研讨土地利用市场。以准入规制为例,或由于农地经营市场管控性的制度变迁路径,或由于学界致力于"三农问题"的宏观布局,对农地市场准入的研究相对较少。虽然部分学者较早地指出了土地市场准入规则建构的制度必要性,

① 参见宋爽.不同环境规制工具影响污染产业投资的区域差异研究——基于省级工业面板数据对我国四大区域的实证分析[J].西部论坛,2017(2):90-99;李斌,彭星.环境规制工具的空间异质效应研究——基于政府职能转变视角的空间计量分析[J].产业经济研究,2013(6):38-47;占佳,李秀香.环境规制工具对技术创新的差异化影响[J].广东财经大学学报,2015(6):16-26;申晨,贾妮莎,李炫榆.环境规制与工业绿色全要素生产率——基于命令-控制型与市场激励型规制工具的实证分析[J].研究与发展管理,2017(2):144-154等.

② 沈伟.中国的影子银行风险及规制工具选择[J].中国法学,2014(4):151-177.

③ 金自宁.作为风险规制工具的信息交流 以环境行政中的TRI为例[J].中外法学,2010(3):380-393.

④ Colin Scott,石肖雪.作为规制与治理工具的行政许可[J].法学研究,2014(2):35-45.

⑤ 目前少有对市场规制工具作专门性讨论的专著或论文。其中,段礼乐博士于2018年底出版的《市场规制工具研究》算是代表性成果。

但亦呈现出对农地不予分类的概括性阐释,对实践的指导力有限。① 土地经营权市场化路径下,以准入规制为逻辑起点的市场建构方案,既是对改革背景下市场失范行为的防范,又是土地经营权实现市场化的必然路径。②

第二,土地经营权市场的价格理论与实证。"价格规制"研究的真正起步于 20 世纪 70 年代中期。代表性学者包括 Paul L J、Eytan Sheshinski 等,前者提出了价格规制研究的基本框架即为什么规制、如何规制、规制绩效以及规制过程的变迁,③后者则进一步论证了价格规制在反垄断方面的功能与不足。④ 此后的一系列系统性危机,进一步促使学术界对政府价格规制的理论依据和实践效果进行探索。置于本书立场,一方面,伴随农村市场经济的进一步完善,其土地要素市场也逐渐发展和完善。土地价格作为土地市场运行的表征,是对土地市场运行结果的反映,合理的价格形成机制是土地市场发展的关键因素。王克强总结了农村土地价格确定的理论基础,指出土地价格的理论主要有西方土地价格理论和马克思主义地价理论,其中西方地价理论以古典地价理论和供求地价理论为代表。⑤ 原英将西方土地价格理论分为

① 相关论述参见宫玉泉.我国土地市场准入规则解析[N].中国国土资源报,2007-3-26(1-2);张明涛.我国农村土地流转准入的法律制度建构[J].中州学刊,2016(1):57-61.

② 向超,张新民.土地经营权市场准入规制的制度检视与路径优化[J].商业研究,2019(11):53-60.

③ Joskow P L.Inflation and Environmental Concern-structural Change in Process of Public Utinity Price Regulation[J].Journal of Law and Economics,1974(2):291-327.

④ Shenhinski E.Price,Quality and Quantity Regulation in Monopoly Situation[J].Economiica,1976(43):127-137.

⑤ 参见王克强.中国农村土地价格体系[J].价格月刊,1996(12):14-15.

了收益决定论和供求决定论。① 我国在新中国成立之前已有相关学者对土地价格理论进行了系统研究。章植 1930 年所著的《土地经济学》提出，土地价格由收入决定，而收入除了土地的收入外还会受到虚荣心、希望土地增值的心理以及需要住宅的心理所影响。同期的还有 1946 年朱剑农的《土地经济学原理》、1947 年张丕介的《土地经济学导论》，两本著作亦对土地价格理论西方学说进行了介绍。1949 年后，国内对土地价格的研究主要以马克思地租地价理论为依据，也基于不同角度诞生了多种学说。如周诚认为，土地价值具有二元性，土地分为土地物质和土地资本。在土地构成中，土地物质是无价值的，而土地资本是有价值的，即土地构成中的二元性构成了土地价值的二元性。毕宝德提出，土地价格的内涵是正常市场条件下土地所有者转移土地纯收益的资本化价值，其有如下特点：土地价格是土地的权益价格；土地价格不是土地成本的货币表现，不依成本定价；土地价格由土

---

① 收益决定论认为土地价格由土地纯收益的资本化得到，将预期的土地年收益系列资本化而形成一笔价值基金，成为经济学上的资本价值。马克思则指出，土地价格不外乎是资本化的，因而是提前支付的地租。上述均为收益决定论的经典表述，只是二者基于的理论基础不同。伊利主张，土地收益决定边际生产力，而马克思以劳动价值论、剩余价值论、平均利润和生产价值论为基础构件了地租理论体系，即级差地租和绝对地租。土地价格论认为，土地价格是由土地的供给和需求的均衡点所决定的，此观点由马歇尔提出。萨缪尔森认为土地的自然供给无弹性，土地的需求是一种引致需求，土地的价格由土地的市场供给和市场需求决定，由于土地供给无弹性，因而土地价格主要由土地需求决定。雷利·巴洛维同样提出了土地价格取决于供求力量的相互作用。参见伊利，莫尔豪斯.土地经济学原理[M].滕维藻，译.北京：商务印书馆，1982：225；马克思.马克思恩格斯全集（第 25 卷）[M].中共中央马克思恩格斯列宁斯大林著作编译局，译.北京：人民出版社，1972：911；野口悠纪雄.土地经济学[M].汪斌译.北京：商务印书馆，1997：49-50；雷利·巴洛维.土地资源经济学——不动产经济学[M].谷数忠，等，译.北京：北京农业大学出版社，1989：201.

地的供给与需求决定;呈总体上升趋势;具有强烈的地域
性等。

　　另一方面,土地价格实证。市场经济的土地流转理应由
市场法律制度进行规范,土地价格作为土地资本要素实现的
表征形式,其形成机制的规范性、市场性对相关市场的运行、
发展具有重要作用。从法制层面来讲,到目前为止,规范土
地价格的法律除《中华人民共和国价格法》(以下简称《价格
法》)之外,仅有少数几部法规、规章。① 2006 年制定的《中华
人民共和国国民经济和社会发展第十一个五年规划纲要》亦
明确指出:"扩大市场形成土地价格的范围"。总的来说,我
国土地价格规范是在土地市场化过程中逐步形成的,这些规
范具有明显的政策相机性,由此也缺乏对农村经济全局性的
衡量和判断,导致当前土地价格立法不成体系。② 基于此,各
界学者更多地从地方试点的实证考察来对我国土地价格形
成机制展开研究。有关学者对安徽、福建、广西等 17 个省
1 773 个村所做的共计 1 962 份有效问卷显示,绝大多数农地
流转发生在本村,半数以上的交易没有显化的市场价格。③
周敏等通过对黑龙江克山县西城村的调研发现,政府参与农
地流转在激发农户农地流转积极性、提高农地流转效率、促
进农地适度规模经营等方面发挥了积极作用。在信息不对

---

　　① 主要包括:国土资源部于 1999 年发布的《关于已购公有住房和经济适用住
房上市中有关土地问题的通知》、财政部、国土资源部、建设部 1999 年发布的
《关于已购公有住房和经济适用住房上市出售土地出让金和收益分配管理的若干规
定》、国务院于 2001 年颁发的《关于加强国有土地资产管理的通知》和国土资源部
于 2003 年 6 月 11 日出台的《协议出让国有土地使用权规定》。
　　② 参见郭洁.论土地价格法律规制的若干问题[J].法商研究,2005(2):53-59.
　　③ 参见洪名勇.马克思土地产权制度理论研究[M].北京:人民出版社,
2011:453.

称的市场环境下,政府定价对农地流转市场的干预和扭曲作用日益凸显,导致了农地流转实际价格低于市场机制运行下的应然价格,引发逆向选择市场行为,导致农地质量下降,产生具有恶性传导效应的市场效率损失。^① 尚旭东等依据全国11个国家现代农业示范区调研数据和资料整理,针对政府主导行为之于流转市场的分割、价格机制的作用,承包户询价逻辑的激励及短期平均成本的影响进行了分析,对政府主导和市场配置两种方式下的农地经营"成本弹性"进行了测度和估计,提出:政府行为放大需求弹性诱致"地租乘数"促使流转价格溢价,介入流转扭曲了流转市场供求关系,将原本市场配置下的供需均衡变为有利于"卖方垄断"的供需失衡。^② 针对交易价格形成及确定的相关症结,相关学者同样贡献了诸多智识,例如:周敏等提出外来资本和价格信号显示机制对于农地流转价格的形成应有所助益;高艳梅等认为承包地的生产收益价值和当前承包地的社会保障价值共同构成了土地经营权定价,探索土地经营权的多样化实现应以二者之价值为基础来构建定价机制。^③

①　参见周敏,雷国平,匡兵.信息不对称下的农地流转"柠檬"市场困境——以黑龙江省西城村例证[J].华中农业大学学报(社会科学版),2017(4):118-123.

②　参见尚旭东,常倩,王士权.政府主导农地流转的价格机制及政策效应研究[J].中国人口·资源与环境,2016(8):116-124.

③　参见高艳梅,刘海英,李景刚.基于产权价值的农地承包经营权流转价格评估方法研究[J].广东农业科学,2011(15):181-184.

三、研究方法及可能的创新

（一）研究方法

1.实证研究方法

"对处于转型阶段的中国法律体系而言,法律实证研究更能在指引制度构建、弥合制度移植与本土文化的裂痕、评价法律适用等环节大显身手。"①"通常认为法律实证研究中的文献研究方法,包括针对现存的各种类型的文献进行内容分析,针对他人收集的统计资料进行二次分析,对历史文献资料进行历史分析,其实质是将文献、文本作为经验研究的对象获取信息,进而进行法社会学或法史学的研究。"②此种具有规模性、客观性、科学性以及技术中立性的研究特征,是其他价值立场和方法的研究所无法取代的,当然,其研究价值也正进一步体现出来。③对实证研究的真正理解应源于数据分析并理应高于数据分析,实证研究本质上是一种更接近于社会实践的研究方法,实践(包括立法实践、司法实践、守法实践)是实证研究的中心对象。在实地调研并全面收集整理历史文献、规范性文件、司法案例、调研报告、统计资料等文献的基础上,将综合运用法律实证研究方法。④其中,对农

①　赵骏.中国法律实证研究的回归与超越[J].政法论坛,2013(2):3-14.

②　参见金可可.民法实证研究方法与民法教义学[J].法学研究,2012(1):48-50.

③　参见左卫民.一场新的范式革命?——解读中国法律实证研究[J].清华法学,2017(3):45-61.

④　参见高海.农用地"三权分置"研究[M].北京:法律出版社,2017:10-11.

用地"三权分置"的政策演进(尤其是地方规范性文件中"三权分置"的规定),对工商资本下乡租赁农用地之风险防范,对我国农业经营主体的认定、组织制度的现实考察,采用整理、分析、类型化的实证研究方法。此外,在阐述土地经营权合同制度时,运用典型实践事例,以增强文章的说服力。整体而论,本书关于实证研究方法的使用主要呈现出以下几个方面的特征:其一,以数据为中心的研究方式,主要方式为收集、分析并据此进行理论阐释。数据的来源主要为近5年来相关法律作品对土地制度的实证研究,文章诸多论证及部分结论归结于对数据的收集和分析。其二,数据所涉区域局部性与抽样性。这一方面取决于当前司法公开与信息公开在整体上还存在着不足,另一方面与官方"数目字管理"能力有限有关,此外,官方统计口径的变动、不统一使得部分数据不准确、数据之间出现冲突等,很难满足学术研究对数据客观性、全面性等方面的要求。① 其三,部分数据来源具有一定私人性,因数据获取得益于私人途径或者数据由作者自身整理、分析得出。例如,对重庆两个区县农业管理部门进行调研的机会来源于私人途径。其四,所采用的实证研究主要以描述性的数据分析为主,未使用专业统计学分析的工具和方法,这也成为写作过程中的难点和遗憾。

2.比较法研究方法

"比较法研究不仅旨在认知外国法律并进而反思本国法

---

① "数目字管理"是由历史学家黄仁宇提出的概念。黄仁宇指出,1689年看来,英国是一个"不能在数目字上管理的国家"。而随着资本主义工商业的空前发展,社会分工日趋复杂,英国逐渐成为一个"可以以数目字管理的国家"。参见黄仁宇.《万历十五年》(增订本)[M].北京:中华书局,2007:247-249.

律,而且涉及不同法律体系、法律文化和法律制度的比较和借鉴,以及法律的跨国整合与全球治理。"①"比较法要努力实现从理论模式到实践模式的现代转换和超越,更多关注具体法律实践问题,并以某种方法论述可能对各类实践法律人有用的问题,帮助立法者进行先进立法,帮助法官和律师进行正确的法律解释和合理的法律操作,以比较的方法和开放的视野促进法律的发展和正义的实现。"②诚然,对于法学研究来说,最大的意义在于在明确问题意识的基础上汲取他国经验,以助益我国法治发展。本书通过对"三权分置"大量的理论模式与论证,辨析出合理、适宜当前农村市场发展的市场建构模式。在制度构建的过程中,对部分国家和地区的土地立法体系予以了考察,特别是对农业企业模式的联营模式、规制方式进行了鉴益。当然,比较研究有对"求同"倾向的倚重甚至"偏执",而这暗藏着排斥差异和消除多元。因此,土地基本制度的合理性本书不曾探讨,其也不属于书中的主题所论。但基于基本土地制度差异化的原因,需要在制度借鉴的过程中作进一步的正当性分析,而这也就一定程度增强了制度建构的合理性、实践性。

3.价值分析方法

"所谓价值分析方法,是一种从价值入手,对法律进行分析、评价的研究方法,其追问的基本问题是法律应当是怎样的。也就是说,这种分析方法以超越现行制定法的姿态,用哲人的眼光和终极关怀的理念,分析法律为何存在以及应当

---

① 参见高鸿钧.比较法研究的反思:当代挑战与范式转换[J].中国社会科学, 2009(6):161-170.

② 参见刘承韪.比较法的兴衰之势与中国取向[J].比较法研究,2013(3):1-11.

如何存在的问题。"①"三权分置"下土地经营权市场之构建正是对现行制定法的突破,以试点的方式去探索应然的规制路径,基于此,在制度构建中也常常是基于价值判断后进行提炼、架构。也正是因为价值分析方法对法律背后终极价值的预设,引导人们用批判的眼光去审视现状,而这一分析方法对土地经营权市场法律规制的问题价值重大。此外,价值分析方法还有助于人们认识到制定法并不一定具有真正的法律品格,从而可以以法律本身的素养来思考问题。这也同样揭示了人们对现有法律持客观的评价标准,以给予"法外之物"生长和合法化的空间。"当我们运用价值分析方法去透视法律制度时,我们就会看到:法是人们在社会实践过程中基于自身一定的需要而制造出来的权利义务体系。"②总之,价值分析方法就是要通过认识和评判"三权分置"土地经营权市场的制度价值,揭示土地经营权市场的实然缺陷及应然状态,以围绕制度目标展开制度优化。③

4.系统分析方法

用系统分析的方法研究农村经济发展中长期存在的问题,无论就农村经济发展本身还是就方法研究而言,都是一个重要而复杂的问题。④ 从国内这方面研究的情况来看,虽然近些年来发展很快,趋于成熟但同时也升庵论文,瑕瑜互见。"法的体系不仅可以提高立法之'可综览性',从而提高其适用上之实用性',而且可以提高裁判上之'可预见性',从

① 参见胡玉鸿.西方三大法学流派方法论检讨[J].比较法研究,2005(2):20.
② 参见张文显,姚建宗.略论法学研究中的价值分析方法[J].法学评论.1991(5):7-11.
③ 参见高海.农用地"三权分置"研究[M].北京:法律出版社,2017:12-13.
④ 参见周贤明,何建坤.系统分析方法在农村经济发展规划中的应用[J].中国软科学,1989(3):28-32.

而提高'法之安定性'，只要由之所构成之体系'圆满无缺'，则光凭逻辑的运作便能解答每个法律问题。"①在历史法学派看来,法律的科学应当是对法的注释及体系性阐释,而非纯粹的法律规制实施。这种注释与体系是法学研究的灵魂,是自生和自我形构的。系统分析方法应注重法律规范间真正的内在关联,去发现和识别内在体系而非发明体系。② 运用系统分析方法就是要揭示并消除土地经营权市场制度设计之间的冲突与矛盾,保障相关概念、对策建议的严谨性和统一性。③

(二) 可能的创新

　　第一,研究主题的创新。"三权分置"于2013年底呈现井喷式研究,法学界、经济学界从法律逻辑、制度成本、社会效应等方面以"土地经营权""三权分置政策""土地承包权"为核心进行了大量的理论与实证研究,然从目前的文献来看,只有部分文献对土地经营权市场之构建略有讨论,尚未有对该主题进行体系性讨论的文献。相对地讲,本书对此的关注相对集中和持续,相关文献可参见作者分别发表于《农村经济》《学习与实践》《农业经济问题》《商业研究》等期刊的文献。④ 因此,本书对于土地经营权市场法律规制的探讨是主题上的创新。

①　黄茂荣.法学方法与现代民法[M].北京:中国政法大学出版社,2001:471.
②　参见样代雄.萨维尼法学方法论中的体系化方法[J].法制与社会发展,2006(6):21-30.
③　参见高海.农用地三权分置研究[M].北京:法律出版社,2017:13.
④　参见向超.土地经营权市场化认知:法权定性与功能定位[J].农村经济.2018(1):40-44;向超.论土地经营权市场分类规制的理论与实践[J].学习与实践,2017(12):61-68;向超,张新民."三权分置"下农地流转权利体系化实现——以"内在体系调适"与"外在体系重构"为进路[J].农业经济问题,2019(9):8-19;向超.土地经营权市场准入规制的制度检视与路径优化[J].商业研究,2019(11):53-60.

　　第二,研究方法的创新。从当前"三权分置"政策推进情况来看,主要归结为地方试点阶段,试点经验在全国尚未得以普及。本书在正确解读中央推进"土地经营权市场"建设的政策意蕴之下,分析社会保障功能与财产增值功能的土地承包经营权发展向度,在制度构建中使土地经营权的财产价值属性得以充分实现,由此使得土地经营权市场法律规制的探讨既符合法理,又契合政策蕴意之"土地经营权"结构和实施路径的制度设计。从政策拟定与制度预设的角度来看,此种讨论是法政策学的基本方法,是研究方法上可能的创新。

　　第三,研究视角的创新。基于农村经济发展的制度初衷,需要秉持农业经济学与法学的交叉视角做研究。在梳理经济学与法学对"三权分置"分野的学术背景下,正确界定"三权分置"下土地经营权以及土地经营权市场的基本范畴。此外,制度构建过程中,利用制度经济学、经济学等领域的学术思想,理解和讨论土地经营权市场法律规制的路径与架构。

第一章　土地经营权市场及其
法律规制的一般理论

　　在新型城镇化和城乡一体化的整体构想中,土地使用制度始终是最为核心的一环。日本学者长野郎通过对中国农村的深入研究,将土地制度置于更为重要的位置,其指出:"中国的土地制度,是中国社会、经济、政治的根源。中国的治乱,基于土地制度的兴废,国民生活的安危,也基于土地制度的整理与否"。① 同样也不难看出,迄今为止我国所开展的农村深化改革亦是围绕土地使用的制度。"三权分置"政策强调集体所有权的落实,农户承包权的稳定,土地经营权的放活。其中,土地承包经营权制度下所有权以及承包权得以保留,派生出新的土地经营权。从事物发展的角度看,土地承包权属于对已有权利的继受,而土地经营权是权利性质、权能范围的新设权利,且这一权利又是以土地使用制度为基础的。因此,对于土地经营权、土地经营权市场以及土地经营权市场法律规制的理论阐释至关重要,这关系到"三权分置"改革的理论基础,土地使用制度的发展向度以及农户在

---

① 参见长野郎.中国土地制度的研究[M].强我译.北京:中国政法大学出版社,2004:序言.

农地制度改革中的具体权利及利益分享。

一、土地经营权及土地经营权市场

当前看来,"三权分置"相关政策业已明确了"土地所有权—土地承包权—土地经营权"的土地产权架构,而学术界对此还缺乏应有的理论准备,因此也走了一段不短的弯路。应当看到,"两权分离"的制度激励在 20 世纪 80 年代中期即已释放,其退出农村土地制度的舞台具有历史必然性。其在释放制度红利的过程中也引致了一些衍生性问题,如基础性制度凝固化[①]、土地细碎化[②]、土地市场发育不完善[③]、土地利益矛盾加剧[④]等。虽然亦有学者研究表明了土地细碎化的存在对农户收入正面影响大于其负面影响,但是否推进农地市场化的争论始终聚讼未止。这些争论一方面为土地经营权的理论发展奠定了基础,另一方面也致使土地经营权的实践较难推进。基于学术争议和政策拟定的考量,土地经营权及土地经营权市场基本范畴的讨论将是制度设计与落地的重要理论准备。

---

① 参见周文,倪瑛.我国农村土地制度改革问题探讨[J].云南民族大学学报:哲学社会科学版,2006(7):100-104.

② 参见田孟,贺雪峰.中国的农地细碎化及其治理之道[J].江西财经大学学报,2015(2):88-96.

③ 参见叶剑平,蒋妍,丰雷.中国农村土地流转市场的调查研究——基于2005年17省调查的分析和建议[J].中国农村观察,2006(4):48-55.

④ 参见杨若涵,任大廷.土地矛盾中农民利益的维护[J].人民论坛,2013(5):48-49.

(一)土地经营权的生成及界定

1.土地经营权的生成

一项制度要想有效运作,应当与其所承载的制度功能相匹配。土地承包经营权制度所承载的政治性、社会性和经济性制度功能本身就超越了该制度创设的制度初衷。[①] 这种结构性失衡的制度功能一定程度割裂了资本与土地的结合,致使土地生产要素功能的实现受阻。也正是基于这样的现实原因,土地经营权的生成才具有客观的实践基础。《三权分置意见》指出的土地经营权所具有的"派生性",其作为法制生成路径遭受学界质疑。[②] 当下针对土地经营权的生成路径的研究仍聚讼纷纭,见仁见智,并没有形成应有的共识。蔡立东、姜楠通过用益物权生成于母权的行使逻辑(所有权—用益物权—次级用益物权),提出"集体土地所有权—土地承包经营权(农户承包权)—土地经营权"的权利生成结构。[③]张洪波主张保留现有土地承包经营权相关权利制度,增设物权性质的流转方式,形成实质意义上的土地经营权。[④] 陶钟太郎、杨环参照《欧盟分时度假合同法》以及德国《住宅所有权法》中的分时段居住权制度,认为经营权生成的效果等同

[①] 参见赵万一,汪青松.土地承包经营权的功能转型及权能实现——基于农村社会管理创新的视角[J].法学研究,2014(1):74-92.

[②] 《关于完善农村土地所有权承包权经营权分置办法的意见》指出:"农村土地集体所有权是土地承包权的前提,农户享有承包经营权是集体所有的具体实现形式,在土地流转中,农户承包经营权派生出土地经营权。"

[③] 参见蔡立东,姜楠.农地三权分置的法实现[J].中国社会科学,2017(5):102-122.

[④] 参见张洪波.农地"三权分置"的法律表达:基于权能理论的分析[J].烟台大学学报:哲学社会科学版,2017(4):40-46.

于土地承包经营权在时间维度上被分割并予以部分转让,并不与物权的排他效力相悖。① 当然,有学者认为农地"三权分置"理论是经济学界解决我国土地承包经营权困境的政策选择,但不符合法律逻辑。基于权能分离理论,对土地的直接占有、使用只能集于一人,土地所有权派生出土地承包经营权之后,无法再生发具有他物权性质的"土地经营权",即认为"三权分置"不符合他物权的生成逻辑,土地经营权生成无法律依据。② 总结起来主要有以下观点:其一,土地所有权派生出农户承包权及土地经营权;其二,土地所有权派生出农户承包权之后,再由后者派生出土地经营权;③其三,上述两种路径均不成立,均不符合法律逻辑。④

本书认为,土地社会保障功能的核心在于保障农户生存权,维护农村社会稳定,土地生产要素功能的实现又旨在提高土地资源配置中的私人决策,弥补"土地政府"失灵之窘境,最大化土地资源的经济价值。⑤ 而"三权分置"改革的重要意图就是对土地承包经营权制度"减负",对新增的土地经营权"赋能"。可见,农户的生存权保障功能并非被移除,甚

---

① 参见陶钟太郎,杨环.农地"三权分置"实质探讨——寻求政策在法律上的妥适表达[J].中国土地科学,2017(1):64-72;蔡立东,姜楠.承包权与经营权分置的法构造[J].法学研究,2015(3):31-46.

② 参见单平基."三权分置"理论反思与土地承包经营权困境的解决路径[J].法学,2016(9):54-66;丁关良.土地承包经营权流转法律制度研究[M].北京:中国人民大学出版社,2011:284.

③ 参见胡凤.三权分置背景下土地承包经营权的分离与重构[J].西北农林科技大学学报,2017(3):9-15.

④ 参见单平基."三权分置"理论反思与土地承包经营权困境的解决路径[J].法学,2016(9):54-66.

⑤ 参见马凯,钱忠好.土地征用、农地直接入市与土地资源优化配置[J].农业经济问题,2009(4):70-75.

至可能被强化,土地经营者所预见的"土地流转"价值功能又因"赋能"得以实现。[1] 即在本书的讨论中,应坚持以土地经营权市场化实现为最终诉求,平衡制度改革中的利益张力,进而以改革试点、法律确认、经验普及的方式实现"三权分置"改革。

2.土地经营权的界定

从产权的既有理论出发,土地经营权作为产权的一种,应该得到社会认可。[2] 反观当前学界对土地经营权的讨论,角度颇多且众说纷纭,从法律命名、生成路径到法律性质、具体类型,都并未形成相对统一的认识。由此,应立足于改革实践的指向,对相关争议和讨论予以回应,保证"三权分置"改革的顺利进行。

(1)名称的由来

从法律渊源上讲,"三权分置"下土地经营权的法律命名最早出现于地方规范性文件中。[3] 从中央一级文件来看,自

---

[1]　通过对现行法律承包权与经营权合一保护困境的否定,吴义龙学者提出:"对两权之一进行保护必然会以弱化另一权为代价,因为这两权实际分属两套并行运作的制度且可以和睦相处"。然"三权分置"改革并没有实质上对所有权、承包权及使用权的保护强度做出变革,而是通过"坚持、稳定、放活"的措辞强调"三权分置"改革后"三权"各自的制度功能和侧重点。参见吴义龙."三权分置"论的法律逻辑、政策阐释及制度替代[J].法学家,2016(4):28-41,176.

[2]　刘诗白认为:"所谓产权,包括财产所有权、实际占有权、使用权和处置权,它是具有法律赋予的社会权力的所有、占有、使用、处置关系,它是特定的生产方式下人们用来硬化一定的所有制关系、约束人们的经济行为、维护与稳定一定的经济秩序的法权工具。"参见刘诗白.社会主义商品经济与企业产权[J].经济研究,1988(3):37-42.黄韬指出:"产权是有法律、习俗、道德等界定和表达的,得到人们相互间认可的关于财产的权利。"参见黄韬.中国农地集体产权制度研究[M].成都:西南财经大学出版社,2010:42.

[3]　如早在《农村土地承包法》和《物权法》出台之前,广东省委于2001年就在《关于大力推进农业产业化经营的决定》中规定:"按照稳定承包权、搞活经营权、保护受益权的原则,对有条件的地方,可依法鼓励多种形式的土地使用权流转,促进农业资源向优势产业和优势农业企业集中。"

"三权分置"被提出以来,较为一致地采用了"土地经营权"的法律命名。① 从既有文献来看,学界对该名称的讨论亦蔚为大观。以"土地经营权"为主流的基本理由为:其一,可以明释"土地承包人"与"土地经营人"之分置现象。两权分离下,"土地承包人"与"土地经营人"合一是制度常态,即农户在土地承包经营权制度框架下身份性与经营性是统一的。然基于农地经营模式的演化和发展,土地流转成为农地价值实现的必由之路。截止到2016年6月,全国农户流转土地的比例超过30%,东部沿海发达地区甚至超过50%。② 由此,身份性之承包权与财产性之经营权发生分离也逐步成为常态,这一发展趋势已然超出了土地承包经营权所蕴含的制度初衷,其也无法解释这一权利主体的分离现象。而"土地经营权"概念的采用,即沿袭了土地承包经营权制度中对经营权的设定,又较为清楚地分离出身份性的承包权。其二,可以有效规避《民法典·物权编》等法律对土地流转方式的限定。土地承包经营权制度自设立以来即蕴含着保障农民基本生活条件的社会性功能,《民法典·物权编》等法律通过明确规定土地承包经营权的抵押来对这种社会性功能予以保障。然实践中,多个地方开放土地承包经营权的抵押禁区,如山东、吉林等地在实践中以"使用权""流转权"的形式办理银

---

① 此数据考察的文献包括:《深化农村改革综合性实施方案》《关于引导农村土地经营权有序流转发展农业适度规模经营的意见》《关于完善农村土地所有权承包权经营权分置办法的意见》《关于全面深化农村改革加快推进农业现代化的若干意见》《关于落实发展新理念加快农业现代化实现全面小康目标的若干意见》《关于深入推进农业供给侧结构性改革加快培育农业农村发展新动能的若干意见》。

② 参见丁文.论"三权分置"中的土地经营权[J].清华法学,2018(1):116.

行质押、抵押贷款。① 此种方式不可谓不违法,但客观表征出法律对社会新生事物和需求的抑制,需要制度回应。其三,经济学界所提供的理论支撑。"三权分离"来促进"农地代营"的思想早在20世纪90年代就已为经济学界提出。在经济学界看来,土地承包经营权的流转就是农地使用权的流转,就是拥有土地承包经营权的农户将土地经营权(土地使用权)转让给其他经营权人的行为。② 当然,亦有学者指出此种演化方式不利于土地承包权的保护和行使,土地承包权是一种具有成员权性质的权利,非财产权性质,应当防范土地承包权分离出土地经营权后就变成成员权的思路,这不利于承包关系的稳定。将来,土地经营权到期后农户还需要依据土地承包经营权去收回土地。③

纵览"三权分置"的各项政策性规定,以"土地经营权"命名的各项规定更为具体和明确。《三权分置意见》明确规定:"赋予经营主体更有保障的土地经营权,是完善农村基本经营制度的关键。土地经营权人对流转土地依法享有一定期限内占有、耕作并取得相应收益的权利。在依法保护集体所有权和农户承包权的前提下,平等保护经营主体依流转合同取得的土地经营权,保障其有稳定的经营预期"。除此之外,自2014年起的"中央一号文件"均涉及"土地经营权"。本书认为,采用"土地经营权"的称谓更具规范化。"三权分

---

① 参见叶兴庆.从"两权分离"到"三权分离"——我国农地产权制度的过去与未来[J].中国党政干部论坛,2014(6):7-12.

② 参见张红宇.中国农地调整与使用权流转:几点评论[J].管理世界,2002(5):76-87.

③ 参见黄建中.农地三权分置法律实施机制理论与实践[M].北京:中国法制出版社,2017:61-62.

置"的提出本身就是对土地承包经营权制度的深化性改革，所有权、承包权、经营权应作明确界定和区分，其他相对于"土地经营权"的模糊称谓应慎重使用。由此，既利于社会大众对三权分置改革的准确认识，也利于制度规范化、法制化。从新《农村土地承包法》的修订来看，土地经营权的称谓得到了法律确认。

（2）权利内容

世界范围内新型经济形态的问世不仅意味着经济领域的重大变革，同时也是政治、文化领域的重大革命，它会引发社会关系的重新调整，引发权利现象的嬗变与完善。[①]"三权分置"改革的核心就在于分置权利的范围与内容，这既是改革发挥功效的要求，也是有效防范改革负外部性的关键。从权利设立的方式上看，承包农户与集体经济组织的"承包合同"是农户取得"土地经营权"的依据，且从根本上而言，农户同样基于该合同取得了农地的"土地经营权"。农户与土地经营权流转受让方基于意思合意签订"农地流转合同"，则是受让方取得"土地经营权"的依据。当然，受让方同样可以在法律规定条件下对"土地经营权"进行再流转，由此形成第三类"土地经营权"的设立。从权利主体的角度上看，基于上述"土地经营权"生成方式的分析可知，权利主体既包括土地承包人，也包括了流转土地的受让方。与土地承包经营权制度的区别就在于"土地经营权"的取得不再局限于集体经济组织成员身份，且一般而论，土地经营权的合法主体包含：农户、家庭农场、农民合作社、农业企业等各类新型农业经营主

①　参见凌云志.法权嬗变：从农业经济时代到新经济时代[J].江海学刊,2016(3):215-219.

体。从权利客体的角度上看,土地经营权的客体是用于耕作的农村土地,既包括农户未为其承包地设立流转的承包地,也包括农户或受让人进行流转后的流转土地。① 从权利表现形态上来看,应主要包括占有权、使用权、收益权、处分权等权利形态。②

（3）权利性质的争论与反思

从既有研究来看,如何定位承包权与经营权的性质,学术界可谓众说纷纭,莫衷一是。但讨论土地经营权制度的问题就始终绕不开权利性质问题。无论是农垦国有农用地"四权分置"中国有土地使用权、国有农用地承包经营权、流转之经营权权利性质的系统定位,还是农民集体农用地"三权分置"中经营权法律性质的定位,都涉及应否肯认双层用益物权权利结构的问题。认可双层用益物权权利结构的学者主要借由两种路径予以阐释:其一,所有权理论,通过提升土地承包经营权的权利位阶以回避"一物一权"理论。③ 其二,多层权利客体理论,即认为农用地与土地承包经营权分别作为土地承包经营权与经营权的客体,而并非"一物"之上并存相同内容的用益物权,因而不违反"一物一权"原则。否认双层用益物权权利结构的学者主要认为:将土地经营权定位为物

----

　　① 参见丁文.论"三权分置"中的土地经营权[J].清华法学,2018(1):114-128.

　　② 占有权,即承包人占有或承包地从承包人处转移后,有经营者直接占有;使用权,表现为自由耕作、经营、从事农业生产等;收益权,表现为经营收益权;处分权,表现为对土地经营权进行入股和抵押的权利。参见陈朝兵.农村土地"三权分置":功能作用、权能划分与制度构建[J].中国人口·资源与环境,2016(4):135-141.

　　③ 相关文献可参见孙宪忠.推进农村土地三权分置需要解决的法律认识问题[J].行政管理改革,2016(2):21-25;申慧文.论农村承包经营户的死亡[J].河南财经政法大学学报,2016(2):106-118;袁震.论农村土地承包经营权的相当所有权属性[J].河南大学学报,2016(5):10-23.

权是对"一物一权"原则的违反,以及如此制度设计不利于法律关系的明晰和权利义务的实现。①

从上述的性质定位的学说出发,本书认为可能存在以下质疑:其一,权利性质逻辑进路的推演是否得当。从权利的分离视角来看,土地承包经营权派生出土地承包权和土地经营权,故而土地经营权的性质与土地承包权之性质基础相同,因而权利性质被推定相同。然此种逻辑就忽视了土地承包经营权在物权法定的情况下,其分离出的两项权利对母权的承袭情况。土地承包经营权是基于集体经济组织成员身份所拥有的身份性权利,即土地承包经营权本身涵盖了身份性和财产性。因而,分离出的土地承包权在性质认定上应为成员权,以此为逻辑起点,土地经营权的权利性质定位为物权便顺理成章。② 其二,权利性质的主观认知是否科学、适宜。法律规范对权利的界定,本质上是对社会结构中利益关系的法律表达与传递。在新型权利生成的过程中,既定利益关系具有不同的作用,既需要从旧有利益关系上去观察,也需要从新型利益关系上去观察。"物权说"与"债权说"对土地经营权的性质进行观察时,单方面从旧有利益关系上去考虑,即只维护了承包农户的土地权利以及实现土地价值的效用。而"三权分置"改革本身需要考虑到的是新型农业产业方式对农民、新型农业经营主体乃至整个农村经济的影响。因此,应摒弃以旧有法制去框定新型事物的僵化思路,以土地经营权权利本身的制度功能为基础,去科学认定其权利性质。

---

① 参见陈小君.我国农村土地法律制度变革的思路与框架——十八届三中全会《决定》相关内容解读[J].法学研究,2014(4):4-25.

② 参见丁文.论"三权分置"中的土地承包权[J].法商研究,2017(3):15-26.

基于以上分析,本书认为土地经营权应为以农地为客体的用益物权。该权利具有三种类型:一为承包农户通过与集体经济组织签订承包合同所取得的以承包土地为客体的土地经营权;二是新型农业经营主体通过与农户签订流转合同取得的以流转土地为客体的土地经营权;三是新型农业经营主体与新型农业经营主体之间通过流转合同进行的再流转土地经营权。根据流转主体与流转功能的不同,可分为农地流转一级市场和农地流转二级市场。① 在农地流转一级市场,土地经营权由农户基于土地承包经营权原始取得,土地经营权主体与土地承包经营权主体重合。② 流转模式为承包方将其以承包经营合同所获得的土地经营权,转移给其他人或经济组织进行农业生产经营活动,其参与主体为农民集体(发包方)、农户(承包方)、初次受让方、一般非物权人。③ 本市场中的经营权权能属于经营权的“初次分配”“原始分配”,其将决定后续流转的权能深度和广度,即二级市场经营权的权能和相关要素不能超越一级市场经营权的期限、权利

① 此种分类模式沿袭建设用地使用权的分类,当然亦有学者将以此标准分类之市场命名为原始经营权市场与继受经营权市场、初次流转市场与再流转市场等。应当说,三种分类模式均体现出该分类标准的基本特征。参见孟勤国.中国农村土地流转问题研究[M].北京:法律出版社,2009:59-60;李伟.集体所有制下的产权重构[M].北京:中国发展出版社,2015:18-19.

② 一般认为,土地承包权作为一种身份性权利应受到制约和限制,其始终存在于土地经营权运作过程中,由此影响到土地经营权的功能发挥。另有学者认为,承包权的身份性体现在权利创设之时,并不等于所创权利之身份性,更不等于权利取得之后仍具身份性。权利人一旦取得该权利,承包人对承包地进行占有、使用,通过自主经营对农作物享有所有权,这些都是财产性权利,应区别于保障性的身份权。参见周应江.论土地承包经营权的身份制约[J].法学论坛,2010(4):150-151;张昕.论土地承包经营权的继承[J].合肥师范学院学报,2009(5):55-59.

③ 参见孟勤国.中国农村土地流转问题研究[M].北京:法律出版社,2009:59-60.

范围。在农地流转二级市场中,土地经营权基于流转合同继受取得。流转中的流转方不是承包方,而是上位流转的受让方。经营权主体包括其他农户或者专业大户、家庭农场、农民专业合作社、农业产业化龙头企业和其他各类农业社会化服务组织在内的农地实际经营者。这些主体获得土地经营权,并可向他人转让、设定抵押,实现该权利的市场化流转,由此形成土地所有权——土地承包权——土地实际经营权(新型农业经营主体享有)的产权逻辑。本市场中,原承包土地经营权承载的社会保障功能得以消解,土地经营权基于市场等价交换规则而产生。流转只是一个交易行为和过程,流转双方考量的是如何实现利益的最大化。从根本上说,二级市场更能体现商品市场的竞争机制,但也可能面临农民权益受损、农地非农化、流转合同纠纷等问题。①

当然,将土地经营权界定为用益物权是对"三权分置"政策下"放活土地经营权"的政策所实施的前瞻性方案,是对既定法律制度的突破,需要《民法典·物权编》等法律法规的确认和回应。特别是在对"土地经营权"进行分置时,尤其需要统筹相关制度的衔接问题,以防范制度改革所产生的负外部性。

3.土地经营权与土地承包经营权、土地承包权之界别

不同市场领域、不同发展阶段下的规制事项无疑存在一定的差异,一部特定范围的规制立法只能与其整体制度设计相适应。职是之故,土地经营权的生成势必需要法律制度予以回应。依据制度的演变路径,借由移植生成抑或是改革而致。从当前政策指向、法规修订等措施来看,土地经营权市

---

① 参见向超.论土地经营权市场分类规制的理念与模式[J].学习与实践,2017(12):61-68.

场法律制度属于后者。那么,如何在已然遵循数十年的土地承包经营权制度之上去调适、构造土地经营权法律制度则是关键问题,而破解这一问题的基础则是正确认识土地经营权、土地承包经营权乃至土地承包权的制度意蕴和价值。

在我国农地制度的实践过程中,农村承包土地所负载的权利体系经历了从两权分离到三权分置的演进过程,农民权利也因此发生了诸多变化。从三权分置的现有政策来看,土地承包权、土地经营权本质上属于新提法,是在农地权能不断变更、价值实现方式不断发生变化的过程中提出的。质言之,土地承包权与土地经营权是土地承包经营权的行使和实现方式,即土地承包经营权人在土地承包经营权之外所创设的用益物权,其依然享有土地承包经营权,其设立经营权的行为是实现土地承包经营权的方式。

（1）土地经营权有别于土地承包经营权

从直接联系来看,土地经营权是分离于土地承包经营权的独立用益物权,其在主体、存在基础、权利内容等方面有别于土地承包经营权。首先,较于土地承包经营权而言,土地经营权的主体范围更广。土地承包经营权是借由土地承包合同而成的,是一种基于成员权、身份权而形成的权利。而土地经营权则纯化为一种纯粹财产权,其权利主体既可以是集体经济组织成员,也可以是非集体经济组织成员的个人、农业企业等。其次,土地承包经营权是土地经营权的来源性权利,是母权。土地经营权以土地承包经营权的存在为基础。享有土地承包经营权的农户可以自主决定是否进行土地经营权的创设和流转。最后,土地承包经营权是法律明文规定的用益物权,其在权利内容上应包含分离后的承包权和经营权。创设的经营权则主要体现为经营性权利,如自主经营决策权、获得经营收益权、获得征收补偿权、获得农业补贴权以及经营处分权等。

(2)土地经营权有别于土地承包权

从"三权分置"的制度初衷来看,土地经营权与土地承包权均是独立性权利。但无论流转与否,土地承包权均属于土地承包经营权人,承包权的身份性不发生转移。虽然承包权与经营权有着密切的联系,但二者也存在根本不同之处。其一,主体范围的不同。承包权是身份性权利,集体经济组织成员是基础和前提;经营权不受集体经济组织成员的资格限制,而也正是因为经营权的非身份性才致使其可以进入市场流转,更利于土地价值的实现。其二,权利内容不同。虽然承包权与经营权均可内含于土地承包经营权之中,但分置下的两个权利相互独立,功能界别清晰。承包权所保留的权利理应包括土地流转收益权、获得征收补偿权及安置权、土地回收权、有偿退出权、继承权以及剩余权。① 如前所述,经营权之权利内容则更体现为财产用益性权利。其三,权利强度不同。土地经营权由农户的承包经营权直接派生而出,则承包经营权在分离出经营权后仅剩名义上的土地承包权,土地经营权在一定程度上可以对抗土地承包经营权,土地承包权则基于其依附性在对抗性上相对较弱。如在"确权确股不确地"的情形之下或由土地集体所有权直接派生出土地经营权,则土地经营权与承包经营权并无直接法律关系可言,土地经营权自然可以对抗土地集体所有权,并不涉及与承包经

---

① 参见柴振国,潘静.农民财产权视阈下的农地经营权流转制度创新研究[M].北京:中国检察出版社,2016:58-62.

营权之间的直接对抗关系。①

　　土地经营权的界定需要契合土地经营权创设的功能和宗旨；从实践的角度而言，要充分保障其进行有序流转的制度初衷。基于以上关涉土地经营权名称、内容及性质的分析，本书认为，土地经营权是指土地经营权人在一定期限内依法享有占有、使用、收益、处分流转土地的权利。以财产要素为核心的配置原则为基础，具体应包含以下权能：①占有、使用权能。即土地经营权人有权自主占有、使用流转土地的权利。②流转权能。即土地经营权人有权将流转土地以转让、抵押、入股等方式进行流转。③收益权能。即土地经营权人有权基于农地的利用获得收益。④继承权能。即土地经营权在存续期间可以被继承。

（二）土地经营权的市场化认知

　　改革开放以来，对农地产权的重新界定和安排一直是土地制度改革的主要方式。受制于多重社会转型，其制度变迁表现出诸多社会性、经济性层面的负外部性现象，如：农民身份权与财产权制度结构问题、土地增值利益分配均衡性问题、农地社会保障性功能与生产要素功能的实现问题。② 对此，学界贡献了诸多智识，且较为一致地将农地市场化作为克服社会转型期衍生性问题的最佳方案。③ 即发挥市场在农

---

①　参见房绍坤.承包地"三权分置"的法律表达与实效考察[M].北京：中国人民大学出版社,2018:113.

②　参见李宁,陈利根,孙佑海.推动农地产权市场化改革需要考虑多重社会转型[J].江苏社会科学,2015(1):69-79.

③　参见陈锡文.全面深化"三农"问题改革的思考[J].当代农村财经,2014(6):7-9.

地资源配置中的决定性作用,建立权属清楚、功能明晰的现代农地产权制度。

回顾改革开放以来的农地市场,农地流转在民间已有了市场化的萌芽,这种农地自发流转在严格管控的政策下生成,是初级的农地市场或者说是具有农地市场化特征的交易现象。且这种现象在近十年内持续增长,据统计,2018 年全国家庭承包耕地流转面积达 5.3 亿亩(图 1.1)。

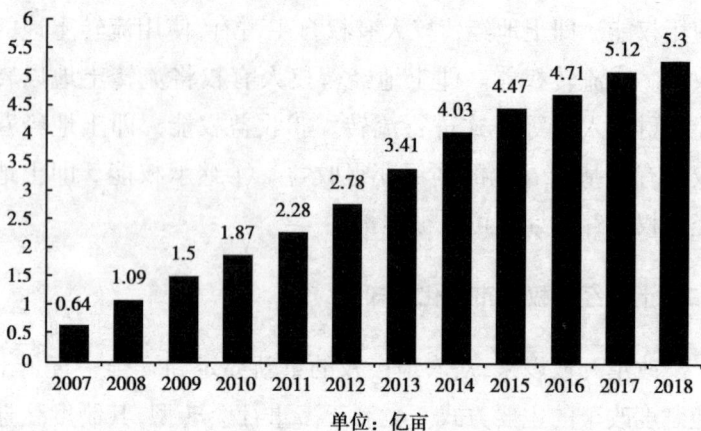

单位:亿亩

图 1.1   全国家庭承包耕地流转面积走势图
注:数据来源于国家统计局相关调查报告、中国产业信息网

自 2014 年中央一号文件提出农村土地"三权分置"改革以来,后续相关政策对其予以确认和发展。《关于加大改革创新力度加快农业现代化建设的若干意见》(2015 年中央一号文件)更是明确提出:"抓紧修改农村土地承包方面的法律,……界定农村土地集体所有权、农户承包权、土地经营权之间的权利关系。"至此,农地市场化已是既定的改革方案,土地经营权作为基础性权利构造将是实现"三权分置"的关键。

1.土地经营权市场化构造的法律基础

在产业经济学领域,经济主体对其支配之动产与不动产享有占有、使用、收益及处分之权利。我国现行土地集体产权制度下,"共有私用"的产权模式致使农民仅享有事实上的支配权,缺乏对承包地完整的处分权。"三权分置"改革模式下,土地经营权的放活旨在对土地使用权展开一定程度的扩容,以强化对土地价值的利用。然而,土地经营权经济学式的生成路径于法学领域的实现遭遇了性质困惑,且这种困惑在一定程度上阻碍了经营权的功能实现,需要予以理清。①

(1)土地经营权物权化塑造:必要性

对土地经营权性质的探讨之所以聚讼不已是因为研究者秉持了不同的角度对其进行分析。就"三权分置"改革初衷及土地经营权设计目的来看,土地经营权的物权化更能实现该制度所承载的制度功能。

其一,"三权制衡"的需要。"两权并立"模式下,土地所有权、土地承包经营权均属于物权,土地承包经营权基于物权属性能够对抗所有权对承包经营权行使所可能带来的妨

---

① 法学界认为土地经营权属于物权的部分学者及文献包括:陶钟太郎,杨环.农地"三权分置"实质探讨——寻求政策在法律上的妥适表达[J].中国土地科学,2017(1):64-72;肖鹏.土地经营权的性质研究——基于土地经营权抵押贷款规范性文件的分析[J].中国土地科学,2016(9):12-18;陶钟太郎,杨遂全.农村土地经营权认知与物权塑造——从既有法制到未来立法[J].南京农业大学学报,2015(2):73-79,127;宋宗宇,何贞斌,陈丹.农村土地经营权的确定化及其制度构建[J].农村经济,2015(7):19-24;许明月.农村承包地经营权抵押融资改革的立法跟进[J].比较法研究,2016(5):1-13.认为农地经营权属于债权的部分学者及文献包括:高海.论农用地"三权分置"中经营权的法律性质[J].法学家,2016(4):42-52,176-177;赵鲲.共享土地经营权:农业规模经营的有效实现形式[J].农业经济问题,2016(8):4-8.同样,有学者认为"三权分置理论在理论上不能成立,在实践中也无法实施。"如:丁关良.土地承包经营权流转法律制度研究[M].北京:中国人民大学出版社,2011:284.

碍。"三权分置"的制度设计即是将土地所有权、土地承包权、土地经营权作为私权形态于同一层次作一体保护。根据当前的法律制度安排,土地所有权、土地承包权仍然具有对世效力,而土地经营权仅能向特定人主张。因此,"债权"形式的土地经营权将难以与所有权、承包权相对抗和制衡。这不符合土地经营权的创设初衷,也不利于实现土地经营权的预设功能。要真正实现"三权分置",对土地经营权的物权化塑造是本次产权制度改革成功的重要环节。

其二,保护经营权主体权益的需要。"三权分置"改革的前提就是因为以债权性为基本依赖形式的流转机制已经不合时宜,不适应生产力的进一步释放。债权性流转基于主张权利的相对性,遭受侵害时多以违约责任形态进行保障,且多数时候相关权利实现还需要求助于土地承包经营权人。物权化设置基于物权法定、公示公信、权利保护上优先性等制度设计,对权利保护的力度上得到了加强。此外,土地经营权作为"新型"市场权利,对于交易主体而言,市场预判和价值预期都处于摸索阶段,要式更为严格规范的物权化设置为权利实现的稳定性提供了保障。

其三,土地经营权实现的需要。根据政策性文件要求,将"土地经营权"确定为"可转让""可抵押"之权利,需要依法将其物权化。[①] 就"可转让"而言,债权性质的土地经营权转让其本质上属于转租,即"可转让"的实现将受制于第三人(土地承包经营权人或者农民集体)的意志,不利于实现市场化流转。对土地经营权的物权化设置,将顺理成章地实现物

---

① 参见孙宪忠.推进农地三权分置经营模式的立法研究[J].中国社会科学,2016(7):145-163.

权法定下的转让,不再受设权人的意识限制,利于土地经营权功能的实现。① 就"可抵押"而言,当前土地经营权抵押试点工作已全面展开,《国务院关于开展农村承包土地的经营权和农民住房财产权抵押贷款试点的指导意见》和《全国人民代表大会常务委员会关于授权国务院在北京大兴区等232个试点县(市、区)、天津市蓟县等59个试点县(市、区)行政区域分别暂时调整实施有关法律规定的决定》明确了试点的基调,即在试点区域暂停实施《物权法》《担保法》相关条款,对土地经营权抵押采取权属确认、登记办证、审核公示的物权实现技术。故而,土地经营权的"可抵押性"亦需要通过经营权的物权性塑造来予以实现。

(2)土地经营权物权化塑造:可行性

相较而言,学术界对土地经营权创设的必要性少有质疑,对土地经营权物权化塑造的可行性的争论则可谓汗牛充栋。主要包括:其一,一物一权原则;其二,权利分离危害理论。就一物一权原则而言,基本观点即因物权法严格的物权法定主义,物权法以及相关法律尚未规定土地经营权为物权,现有法制解释只能认定其为债权,以及"一个物上原则上只能存在一个所有权、用益物权,不得存在两个以上性质和内容不相容的所有权、用益物权"。对此,学界亦贡献了诸多智识,如认为土地经营权是由土地承包经营权让渡部分权能而产生的,让渡后的部分权能完整构成了土地经营权之权能,且二者不会冲突,亦不违背一物一权原则。再如,效仿德国居住权制度的塑造路径,通过"物权的合意"效力达到物权效果,或

---

① 参见陶钟太郎,杨环.论"三权分置"的制度实现:权属定位及路径依赖[J].南京农业大学学报:社会科学版,2017(3):86-94.

采用"次级用益物权"形式来确定土地经营权之物权性。凡此等等,均揭示出土地经营权物权化设置的可行性方案。此外,权利分离危害理念指出,承包权与经营权具有内在一致性,属于土地承包经营权集体产权理念下的构造,二者不宜分离,也不能分离。强行分离之结果也将是残缺的权利,并由此引发交易价格难以显化、交易范围受限等问题,而最终将导致产生土地承包权的"沉默"或是两个权利并行的混乱现象。① 并以此认为,三权分置的提出缺乏理论依据,存有较大的社会风险。对此,一个不攻自破的观点是:土地承包经营权本身具有身份性、成员专属性,以此为前提的土地承包经营权的流转不能发生权属变动,因此这一思考路径显然与实践不符。②

（3）评述与启示

土地经营权性质的归位始终是"三权分置"实现必须解决的问题。虽然现行针对土地经营权的立法规范尚未大量展开,但这属于改革的通常逻辑,法律滞后性不能否定对新权利进行界定和确认的可能。上述理论的逻辑起点均立足于现行法律对未来法制的规范和框定,这在一定程度上妨碍了经济运行方式影响顶层设计的能力。事实上,物权与债权二者在某些特定部分处于混合、模糊状态,其内容、效力、作用等方面体现出一定的交错现象,物权和债权之间存在着相互转化或互为过渡状态的可能性。③ 易言之,现行债权性流

① 参见黄韬.中国农地集体产权制度研究[M].成都:西南财经大学出版社,2010:142-143.

② 参见丁文.论土地承包权与土地承包经营权的分离[J].中国法学,2015(3):159-178.

③ 参见刘保玉,秦伟.物权与债权的区分及其相对性问题论纲[J].法学论坛,2002(5):39-45.

转可能是物权性流转的过渡条件,是阶段性的,而"三权分置"改革是转化的契机。此外,从中国制度变迁的历史轨迹来看,既有的承包经营权是对传统物权理念适度调整之后产生的他物权,其生成、发展属于传统理论与中国土地制度相结合的产物,在权利界定、权利内容等方面携有中国特有的土地制度变迁印记。循此思路,土地经营权的创设同样可基于当前土地产权制度亟须改革而产生,其创设并不存在物权法角度的理论悖论,相反却是法学领域和经济发展对时下物权体系的深化和拓展。①

2.土地经营权市场化的法权构造

就政策目标解读而言,土地经营权的生成旨在不改变原有经营体制的前提下,清除农地流转障碍、激活农地权利的财产价值,释放农地融资功能。② 就政策文本分析而言,土地经营权的概念,有"经营权""土地经营权""承包土地的经营权""农户承包土地经营权"等表述。且这些概念性表述主要体现为农户承包土地的经营权,而非其他形式的土地经营权。本书以为,欲框定土地经营权法权构造的基本路径与范式,应立足于此概念体系下对土地经营权的理解和界定,才能更好地把握住权利关系的基本范畴与实现形式。

马克思产权理论指出,经济关系总是以法律权利的形式表现出来,经济关系是法权关系的基础,法权关系则是经济关系的实现形态。《三权分置意见》明确指出:"在农地流转

---

① 参见韩学平."三权分置"下农村土地经营权有效实现的物权逻辑[J].社会科学辑刊,2016(5):58-65.

② 参见蔡立东,姜楠.农地三权分置的法实现[J].中国社会科学,2017(5):102-122.

中,农户承包经营权派生出土地经营权"。据此,不论土地经营权为"物权性"或"债权性"性质,其生成逻辑都应为:土地所有权—用益物权性质的土地承包经营权—土地承包权和土地经营权。而在其实现方式上存在两种路径或类型:第一,在农地流转一级市场,土地经营权由农户基于承包权原始取得,土地经营权主体与土地承包权主体重合。土地经营权成为土地承包权的实现方式,且在二者存续期间土地经营权与土地承包权拥有同样的农业生产权能,由此形成土地所有权——土地承包权、土地经营权、土地实际经营者(主体混同)。第二,在农地流转二级市场,土地经营权基于流转合同继受取得。经营权主体包括其他农户或者专业大户、家庭农场、农民专业合作社、农业产业化龙头企业和其他各类农业社会化服务组织在内的农地实际经营者。这些主体获得土地经营权,并可向他人转让、设定抵押,实现该权利的市场化流转,由此形成土地所有权—土地承包权—土地经营权(农户)、土地实际经营者(新型农业主体)。如此的产权重构,既没有改变农地集体所有制和农户对承包土地的承包权益,又在厘清土地承包经营权、土地承包权和土地经营权相互关系的基础上,有效放活土地经营权,稳定、保障农地流转双方对农地利用的合理预期,从而使农地产权关系更具理性,为土地制度的进一步改革奠定了基础。①

　　土地承包经营制度从来就不是一个固化的制度体系,因而致使对其的研究和讨论聚讼未止。局限于既有法制框架更是难以明晰土地经营权的性质及构造。"两权分置"模式

　　① 参见张毅,张红,毕宝德.农地的"三权分置"及改革问题:政策轨迹、文本分析与产权结构[J].中国软科学,2016(3):13-23.

下土地所有权与土地承包经营权业已完成了制度目标,"三权分置"之初衷乃构建新型农业经营体系,加快农业现代化发展,相对固化的土地承包经营权制度不应成为"三权分置"改革的"阻碍",应从制度设计及市场实现的角度对其"制度习惯"予以消解。因此,"三权分置"政策下理应构建体系清楚的"土地所有权—土地承包权—土地经营权",土地承包经营权应在合理、法定方式下退出农村产权制度体系。

3.土地经营权市场化的功能定位

马克思、恩格斯指出:"城市和乡村的分离还可以看作是资本和地产的分离,看作是资本不依赖于地产而存在及发展的开始,也就是仅仅以劳动和交换为基础的所有制的开始。"[1]这种分离使得资本与土地之交换演变成农村发展的主要动力。土地经营权的市场化使得土地权利取得了商品品格,以土地经营权出让和受让为内容的交易与其他商品和服务交易已没有本质的市场差别,市场将在资源配置中起决定性作用。置于"三权分置"改革中,土地经营权市场化改造同样应坚持市场对资源配置的决定作用,保障新型农业主体应有的市场预期,释放竞争型经济的活力。当然,还应当考虑到当前农村经济的弱质性特征,将政府监管与市场调节作渐进式改革,防范社会资本对农村稳定秩序、农村土地制度、承包农户利益的侵蚀和破坏。此外,还需要明确的是:虽然土地经营权的市场化有利于生产要素动态优化组合、土地集约化经营、规模经营以及避免行政干预等重要作用。[2] 且"三权分置"改革亦旨在促进土

---

① 参见李传兵,俞념念,陈浩然.马克思城乡关系思想及其当代中国化实践[J].社会主义研究,2012(4):18-22.

② 参见杨学成,曾启.试论农村土地流转的市场化[J].农业经济问题,1994(6):16-22.

地权利与资本的交换,唤醒"沉睡的资本",但市场化本身并不必然使农民和农村获得更多,市场化只是手段,农村经济的发展以及公平的改革发展成果分享才是目的。

一方面,市场经济环境下,商品属于不同的所有者,交易双方主体地位平等,通过竞争机制确定商品价格。当前土地流转特别是小宗土地流转处于十分不规范的阶段,交易双方风险不明、信息不对称,交易价格偏离市场价格,致使价格难以发挥市场信号作用及调控作用。而价格作为最基本的市场信号,其功能难以显现,市场调节功能亦很大程度受阻。"三权分置"背景下,土地经营权市场竞争机制建立,等值收益之资本价值得以发现并代表土地经营权之价值,其等量于有效贴现值并形成土地经营权进入市场交易的基准价值。因而,从价格形成角度来看,市场机制的建立对于"沉睡资本"的"复活"至关重要。《中共中央关于全面深化改革若干重大问题的决定》指出:"使市场在资源配置中起决定性作用和更好发挥政府作用。"世界经验来看,美国采取自由式的政府监管,即政府通过经济手段和法制手段管理土地流转,土地市场处于一种"准完全竞争性"的市场。英国采用古典式的市场监管,政府以指导性计划、法律、经济政策等间接手段指导和干预农地市场。虽然所有制不同,但从主要发达国家对待土地的态度可知,现代化农业需要土地市场的进一步放开,也需要正当竞争所带来的经济活力。职是之故,土地经营权市场构建过程中,应明确土地经营权物权化性质和权利边界,顺应土地财产功能的日益显化和土地产权交易市场化的必然趋势。在既定政策选择下,构建和完善土地经营权流转相关制度,优化市场机制的资源配置效率。首先,完善土地流转供求机制。一方面,制度设计上应把握土地供给的弹性,保证土地流转价格的市场性;另一方面,鼓励土地流转,促进土地规模经营,满足现代化农业发展需求。其次,完善土地流转价格机制。其一,赋予土地流转主体相对完整的价格决定权,并允许其根据市场自主确定价格;其二,形成畅通的价格传导机制,降低价格获取成本;其三,形成独立、客观的第三方服务组织,保障价格发现途径的多元性。最后,完善土地流转市场竞争机制。第一,消除地方政府行政非法干预,促进土地流转竞争性;第二,确保交易主体平等性,保障弱势农户议价的公平性;第三,建立全竞争关系下流转主体退出机制,强化竞争关系的社会和谐。①

　　另一方面,如前所述,土地经营权市场化的过程需伴随产权制度改革、市场分级构建、配套制度的完善等。此过程中,产权价值将驱使土地经营权甚至集体土地所有权等各项权利在新型农业经营主体等多个利益主体之间流动、整合。大量的社会资本进入农村,将作为一种经济激励因素促使土地经营权市场的发展,而这种发展是"经济人"式的,是非完全理性的。也由此可能引致农村原有的稳定经济秩序遭受破坏,侵害农民正当权益。

　　承包经营权与经营权的分置,经营权的物权化实现,是以土地社会保障功能的相对削弱为代价的。经营权市场化实现过程中应注重对承包农户的倾斜性保护,以防社会资本对农地社会保障功能的过度侵蚀。此外,还应认清承包农户分化的客观性和阶段性。土地经营权的不断流转,势必会使

---

　　① 参见朱强.农地流转风险与防范研究[M].北京:北京师范大学出版社,2013:32.

得经营权向种田能手、资源禀赋者倾斜,"失地"承包农户和多地农户数量均会上升,形成资源配置的分化。但也必须看到,在农村产权改革的相当长时间内,承包农户依然是数量最多、经营土地面积最大的群体,更是保障我国重要农产品有效供给和粮食安全的主导力量。一方面要大力发展农业生产性行业,为承包农户提供专业、可持续的生产化服务,积极推广代耕代种、联管联营等现代化农业生产方式,降低农业生产成本,提高经营效益。① 另一方面,建立和完善必要的社会保障制度,以有效预防农地产权制度改革所带来的衍生性社会问题。第一,以土地收益为基础,建立健全农村社会保障体系,为农民购买失地保险、养老保险、农业保险、医疗保险以及增加社会福利等,解决土地流转后农民的后顾之忧;第二,逐步实现农村和城市社会保障制度的统一与转换,科学设计承包农户、新型农业经营主体的社会保障体系;第三,扩宽社会保障资金来源,可在土地流转过程中合理征税或按照一定比例提取来筹集资金。当然,还应尊重实践中农民认可的国家、集体、个人共同出资模式,形成社会保障制度构建的社会合力。② 此外,自 1995 年国务院《批转农业部〈关于稳定和完善土地承包关系的意见〉的通知》提出"建立土地承包经营权流转机制"以来,国有土地、农民集体所有的土地兴起民间互助性的流转。这种传统流转方式基于亲缘或地缘的熟人社会,少有市场竞争成分,土地经营权市场构建应

---

① 参见张红宇,寇广增,李琳,李巧巧.我国普通农户的未来方向——美国家庭农场考察情况与启示[J].农村经营管理,2017(9):19-24.

② 参见"农村土地问题立法研究"课题组,陈小君.农村土地法律制度运行的现实考察——对我国 10 个省调查的总报告[J].法商研究,2010(1):119-131.

注重对此部分流转的保护,以保持农村社会应有的互助性特质。

诚然,土地经营权之市场价值作为市场经济改革进程中的政策宣示不仅代表着美好的希冀,还需要在"三权分置"背景下作出确定性、指向性的制度安排。在市场构建的过程中,权属清楚是前提,制度安排是保障,功能明确是政策指向。在土地经营权市场化认知的探讨中,应当明确:土地经营权物权化是改革趋势使然,是私有产权理论对负外部性克服的功能实现,是土地经营权市场化实现的法律基础。土地经营权市场化的功能定位,应耦合"三权分置"改革之制度初衷,即在稳定农村秩序前提下将"沉睡"的土地资本"唤醒",实现农村经济的良序发展及改革发展成果的共享。

二、土地经营权市场的法律规制

土地经营权概念始发于 20 世纪 90 年代,2014 年初相关政策文件以"三权分置"形式正式提出了土地经营权的概念。而严格意义上的法律明文规定出现于 2014 年《行政诉讼法》中,其第十二条第一款第七项规定:"认为行政机关侵犯其经营自主权或者农村土地承包经营权、农村土地经营权的。"截至目前,多个顶层设计对土地经营权进行了制度安排,其分离于土地承包经营权之路径也陆续得到了政策强势回应,学界亦达成较为一致的认同:土地经营权旨在消除土地承包权经营权身份性的流转性束缚,以纯粹财产权的形式释放土地要素资源的价值。然严格从法律规制的角度来看,既定政策尚未通过制度实现,既定模式亦尚未通过法律予以确认。且整体而言,现行对土地经营权的法律规制很大程度上是对土地承包经营权体制的沿用,在二者存在明显区分和不同功能定位的条件下,由此对土地经营权制度的实现将大打折扣。因此,对土地经营权相关规制的研究应缘于并优于其母体土地承包经营权流转市场法律规制的制度经验,并以此为基础进行修正、优化,进而展开土地经营权市场法律规制的制度构建。

(一)土地经营权市场法律规制的理论反思

总的说来,当前针对该领域的研究较多,研究范畴既涉及"三权分置"改革的合理论证,又涉及改革具体制度的落实,分析视角由农户行为影响等微观层面到土地经营权市场构建、政府行为的中观层面以及改革制度的法律实现、农村社会治理的宏观层面,理论依据由原本的农业经济学、法学扩展到社会学、政治学、经济学等领域,分析方法亦落地到田野调查的实证研究。但是,当前的研究在数量上仍偏重于简单的问题陈述与表层的对策,问题的提炼与对策的提出,凝固于旧有制度背景,能结合改革需求、实践性较强并兼顾社会、政治等各方面情况的理论暂付阙如。[①] 因而,问题导向型研究与对策实践性研究应得到推崇。"三权分置"改革背景下,关涉土地经营权市场法律规制的研究应体现出以下几个趋势。

1.土地经营权物权化实现问题的探讨

因沿袭德国法债物二元理论,物权与债权的严格区分成

---

① 参见张伟丽,扈映,米红.中国农村土地流转:问题及影响因素——一个文献综述[J].东岳论丛,2013(1):160-164.

为我国财产法律制度的通常逻辑,也是权利生成与实现的前提。因此,土地经营权法律性质的确定是法权完备的周延性要求,也是权利本身实现的基础条件。将土地经营权定性为物权抑或是债权,其法律效果与实现路径迥异。债权性土地经营权流转本质上归属于土地租赁行为,表现为租赁合同,法律依据为《民法典·合同编》,承租人即土地经营权受让人取得债权型土地经营权,权利的行使遵循相对性原则。反之,如果将土地经营权定性为物权,流转合同即虽然亦受《民法典·合同编》规制,但其不受有关租赁合同的强制性规定期限,即期限设定可以超过承包期内的 20 年年限。此外,土地经营权作为一种物权,是绝对权和对世权,具有相对独立性,土地经营权人具有独立转让、抵押的权利,而无须取得原承包权人的同意,使得其应有的物权属性得以彰显,也是物权法定的应有之义。同样也不难看出,作为不同的财产权利类型,债权与物权需要契合于适宜的权利生成背景。基于权利稳定性及交易便利性的考虑,债权性土地经营权不适宜土地经营权所应负担的制度功能,而应选择将土地经营权设置为用益物权。此外,从"三权分置"的政策解读来看,"三权分置"理论选择权利二次分离而非权利转让角度重新构建农地流转制度,就是旨在为土地设置一个稳定的物权性流转权能,以克服"一次性出局"转让方式之不足。如此农户可以自由选择用益土地经营权或流转土地经营权,既实现了土地承包经营权制度下社会保障功能的保留,又赋予了承包农户更多的财产权,有利于实现农业产业化下承包农户、新型农业经营主体间的利益平衡。职是之故,土地经营权流转权利的体系设计应首先明确土地经营权的物权流转方式,同时,也为更加多元的农地流出方保留多种流转方式的制度空间。具有物权性质土地经营权,借由登记取得物权变动效果。而承包农户亦可选择以租赁债权形式流转承包地,对此,有学者建议设为"土地承租权",从而形成"物权性土地经营权与债权性土地承租权"并行的农地用益体系。① 本书认为,土地承租权虽然利于承包地多种形式的便利流转,但在"三权分置"改革的大背景下,同样可能造成土地经营权流转与土地承租权流转的紊乱,亦不利于构建土地经营权市场法律制度在农村社会的适用环境。总之,土地经营权流转制度需要构建起一套完整的物权规范,在法律名义上赋予流转主体的产权实定化。

2.土地经营权市场化制度完善的探讨

"三权分置"改革的重要目标就是加速土地经营权规范有序地向新型农业经营主体流转,此过程中,有效抑制当前普遍存在的非市场性行政干预行为是重要环节。而加快建立和完善体系化、法制化的土地流转法律制度才能确保农村土地以更大市场需求为指向在更大范围内流动。从权利实现的角度来看,包含承包农户、新型农业经营主体等不同权利主体基本权利的共同实现是农地价值释放和规模经营创新的基础。这就要求产权制度的设计必须覆盖到确认、流转及实现的全过程,以实现零碎经营到规模经营、由低效经营到高效经营、由小农经营到产业化经营的根本转变。② 为此,必须配置基于土地经营权市场定位的制度以保障、促进土地经营权市场化的实现。

---

① 参见宋志红."三权分置"关键是土地经营权定性[J].中国合作经济,2016(10):11-13.
② 参见郭晓鸣."三权分置"改革必须构建三大制度支撑[J].中国合作经济,2016(10):11.

其一,市场准入规制制度。[1] 顾名思义,市场主体准入规制制度是基于准入条件和程序而设立的一系列法律制度的总称。从土地经营权流转市场的结构而言,可从以下几个方面对市场准入予以探讨:第一,土地流出方准入规制。从既有政策来看,土地经营权分置于土地承包经营权,而承包经营权主体限定于农户主体,因此土地流转方准入规制即承包农户流转土地经营权的条件和程序。第二,新型农业经营权主体认定制度。应然来讲,土地经营权的价值释放应依赖于经营主体集约化、规模化经营方式,提升经营效率。因此,对经营主体的科学认定,是科学用益土地的保障,也是三权分置的制度初衷。第三,工商资本下乡监管问题。工商资本下乡是我国经济阶段性转变、农业现代化转型、农村生产要素关系变化、城镇化不断深化的必然结果,同时也是市场利润、政策红利、圈地诱惑等共同引致的现象,且由于农业转型的姗姗来迟,这种现象将是一个长期趋势而非短期热潮。对此种经济现象所呈现出的经济评价包括产生规模经济效应、知识溢出效应和社会组织效应等,而亦可能产生小农挤出效应、公共利益受损和产业安全调整的消极影响。因此,应对工商资本下乡进行客观有效的评价,加强引导、严格准入、强化监管、搞好服务,赋予工商资本进入和退出农业的相对自由选择权,做到进则双赢,出则无讼。[2] 第四,土地经营权市

---

[1] 市场主体准入是国家对市场主体资格的确立、审核和确认,包含市场主体资格的实体条件和取得主体资格的程序条件,表现为国家通过立法来规定主体资格的条件及其取得程序,并通过审批和登记程序执行,其是政府准许公民和法人进入市场,从事商品生产经营活动的条件和程序规则的制度。参见宋容健.市场主体准入与监管[M].北京:高等教育出版社,2017:4-5.

[2] 参见涂圣伟.工商资本下乡的适宜领域及其困境摆脱[J].改革,2014(9):73-82.

场中介组织准入规制。从法学角度而言,土地经营权市场中介组织是指为促进土地经营权市场规范发展而依法设立的,以其专业化职能提供市场服务的社会自律性组织。① 实践中,其存在规范性不足,监管不到位等问题。对此,在土地经营权新型流转背景下,应加快农村土地流转中介组织的法制建设。

其二,市场运行规制制度。土地经营权市场构建的过程中,交易标的的不动产特征决定了交易开展所呈现出的围绕产权证书、流转合同为表现形式的交易结构。因此,市场运行制度相关规定的设计就包括了登记、核权制度、流转合同制度及交易后续事宜相关制度。当前土地经营权的市场运行与实现具有政府和集体组织协调、土地供需各方双重代表和双向协调的制度特征,有学者将其命名为"土地流转的中国模式"。② 当前看来,此种模式为农村经济带来了稳定性和发展活力,然此种模式是否适宜当前经营权的市场化实现当属悬而未决之命题。应然地讲,政府居中协调是土地流转实现的重要基础,但这种行政化思想并不契合于土地流转的市场化实现,纠正的路径理应是借由第三方中介组织以居间身

---

① 参见阎玮.架好农村土地供需"桥梁"——农村土地流转中介组织法律规制途径[J].中国土地,2013(2):57-59.

② 当代农村土地流转机制的惯常理解局限于一个简单的二分法,即市场化还是行政化,私人交易还是公共征收。而实际上,无论是"市场交易"或是行政征收,都不能完全代表当前农村土地流转的独特机制。原因有二:其一,实践中的多数流转虽然名义上依据法律征收,实际上是自愿谈判的结果;其二,农村土地流转并非单纯的市场交易,不是土地供需双方的直接谈判和自由交易,而是需要经过政府和集体居中协调。如此,市场化或行政化均不能有效概括当前我国土地流转的真正意涵。某种程度上,实践中这种典型的农村土地变动方式,在单纯的市场化和行政化之外,走出了一条独特的第三条道路,即可称为"土地流转的中国模式"。参见凌斌.土地流转的中国模式:组织基础与运行机制[J].法学研究,2014(6):80-98.

份来替代这种协调作用。当代农村的土地流转模式创新和制度改革,需要走一条实验主义的渐进式改革之路,通过地方试点、全面推行的渐进式改革,最小限度抑制改革风险,最大限度释放改革红利,从而避免相机性决策所引起的社会断层。① 土地经营权市场运行规制制度,是渐进式改革的实践之路,是具有农业转型深化的制度创新,是当前中国农村转型的重要制度。

其三,价格规制制度。价格是市场最基本的信号,土地流转价格亦不例外。现行土地价格法律制度在法律体系、调整范围、调控主体、指导性土地价格、制裁机制等方面均不适应土地市场的发展要求,亟须进行制度改革和完善。② 土地经营权流转制度的构建同样应注重价格法律制度的建设,且土地属于特殊的商品,其价格制度具有很强的技术性和特殊性,因而价格法律制度的构建应区别于一般价格规制制度。因此,针对土地经营权价格规制法律制度,应注重对农村社会问题、农民权益保护、市场流通顺畅、反映权益价值等方面的调适,以完善土地经营权市场运行的基本结构。

3.土地经营权有别于土地承包经营权发展路径的调适

许多人认为,农民仅仅是制度的被动接受者,缺乏对制度建构的主观能动性和反作用价值。然事实上并非如此,他们有着"反道而行"的"对应行为",从而以不易察觉的方式推进制度改革、修正,抑或是消解着政策和制度。③ 现在看

① 参见凌斌.土地流转的中国模式:组织基础与运行机制[J].法学研究,2014(6):80-98.

② 参见郭洁.论土地价格法律规制的若干问题[J].法商研究,2005(2):53-59.

③ 参见高玉凌.人民公社时期中国农民"反行为"调查[M].北京:中共党史出版社,2006:192-193.

来,农民的这些"抵抗"对国家政策的修订影响重大,这种农民群体与政策拟订者的互动也贯穿了中国农村制度改革的全过程。"三权分置"的农地制度改革既是市场经济的深化要求,亦是农民自身权益更大程度实现的要求体现。"二权分离"体系下,土地经营者既无法对承包地经营权进行抵押融资,也不能自由进入市场交易,工商资本更不希望投资于农业行业,这一方面阻碍了农户用益农地的权利实现,也造成了当前农地零碎化、农业生产效率低的窘境。"三权分置"改革的制度初衷就是要突破土地承包经营权制度下对农村土地物权处分的限制,赋予土地经营权自由流转的物权属性,赋予承包农户参与市场交易的财产权。并为工商资本进入农业领域打开缺口,释放土地资本内存,实现乡村振兴战略。

(1)派生性

《三权分置意见》明确指出:"农户享有承包经营权是集体所有的具体实现形式,在土地流转中,农户承包经营权派生出土地经营权。"可见,土地经营权是在农村集体土地所有制基础上从土地承包经营权中派生出的一种权利,也可谓农地权利的第二次分离。承包农户将土地承包经营权中的经营权能分离出来,就类似于所有权将部分权能分离出来而并不丧失所有权的本原属性一样,农户并不丧失承包经营权,且其用益物权的性质并没有改变,只是基于用益物权性质下的部分权能受到了限制。

其一,权利性质的派生。《民法典》第三百三十三条第二款规定:"登记机构应当向土地承包经营权人发放土地承包经营权证、林权证等证书,并登记造册,确认土地承包经营权"。体现出国家对此种物权关系的干预,而干预的目的在于以公权力确认私权利,实现物权法定,保护承包者的合法权益。土地承包经营权的权利功能可分为承包成员权和土地经营权,而对其进行物权化的本质原因是土地经营权权能之于土地承包经营权的内核地位。由此,也可延伸出土地经营权物权化派生的基本逻辑。当然,未来立法将土地经营权纳入物权体系时,土地经营权虽然直接来源于土地经营权流转合同,但这种合同行为只能是原因行为,只是将土地经营权具体化实现。土地经营权的具体权能(种类、内容、期限等)应由法律进行规定,并不再区分存留的债权性流转和新型的物权性流转。对于土地经营权的权能入法,除保留旧《物权法》第一百二十八条规定的转包、互换、转让等方式外,还应增加土地经营权的入股、抵押等方式。①

其二,权利内容的派生。土地经营权派生于土地承包经营权当然解释了土地经营权具体权能的派生性。土地经营权人对土地具有占有、使用和部分收益权能,因此对其本身享有的经营权具有处分权也就不难解释了。当然,基于土地经营权物权性设定,其所涵盖的多项权能方面均可在土地承包经营权的具体实现中得以识别,如权能行使范围、权利用益期限、权利取得方式等。这种派生性证成了土地经营权生成的有效路径,也便于大众对土地经营权的理解,同时,在权利实现的道路上,我们也就具有了鉴益的目标和方向。

(2)创新性

土地经营权的提出是一个从实践到构想,从构想到理论,从理论到政策推行的复杂过程。其创新本源即在于农民的土地承包经营权派生出土地经营权,以承包地作为客体,在土地所有权、土地承包经营权之外形成了对承包地的第三

---

① 参见房绍坤.承包地"三权分置"的法律表达与实效考察[M].北京:中国人民大学出版社,2018:205.

个权利。这种派生始于土地承包经营权之于农业转型的滞后,也即"三权分置"制度的创新价值。

其一,流转方式的创新性。关于土地承包经营权抵押,学界历来争论不休,现行法律也并未对其进行正面的回应,虽然部分地方展开了抵押试点工作,但基于土地承包经营权制度的局限性,成效评价褒贬不一。[①] 鉴于土地经营权的特殊性及我国具体国情,土地经营权应明文规定为出租、入股、抵押等流转方式,以更多形式实现土地利用的高效率配置。从《农村土地承包法》的修法路径来看,2017 年 11 月第十二届人大常委会审议的《中华人民共和国农村土地承包法》(修正案草案)中即将"土地承包权的保护和转让""土地经营权的保护和转让"分设,并在"土地经营权的保护和转让"一节对流转方式进行了明确规定。当然,基于转让方式的不同,实现的具体方式亦有不同,制度设计同样也应有所侧重。以经营权抵押为例,经营权的市场化实现过程中,市场竞争机制势必起作用。为避免当前阶段流转市场的信息不对称问题所可能引致的负外部性,建议抵押权人应限于银行等金融机构,并对抵押贷款的用途加以限定,以防止投机行为。

其二,流转权利的创新性。土地承包经营权"开禁"以来,关涉其流转客体的讨论就层出不穷。主要包括四种观点:①土地承包经营权的全部或部分流转;②土地承包经营权整体性流转;③土地经营权(使用权)流转,土地承包权保留;④物权性质土地承包经营权权利内容流转的二元性。[②] 可见,既有的土地承包经营权流转可分为债权性流转(如转

---

① 参见房绍坤.论土地承包经营权抵押的制度构建[J].法学家,2014(2):41-47.

② 参见刘道远.集体地权流转法律创新研究[M].北京:北京大学出版社,2011:185-186.

包、出租）和物权性流转（如互换、转让）。反观当下对土地经营权流转的定位应只属于物权性流转，且本质上应属于"出租"。"转包"随着农业税的取消，已经名存实亡；"互换"是土地权利与土地权利的交换，并不涉及流转问题。"转让"是承包方对承包权的放弃，并不仅仅是承包地经营权的流转。因此，现行流转主要可归结于"出租"。① 此类流转相较于土地承包经营权流转，转让内容明确、统一，法律关系明晰，为农村土地的利用创造了良好的环境，是制度创新红利的体现。

（二）土地经营权市场法律规制的制度意蕴

1.土地经营权放活的制度保障

十八大提出"城乡要素平等交换"理念以来，这种理论逐步转换成制度现实。土地和劳动力是城市化过程中仅有的可交换因素，新型城镇化过程中，二者必将成为实现城乡要素平等交换的关键。"三权分置"改革正是基于土地使用制度改革来释放土地要素价值并实现交换。如前所述，土地经营权作为"三权分置"实现的核心权能，其关乎土地承包经营权之土地承包权的社会功能实现，亦关乎土地承包经营权之土地经营权的经济价值实现，因此，围绕土地经营权市场法律规制的制度构建，是整个新一轮土地制度改革的核心和关键。

通常意义上的规制，是指依据一定的规则对构成特定社

---

① 参见黄建中.农地"三权分置"法律实施机制理论与实践[M].北京:中国法制出版社,2017:7.

会个人和构成特定经济主体的活动进行限制的行为。① 土地经营权市场法律规制同样是对相关市场的制约、干预行为，然基于土地经营权市场的阶段性发展特征，这种制约和干预既可能是激励性的市场鼓励行为，亦可能是规制性的市场监管行为。由此，土地经营权市场法律规制的制度保障价值可体现为以下方面。

其一，土地经营权的物权法定。我国物权法制较为完整地确立了农村土地用益物权体系，从完备性和协调性考虑，《民法典·物权编》应增添土地经营权。且基于物权法定原则，土地经营权的权利来源也应在民法典中予以明确，而当前看来尚未得以实现。农户可以依法保留承包权，亦可以将土地经营权流转给第三方。② 此外，基于土地经营权市场化实现以及土地所有权、土地承包权、土地经营权"三权"制衡的考量，物权性土地经营权更具优势。③

其二，流转规则的确定。政策经济法一直以来遭受政策之学、应急之学的法学诟病。土地经营权的界定和推进迄今也主要以政策性文件为主，各地试点中也以政策文件为法令执行，此种较大的"自由裁量权"与法治社会的固有本质——稳定性、规则性、可预期性存在差距（表1.1）。土地经营权市场法律规制理应对这种政策性执行所可能出现的问题予以

---

① 西方规制经济学家将公共规制分为广义规制、狭义规制、直接规制和间接规制。其将直接规制定义为对公益事业中的进入、退出、价格、投资等制约、干预行为，以及防止公害、环境保护、保证健康、安全、取缔毒品等方面的规制。参见许德昌，张剑渝.西方规制经济学述评[J].经济学动态，1995(3)：67-70.

② 参见韩长斌.土地"三权分置"是中国农村改革的又一次重大创新[N].光明日报，2016-01-26(01).

③ 参见陶钟太郎，杨遂全.农村土地经营权认知与物权塑造——从既有法制到未来立法[J].南京农业大学学报：社会科学版，2015(2)：73-79.

克服。以农业部 2016 年 7 月印发的《农村土地经营权流转交易市场运行规范(试行)》为例,通过对土地经营权交易条件(第二条)、交易品种(第三条)、交易程序(第五条、第六条等)的界定,将旧有的流转方式规范化,提高流转效率,也利于农村市场隐形流转问题的解决。

表 1.1　含经营权流转意蕴的全国规范性文件一览表

序号	文件名称(或会议名称)	颁布时间	内容表达	备注
1	中央农村工作会议	2013 年 12 月	要加强土地经营权流转管理和服务,推动土地经营权等农村产权流转交易公开、公正、规范运行	中央首次提及经营权流转
2	中共中央、国务院《关于全面深化农村改革加快推进农业现代化的若干意见》(2014 年中央一号文件)	2014 年 1 月	允许承包土地的经营权向金融机构抵押融资;鼓励有条件的农户流转承包土地的经营权,加快健全土地经营权流转市场	中央一号文件首提经营权流转
3	中共中央办公厅、国务院办公厅《关于引导农村土地经营权有序流转发展农业适度规模经营的意见》(中办发〔2014〕34 号)	2014 年 11 月	坚持农村土地集体所有,实现所有权、承包权、经营权三权分置,引导土地经营权有序流转	中央文件直接以"经营权流转"命名

续表

序号	文件名称 （或会议名称）	颁布时间	内容表达	备注
4	国务院办公厅《关于引导农村产权流转交易市场健康发展的意见》（国办发〔2014〕71号）	2015年1月	现阶段通过市场流转交易的农村产权包括承包到户的和农村统一经营管理的资源性资产、经营性资产等，以农户承包土地经营权、集体林地经营权为主，不涉及农村集体土地所有权和依法以家庭承包方式承包的集体土地承包权	中央首提农村产权流转包括土地经营权流转
5	中共中央、国务院《关于加大改革创新力度加快农业现代化建设的若干意见》（2015年中央一号文件）	2015年2月	引导土地经营权规范有序流转，创新土地流转和规模经营方式，积极发展多种形式适度规模经营。引导农民以土地经营权入股合作社和龙头企业。土地经营权流转要尊重农民意愿，不得硬性下指标、强制推动	
6	农业部、中央农村工作领导小组办公室、国土资源部、国家工商总局《关于加强对工商资本租赁农地监管和风险防范的意见》（农经发〔2015〕3号）	2015年4月	鼓励各地加快发展多种形式的土地经营权流转市场，建立健全市场运行规范，明确交易原则、交易内容、交易方式、交易程序、监督管理及相关责任等事项	

续表

序号	文件名称 （或会议名称）	颁布时间	内容表达	备注
7	国务院《关于开展农村承包土地的经营权和农民住房财产权抵押贷款试点的指导意见》（国发〔2015〕45号）	2015年8月	做好农村承包土地（指耕地）的经营权和农民住房财产权（以下统称"两权"）抵押贷款试点工作	中央文件直接以"经营权抵押"命名
8	中共中央《关于制定国民经济和社会发展第十三个五年规划的建议》	2015年10月	依法推进土地经营权有序流转,构建培育新型农业经营主体的政策体系	
9	中共中央办公厅、国务院办公厅《深化农村改革综合性实施方案》	2015年11月	引导农民以多种方式流转承包土地的经营权,以及通过土地经营权入股、托管等方式,发展多种形式的适度规模经营	
10	中共中央、国务院《关于落实发展新理念加快农业现代化实现全面小康目标的若干意见》（2016年中央一号文件）	2016年1月	依法推进土地经营权有序流转,鼓励和引导农户自愿互换承包地块实现连片耕种	

续表

序号	文件名称 （或会议名称）	颁布时间	内容表达	备注
11	农业部《农村土地经营权流转交易市场运行规范(试行)》	2016年6月	农村土地经营权流转交易市场的交易品种包括:(一)以家庭承包方式取得的土地经营权;(二)以其他承包方式取得的土地经营权;(三)集体经济组织未发包的土地经营权;(四)其他依法可流转交易的土地经营权	该文件直接以经营权流转命名,并规定了不同类型经营权
12	国务院《关于印发全国农业现代化规划(2016—2020年)的通知》(国发〔2016〕58号)	2016年10月	引导农户依法自愿有序流转土地经营权	
13	中共中央办公厅、国务院办公厅《关于完善农村土地所有权承包权经营权分置办法的意见》	2016年10月	经营主体再流转土地经营权或依法依规设定抵押,须经承包农户或其委托代理人书面同意,并向农民集体书面备案。承包农户流转出土地经营权的,不应妨碍经营主体行使合法权利。依法依规开展土地经营权抵押融资	规定了两个阶段的土地经营权流转

续表

序号	文件名称 （或会议名称）	颁布时间	内容表达	备注
14	中共中央、国务院《关于稳步推进农村集体产权制度改革的意见》	2016 年12 月	鼓励地方特别是县乡依托集体资产监督管理、土地经营权流转管理等平台，建立符合农村实际需要的产权流转交易市场，开展农村承包土地经营权、集体林权、"四荒"地使用权、农业类知识产权、农村集体经营性资产出租等流转交易	
15	中共中央、国务院《关于深入推进农业供给侧结构性改革加快培育农业农村发展新动能的若干意见》（2017 年中央一号文件）	2017 年2 月	通过经营权流转、股份合作、代耕代种、土地托管等多种方式，加快发展土地流转型、服务带动型等多种形式规模经营	将"三权分置"排在该条诸多改革事项中第一的位置
16	《决胜全面建成小康社会　夺取新时代中国特色社会主义伟大胜利》——在中国共产党第十九次全国代表大会上的报告	2017 年10 月	深化农村土地制度改革，完善承包地"三权"分置制度。构建现代农业产业体系、生产体系、经营体系，完善农业支持保护制度，发展多种形式适度规模经营，培育新型农业经营主体，健全农业社会化服务体系，实现小农户和现代农业发展有机衔接	

续表

序号	文件名称 （或会议名称）	颁布时间	内容表达	备注
17	2017 年中央农村工作会议	2017 年12 月	要以完善产权制度和要素市场化配置为重点,激活主体、激活要素、激活市场,着力增强改革的系统性、整体性、协同性。完善承包地"三权分置"制度,完善农民闲置宅基地和闲置农房政策,深入推进农村集体产权制度改革,深化农产品收储制度和价格形成机制改革	
18	中共中央、国务院《关于实施乡村振兴战略的意见》(2018 年中央 1 号文件)	2018 年2 月	全面完成土地承包经营权确权登记颁证工作,实现承包土地信息联通共享。完善农村承包地"三权分置"制度,在依法保护集体土地所有权和农户承包权前提下,平等保护土地经营权。农村承包土地经营权可以依法向金融机构融资担保、入股从事农业产业化经营	明确了承包土地经营权融资担保、入股等功能

其三,承包农户利益的保护。就现状而论,当前土地经营权市场的实践逻辑是政策倡导之下各地试点、实践的自由

发展,由此对农民权益极易造成损害。例如,相对弱势的农民在土地经营权流转市场中议价成本过高,合法权益易受侵害;此外,实践中基层权力组织寻租可能性较大,或采取变相流转方式侵害农民利益(如土地换社保模式、责任状形式、先回收再流转模式);①对于农地非农化问题,虽然我国相关法律对土地用途管制作出了较为明确的规定,尤其是土地流转、转用方面。然"三权分置"改革的不断深入致使同一块地在用益权利主体上更加多元,农地非农现象可能出现在各个权益主体、各个环节中。如经营权主体除了可能对农业生产持续性造成破坏外,还可能在多次流转或抵押之后,改变农地用途。市场经济的发展与外部性本身并不矛盾,相反却是共存的。土地经营权市场建设过程中,负外部性同样难以避免,其中,承包农户权益的可能性流失是主要表现形式。因而,市场法律规制制度的构建即旨在克服或促使外部性问题内部化,实现市场经济的平稳发展。此外,将承包农户利益作为法律规制的价值取向也是避免法律空悬化的最好途径。从《农村土地承包法》所规定之流转方式为例,虽然第十条明确了"国家保护承包方依法、自愿、有偿流转土地经营权",然

---

① "土地换社保"模式即农民通过让渡土地权利获得一定土地流转金,用来缴纳养老保险或者获得一定就业保障权利(如仁寿村模式、复兴乡模式),相关讨论可参见郑雄飞.中国农村"土地换保障"的实践反思与理性建构[M].上海:上海三联书店,2012:145."责任状"形式即乡镇府凭借村领导人人事任免权,对自治村采用责任状形式来推动农村土地流转,相关讨论可参见柴荣,王小芳.农民土地权益保障法律机制[M].北京:社会科学文献出版社,2017:72."先回收再流转"即村集体通过将农民零碎土地回收再统一对外流转,如农地股份制实践中,集体将农民土地租赁再由集体出面对外入股赚取差价,农民被排斥在土地股份制运作之外,相关讨论可参见袁铖.农村土地承包经营权流转:实践、政策与法律三维视角研究[J].宏观经济研究,2011(12):10-18.

又在第三十六条、四十条对流转形式作方式和程度的限定，由此农村土地流转呈现出隐形流转、自主性不规范流转的一面。虽然此种规定属于农民权益保护的范畴，然规定的滞后性及国家管控思想束缚了农民对自身权利实现的客观祈愿。从这个角度讲，以尊重农民意愿，保障农民权益作为农地市场规制的价值取向，既是保障农民权益的最好方式，也是避免法律空悬化的最好途径。数十年农村改革的根本出发点和成功经验就是尊重农民意愿，体现农民的利益诉求。①

2.土地社会保障功能的理念转换

在法治社会里，"所有权不只是一种财产权的形式，它具有十分丰富的经济内涵和政治内涵"。② 包括地权在内的市民财产权是国民人格的构成要素，是公民权利和自由的基础。土地承包经营权制度被认为是实现农村社会自由、正义、和平及和谐的基础。城乡二元体制背景下，农民长期以来处于一种社会阶层及经济利益弱势地位，而土地承包经营权制度则被植入对社会弱势群体进行社会保障与扶植的特定内涵之中。就实际情况而言，既有产权制度给予了农民长期稳定的土地权利，缓解了农村贫困的趋势，相对稳定的承包关系也促进了农民迁徙自由等权利的实现，对农民的社会保障具有公私法融合共同保障与提升社会弱势群体生存与发展条件的社会功效。此外，当前中国的土地产权具有时代与国情的特殊性，由此也揭示出比市场经济发达国家与地区

---

① 参见陆剑.我国农地使用权流转法律制度建构的前提追问与路径规划[J].私法研究,2014(15):125-156.

② 参见原田纯孝.从日本法看中国物权法中的用益物权制度——评陈甦教授的报告[M].胡光辉译.中日民商法研究(第七卷),北京:法律出版社,2009:153.

的土地产权制度更为优越的人权保障价值。① 然这种社会保障性功能的土地产权制度在本质上是具有政策倾向性的,体现出国家治理的制度功能。21 世纪以来,主要矛盾的变化同样也昭示着农村社会发展需求的变更:从温饱保障到美好生活。毋庸置疑的是,依靠传统农业利用方式以及外出务工将难以普遍实现。由此,"三权分置"提出对土地经营权的放活及利用将是给予农民自身权利有效实现的机会和可能。"轻所有、重利用"的土地利用方式将更有利于土地要素价值的释放和发挥。这种通过农民用益土地权利而实现生活保障和改善的方式是本次土地产权制度改革的重点和方向,也是解决城乡二元问题的重要制度设计。对本市场所开展的法律规制应清晰地认识到这一点,并在具体制度的设计上为之服务。

3.土地要素价值的市场化制度实现

农村土地的权能构成决定了农村土地价值实现的二重性,即要么通过国家征收途径实现国家所有,实现经济自主体或自然人利用,要么借由农村集体所有及土地承包经营权制度,实现土地零碎利用或让渡部分权能实现新型农业经营主体的规模化经营。然现实中,无论是从广度还是从深度上看,我国农村土地价值的实现都不充分。从广度上讲,虽然农村土地价值的实现形式逐步多样化并得到法律确认,然这种土地流转形式并没有包含土地作为一种特殊商品所拥有的全部价值的实现方式,土地资源向土地资本的转化并不充分。由此,也导致全国农村地区都不同程度地存在土地撂荒

————————————

① 参见袁震.我国城镇化进程中农村土地制度改革的理论与实践[M].北京:法律出版社,2017:13-15.

现象。① 从深度上讲,各类形式的土地价格对土地价值的反映程度偏低,如在土地转包价格、租赁价格和转让价格方面存在着与价值相背、低于应有价值量的现象。② 从根本上讲,土地问题于中国而言很大程度上是政治性抉择的考量,土地市场也处于国家管控的范畴之内,因而价格的价值显化存在经济规律的偏离也在所难免。既往的几十年,这种管控性的土地制度带来农村社会的稳定和发展,然这种发展目前遭遇了瓶颈,且不难发现,被极度抑制的土地要素价值理应得到释放并为农村市场增添活力。"三权分置"模式中,土地经营权概括为承包地上可从事农业生产并获得相应收益的权利,其在实践中可体现为涵盖多个环节多项权能的权利束。由此,这种权利的可分性、相对独立性、可流转性造就了土地经营权被视为土地要素价值实现的制度内核。然如前所述,土地经营权市场本身的特征及发展阶段还需要外界给予适度、合理的干预以最小化市场发展所引致的负外部性。法律规

---

① 李升发等学者通过对 235 个村庄调查发现,78.3% 的村庄存有土地撂荒现象,2014—2015 年全国山区县耕地撂荒率高达 14.32%,并表明:耕地撂荒对山区农村的社会经济和生态环境都已经带来了深刻的影响,如何消除山区耕地撂荒所带来的负面影响是未来研究的重点。参见李升发等.中国山区耕地撂荒程度及空间分布——基于全国山区抽样调查结果[J].资源科学,2017(10):1801-1811.

② 依照西部地区某中心城市郊区(市)县的平均费用标准计算,土地征用费(不含土地出让金)为 110 000~140 000 元/亩。其中涉及耕地本身的土地补偿费和青苗及附着物赔偿费为 30 000~40 000 元/亩,农户的拆迁和安置补助为 50 000~65 000 元/户(按每户 3 口人,人均八分地计算,约合 20 830~27 080 元/亩),各级政府收费 30 000~35 000 元/亩。如果按低限计算,土地本身的补偿费占全部征地费的 27.3%,农户住房安置赔偿费占 45.4%,各级政府收费占 27.3%;如果按高限计算,这三部分费用的占地构成分别是 28.6%、46.4% 和 25%。从征地费构成分析可以看出,撇开农户拆迁和安置补助不论,集体所有权能下的耕地价值实现率只有 50%,土地价格与价值发生严重背离。参见宋志斌.关于农村土地价值实现的思考[J].经济体制改革,2003(5):71-72.

制即承担此负重致远之重任,并成就土地要素价值的市场化制度实现。

(三)土地经营权市场法律规制的整体思路

规范研究到制度建构历来是得到推崇的研究思路,且规范解读的对象通常是对现有制度的历史变迁情况、现行法律文本以及既有制度的实际运行状况。当然,本书同样采用了规范研究到制度建构的整体思路。只是,囿于研究对象的特殊性以及阶段性,为更好地对土地经营权市场法律规制做出更为精准的解读和认识,以及优化制度建构的绩效持续性和开拓性。解读的思路更有针对性地指向了土地经营权市场政策自衍生到衍变的历史轨迹及发生背景,并试图在各地试点实践中去探索土地经营权市场中所存在的共性问题以及问题产生的客观成因,为系统且有针对性地建构土地经营权市场法律规制制度提供指引。在对土地经营权市场法律规制进行探寻和制度建构时,理应先对土地经营权的生成及市场形成做理论的澄清与普适,以减少制度改革中相关利益群体对制度误解所产生的利益纠纷甚至社会矛盾。其次,无论是制度变革所带来的理论嬗变还是法制修正,其归宿都应得到法律的回应性认可,并通过适用实现其制度价值。再次,择定土地经营权市场规制的宏观思路,通过准入规制、运行规制以及价格规制的规制路径,为土地经营权市场发展营造规范化发展环境。最后,通过对制度构建绩效的合理评价,考量土地经营权市场规制的基本方向。

1.理论澄清与普适

"三权分置"改革以及土地经营权市场的生成过程中,涵盖了几个重大的理论问题,既有历史遗留问题也有改革衍生问题。

其一,集体所有权与土地经营权的实现问题。有学者提出,土地承包经营权制度是所有权本位理念下对农户承包经营权的让与和制度妥协,这种权利分离式的制度结构实属"怪胎"。[①] 由此,土地经营权的放活理应从根源上松绑,从不绝于耳的所有权制度变革同样可以得到论证。当然,亦有学者敏锐地提出:"当前快速城市化背景下,农村集体土地的承包者与经营者发生分离,并因此造成农业的效率损失。解决问题的办法是充分利用中国农村土地集体所有制的制度优势,对农地产权进行重新设计。正是农村土地集体所有制使得中国具有克服土地私有制国家在农地使用上存在的种种弊病,提高农地使用效率的制度优势。"[②]其二,土地经营权性质之争。从既有讨论来看,土地经营权"债权"与"物权"的性质之争呈现出此消彼长的态势,且两类学者对各自的观点十分明确,鲜有出现具有代表性的第三类观点。且随着改革的逐渐深入,土地经营权"物权"性似乎受到了政策制定者的青睐,以至于有学者提出土地经营权将取代土地承包经营权,成为法定的用益物权。[③] 其三,土地经营权市场法律规制

---

① 参见刘承韪.产权与政治——中国农村产权制度变迁研究[M].北京:法律出版社,2012:41-42.

② 参见贺雪峰.论农村土地集体所有制的优势[J].南京农业大学学报,2017(3):1-8,155.

③ 学者肖鹏通过对农地经营权抵押贷款规范性文件的分析,提出农村土地"三权分置"是将土地承包经营权分置为土地承包权和农地经营权,从而采用"土地所有权—土地承包权—农地经营权"的农村土地权利结构。农地经营权将取代土地承包经营权,成为法定的用益物权。参见肖鹏.土地经营权的性质研究——基于土地经营权抵押贷款规范性文件的分析[J].中国土地科学,2016(9):12-18.

的方式及程度。学者王波认为"相对独立的专家组成的规制主体或规制者,通过行使准立法权、执法权与准司法权,对被规制者之社会危害性行为带来的经济风险、社会风险和环境风险进行治理,维护社会经济整体利益之干预行为的相关法律"冠以"规制法"之名,并明确指出了规制的权益结构是多元的复合型结构。① 就土地经营权市场而言,规制的对象同样理应是社会性危害行为,然实施的主体选择却并没有体现出多元参与结构,行政主导的规制模式贯穿于规制的全过程,私人实施、第三方实施作为公共实施的补充并没有得到体现,由此也多为诟病。

2.法律界定与适用

新中国成立以来的农地制度经历了"一权结构""两权分离"直至"三权分置"的逐步演变,然所有权的归属与性质始终如一,而这些变革与发展亦总是围绕土地经营权而设立。从既有的生成历史来看,法律界定与适用通常是滞后性的,这一历史逻辑可以很好地解决当前三权分置改革所可能面临的理论问题。如"一权结构"、集体所有权实现与此后中国共产党中央委员会《关于农业生产互助合作的决议》、1954年《宪法》、中共中央《关于在农村建立人民公社问题的决议》以及1975年《宪法》对农地制度的确认。由此,土地经营权相关概念的界定与法律适用同样应遵循制度改革的逻辑经验,当前而言,多个政策性文件对"三权分置"及土地经营权的实现提供了法律渊源。譬如:《关于全面深化改革若干重大问题的决定》《三权分置意见》等。此类政策性界定指明

① 参见王波.规制法的制度构造与学理分析[M].北京:法律出版社,2016:50.

了制度改革的发展向度,成为改革发展成果法定化的重要铺垫。由此,在形成土地经营权市场法律规制的整体思路时,法律规制的途径是必经之路,政策性文件与地方实践经验的集合则是基础。

从当前土地使用权制度相关法律来看,包含了《民法典》《土地管理法》《农村土地承包法》等。就土地经营权的界定而言,应考虑在《民法典·物权编》中予以实现,并可将土地经营权界定为:土地经营权人依法对农民集体所有由农户享有土地承包权的耕地享有占有、处分、使用和收益的权利,有权从事种植业等农业生产。就实现承包权与经营权的分离而言,应针对以下法律法规作经营权申请、监督、收益等法律制度的调整:《民法典·物权编》第五、十一章,《农村土地承包法》第一、二章等。就新型农业经营主体的引介和主体地位而言,则考虑在《民法典·物权编》《农村土地承包法》中增设主体资格。就土地经营权流转方式的界定与适用而言,应着重在《民法典·合同编》《农村土地承包法》《农业法》《公司法》《合伙企业法》等法律中将流转形式具体化。法律在社会生活中的调整作用体现在对权利与义务关系的配置。因此,就土地经营权相关权能配置之梳理而言,应具有以下几个方向:其一,主体权利。既要赋予承包人、土地经营权人独立的法律地位,明确各自的权利义务,又需要清晰界定权利行使的界别,保障经营权设立和实现的效率。其二,第三人权利。应完善土地经营权抵押制度,注重对抵押权人的权益保护,科学设计抵押程序。注重新型农业经营主体在农业发展的资金、技术优势,运用政策、法律手段保障其最大程度发挥作用。其三,监督权利(力)。完善承包权、经营权登记备案制度,合理配置政府、中介组织以及民众监督权利,确保土地经营权的合理行使。其四,公共利益。不动产的合理规制总是与公共利益密不可分,诸如土地规范、农业用途管制、农业用途变更审批等。土地经营权法律规制过程中,公共利益同样是不可绕开也必须考量的利益因素,在制度设计中应有效地对公共利益进行科学认定和权利让与。①

3.制度构建与规制

安东尼·奥格斯指出了两种不同的基本经济组织形式:市场体系与社群体系,并认为这两种形式分别对应了私法与规制。根据规制的公益理论,规制的正当性基础和主要价值在于识别市场运行中所存在的缺陷并进行纠正。② 中国经济法学界同样指出,市场失灵与政府失灵是经济法产生的基础,且二者可能同时出现。由此,对规制的正当性亦无须赘述,而应将研究的重心放在市场与政府失灵的范围及内容之上。政府角度而言,政府行为应注重土地宏观规划问题、社会保障问题、土地流转造成新的社会不公问题、土地流转会给自身造成“不经济”的后果以及基层政府不负责任短期行为问题等。且就现状而言,当前土地经营权市场的构建过程中,政府针对上述问题不可谓不作为,但是实质上效率偏低。③ 当然,这一方面属于政府干预的方式问题,另一方面是

---

① 参见董正爱,谢忠洲.权能配置与风险回应:农地“三权分置”的制度设计[J].时代法学,2017(6):24-33.

② 参见安东尼·奥格斯.规制:法律形式与经济学理论[M].骆梅英,译.北京:中国人民大学出版社,2009:15.

③ 参见刘敞立.对当前土地流转灰色预期的透视——基于转出土地农户的视角[J].理论探索,2010(2):56-59.

政府有限理性的客观使然。因此,土地经营权的实现与农业转型政府规制仍然有一段路要走,且是在充分识别到政府干预与市场调节的边界之后才能更科学、有效地进行。此外,农业治理体系转型的大背景下,农业治理转型表现为政府与市场的边界、国家与农民的关系以及农业治理的组织费用发生重大变化,这使得以项目化为表现形式、以农业现代化为政策目标的国家干预行为与分散的、数量众多的小农户打交道时治理成本高昂。由此,农业管理部门越来越倾向于通过扶持龙头企业、种粮大户、家庭农场、合作社等规模经营主体以降低政府执行成本,故而规模经营主体成为国家农业政策的接应主体和政策具体执行的代理人,而这个代理的过程就是中国农业转型的推进过程。① 诚然,在这个转型过程中社会治理的重心和关键即落在了对代理人的正确规制之上,而规制力量的来源也逐渐由政府转向了市场。因此,市场角度的规制是土地经营权市场法律规制的重要组成部分。

4.理念提炼与形成

法律理念与法律制度之关系包含了三个层面:其一,法律理念的提炼很大程度上取决于法律制度的具体实施,否则其可能是纯主观的产物。其二,科学的法律理念会反作用于法律实践并起指导和规范作用。其三,正确的法律理念是法律制度生成、实践的评判标准。在土地经营权市场法律规制的制度体系中,囿于"三农问题"的特殊国情以及农地制度变革的社会影响,法律制度的形成主要以政策指导为主,且各地在制度实践中又因地制宜,表征出地方特殊性。由此,无

---

① 参见龚为纲,张谦.国家干预与农业转型[J].开放时代,2016(5):57-75,7.

论是地方实践还是国家统筹法律制度,在法律理念的提炼与形成上少有建树。本书讨论中,以土地经营权市场法律规制为制度背景,拟提炼出现阶段适宜农业现代化发展的法律理念,以期为土地经营权的市场化实现奠定理论基础。首先,就政府与市场的关系而言。《中共中央关于全面深化改革若干重大问题的决定》已然明确了市场在资源配置中的决定作用,这与深化供给侧结构性改革的思路是一脉相承的,其关键就是清晰界定政府与市场关系。政府作为唯一强制的制度供给者,同时也是现有制度框架下的利益主体。在现代化农业的实现之路上应转换思路,充分实现市场机制作用,避免陷入国家机会主义。这个理念的转换理应包含:政府与市场边界明确,各司其职。从市场角度看,市场应从整体上决定农地资源的配置,并以其竞争性优化土地经营权市场的交易数量、交易价格。从政府角度看,政府应注重对土地经营权市场规制体系的建立与完善,辅以宏观调控职能、公共服务职能。政府与市场相互配合,优势互补。政府在组织和指导农村土地流转中,应尊重市场规律、提供公共服务,推动土地经营权规范、有序流转。① 其次,农民权益保护问题。传统观念中,农民往往被置于"弱势群体"加以照顾和保护,从既有的法律规范、法律制度当中亦可得到此结论。就农业现代化的实现之路而言,农村社会的进一步市场化是现代化的重要标志。当下,农民工进城务工接受了城市商品经济的洗涤,且信息社会致使城乡的认知和认同差距缩小,农村社会有条件、有实力也有必要接受市场经济的洗涤,旧有的家父

---

　　①　参见杨艺,朱翠明,张淇.农村土地经营权流转中政府与市场的关系研究[J].西南民族大学学报:人文社科版,2017(10):206-212.

思想无法带来富裕和长久的稳定。因此,宅基地"三权分置"、集体建设用地入市、土地经营权等市场化改革,就是在实现城乡一体化以及市场化,土地经营权市场的构建与规制应引领这一思路,给予农民发挥主观能动性实现致富的机会。

三、土地经营权市场法律规制的意义

改革是中国最大的红利,人民日益增长的美好生活需要和不平衡不充分的发展之间的矛盾的消解之道应是以市场化改革为导向的对既有制度的完善和应有制度的创新。与西方发达国家相比,我国的农业转型本就缓不济急,有学者提出"分田到户"应是我国农业转型的起点,但加速和深化应是以2006年对《农业税条例》的废止为标志,尤其是从2008年《中共中央关于推进农村改革发展若干重大问题的决定》鼓励农村土地流转开始。① 至此,政策决策者已然认识到土地流转制度于农村市场化发展的重要性。从规范解读到制度建构的研究思路,从实证研究到价值研究的方法运用,可以发现,土地经营权市场法律规制具有重大意义。

(一)规范和促进土地经营权流转

法律规制不是对市场力量的限制,更不是代替,而是一种与市场机制不断调整、互相博弈的动态变迁过程。② 土地经营权市场法律规制更是在政府干预与市场发展中的协调

---

① 参见严海蓉,陈义媛.中国农业资本化的特征和方向:自下而上和自上而下的资本化动力[J].开放时代,2015(5):49-69,6.
② 参见周学荣.政府规制论[M].湖北:湖北人民出版社,2010:中文摘要.

与平衡,政府制度强制性变迁实现改革效率,市场机制流转产生价值。针对当前土地经营权流转市场,规范和促进流转是规制的本质使命,也是土地经营权市场健康、持续发展的重要保证。其一,法律规制可以限缩地方政府对土地的自由处置权,保障农户行使土地经营权中的使用权。也有利于新型农业经营主体科学预判市场风险,减少不可抗风险。其二,法律规制对于土地经营权市场法律制度具有良好的形塑作用。在土地经营权制度生成与完善过程中,市场机制以成本供需为调节方向,不可避免出现市场失灵,规制的方向和目的即在于克服市场失灵所可能带来的负外部性,并推动土地经营权流转的规范化。其三,市场主体为市场交易,本身具有一定的要式条件。土地经营权市场法律规制所提供的程序要求和制度设定就是为土地经营权市场交易行为提供依据,这种要式就是对流转市场的规范。由此,流转主体在准确把握市场预期的情况下可放心为市场行为,又具有促进市场发展的意义。

(二)优化农地资源配置和推进农业现代化

当前农业产业正处于更新换代的时期,土地作为产业发展的主要支撑,如何实现优化已经成为当前迫切需要解决的重大课题。然当前农地资源配置不尽理想,农业从业者优化动力十分不足。首先,土地承包经营权制度实质蕴含着社会保障功能,承包经营权的取得虽然以承包合同为依据,然其本质上有法律规定,也并不依据"使用财产就要付费"的原则进行,权利义务也不对等。因此,土地使用者并不承担经营活动的全部成本和全部收益,从而可能会出现粗耕、弃耕等机会主义行为。① 其次,东部沿海地区农村非农产业持续发展,出现了半自给性小规模土地经营基础的农业兼业化。由此也致使承包农户大量向非农产业转移,出现大量的土地抛荒、零碎使用等现象,导致农地资源配置效率低下。最后,在经济发展较慢、发展水平较低的中西部地区,农村非农产业本身发展严重滞后,农民失望于农地利用对生活改善的现状。可见,"两权分离"下农地利用制度已经不能支撑农村经济的可持续发展,农地资源配置效率低下。土地经营权市场的实现就是农业现代化、农业集约化的要求,土地经营权市场法律规制就是优化农地资源配置的重要保障。通过保障土地经营权市场化流转,实现农地活用、农地优用。

乡村振兴背景下,农业的发展需要赋予新的动能。而农业现代化正是农业发展、农村发展的新动能。乡村振兴的实质就是以农业、农民、农村为现代化对象,推进农业现代化、农村现代化、农民现代化。这就需要我们从根本上改变落后的生产方式和经营方式,实现农业发展的"数量剩余"向"品质和附加值"范式转型。土地作为农业生产要素的核心要素,是生产方式和经营方式转变的关键。土地经营权市场法律规制的提出正是对当前土地经营权市场规制"蓝海"现状的正确研判,是农业现代化过程中劳动要素、土地要素、资本要素以及组织要素的刚性需求,具有重要意义。

当然,现阶段来讨论土地经营权市场法律规制的意义还为时尚早。相较于工商业和城市,农业和农村的发展是个慢变量,这是历史经验。只能说,既定政策目标下,制度设计应

---

① 参见黄韬.中国农地集体产权制度研究[M].成都:西南财经大学出版社,2010:70.

维护和实现土地经营权市场的应然价值。把握好"三权分置"下土地经营权市场的主要价值取向：一是规范和促进土地经营权流转；二是优化农地资源配置。市场法律规制的基本目标是规范、合法以及效率，与此同时，还应注重对市场弱势群体的倾斜性保护以及各主体间的利益平衡。可以说，土地经营权市场法律规制任重道远，也意义重大。

本章小结

　　新事物的形成、发展总是在不同程度的曲折中前进的，土地经营权市场亦不例外。有学者通过典型事例试图提炼当前土地产权制度变迁的制度经验，亦有学者通过规范分析以描绘当前的政策走向。诚然，无论何种研究方式，总是需要回归到核心概念的范畴界定与制度意蕴。本章在梳理"三权分置"政策演进与规范文本的基础上，试图提炼出土地经营权市场及其法律规制的基本概念和一般理论。源于土地经营权的一般原理所证成的实践语境，明确"三权分置"下土地经营权法律规制的整体思路，乃至揭示出土地经营权市场及其法律规制的制度意蕴和重要意义。

第二章 我国土地经营权市场规制存在的问题

一、土地经营权交易主体规制中存在的问题

"问题—主体—机制"的分析框架是公共管理学科研究的经典视角,以现实问题为依据,可以更好地分析当前治理机制的失灵与不足。① 土地经营权市场理应是新型农业经营主体为主要参与者的竞争性市场。在此市场中,土地经营权出让者承担经营权的供给角色,这种供给因客体具有复合型价值、政策性赋予以及分配性功能等优势,现代国家均为此进行过严苛的规制或管理,取而代之的是基于信息弱势、经济弱势(很大程度上)的倾斜保护。土地经营权的受让方主要是包含农业企业、农业合作社等具备"组织属性"的联合经营者,他们的功能和目的基本是纯粹经济性的,也不需要农地承担原本具有的社会保障职能。因此,基于有限理性的视角和市场运营的基本风险可知,对于土地经营权出让方无须

---

① 参见薛澜,俞晗之.迈向公共管理范式的全球治理——基于"问题—主体—机制"框架的分析[J].中国社会科学,2015(11):77-91.

对其施以负担性的规则和规制。相反,对于土地经营权的受让方,应出于公共利益的维护、农民权益的保护等角度予以规制。因此,本章将讨论土地经营权制度所可能存在的问题,以针对性地作出制度构建。

(一)土地经营权交易受让主体规制中存在的问题

1.农业经营者准入问题

(1)整体性准入难,农民接受度不够

就当前市场阶段性特征而言,市场处于整体性构建、组织性亟待提高的阶段。总体上看,"一家一户"单独搞生产的状况还没有根本改变,农民对自身土地的用益方式还相对传统。由此形成了经营权流转稳定较差,整体准入难的境地。加上部分地方承包农户坚守了数十年的承包地,"半工半耕""乡土情怀"思想深刻,并没有完全接受土地流转的意义和价值。实践中也常常出现农民宁愿土地抛荒也不愿流转给农业经营者,以至于形成"有田的不想种,想种的没田"的现象。据统计,截至 2015 年年底,全国家庭承包耕地流转面积 4.03亿亩,占家庭承包经营耕地面积的 30.4%,这一比例远远低于农村劳动力的转移比例。[①] 由此,农业经营者对土地投入的动力不足,不敢投入成为普遍心态。客观上来讲,土地经营权市场就是要打破传统农业经营主体对三权分置改革的桎梏,培育新型农业经营主体以适应规模化经营。而传统经营体制下的主体分散性、守旧性与土地碎片化就成为三权分置改革的桎梏,导致土地经营权市场的准入、运行等环节均有所束缚。

---

① 参见韩长赋.全国耕地流转面积占总承包耕地比重超过三成[J].中国农民合作社,2015(10):6.

（2）政策支持不足，扶持偏向性严重

我国农业补贴政策体系是以家庭承包经营为基础的，对新型农业经营主体的扶持政策并未体现出应有的重视。且当前政策在大力培育新型农业经营主体的过程中，形式呈现出资格要求、经营模式、产业考量等多种义务式规定。以种粮补贴为例，2016年财政部、农业部印发《关于全面推开农业"三项补贴"改革工作的通知》，在全国推行农业"三项补贴"改革，成立了农业支持保护补贴，相应的政策目标也调整为支撑耕地地力保护和粮食适度规模经营。其中，虽有名为耕地地力保护的补贴资金，但却未将资金落实到耕地的实际耕作者手上，而是以承包农户身份属性进行发放。[①] 相反，一些种粮大户不仅需要支付土地成本，还不能获得种粮补贴，使单位面积的成本大大增加。这种偏向性、模糊性的政策扶持制度也导致新型农业经营主体对进入市场缺乏信心。

（3）配套设施缺乏，增量入市者不足

当前各类新型农业经营主体正处于发展的关键时期，各地也在不同程度地培育新型农业经营主体。但越是积极性高，就越应该制定清晰合理的方式与路径。既要注重扶持发展，又要注重规范性引导；既要注重量的提升，也要保障质量。从配套制度来讲，存在以下三个方面的不足，以致相关

[①] 具体而言，用于耕地地力保护的补贴资金，其补贴对象原则上为拥有耕地承包权的种粮农民，补贴依据可以是二轮承包耕地面积、计税耕地面积、确权耕地面积或粮食种植面积等，具体以哪一种类型面积或哪几种类型面积，由省级人民政府结合本地实际自定。实践中，主要以承包耕地面积计量补贴的方式，被农民戏称为"不管目前是种树的、养鱼的还是打工的，都可以享受到种粮补贴，拿钱的不种粮、种粮的不拿钱"。参见陈兰君子.我国今年全面推开农业三项补贴改革[N].金融时报，2016-04-26(1).

市场增量入市者少,难以提升市场活力。其一,融资贷款问题。农业贷款是农业经营的主要资金支持,但当前城乡二元结构背景下,国家金融政策对工业部门有着明显的倾斜,国家补贴、银行贷款也存在非农化偏好,致使农业产业整体资金供给不足。截至 2012 年,全国金融机构各项贷款为 62.99 万亿元,其中农业贷款仅占 4.3%,为 2.73 万亿元。据统计,改革开放以来,农业贷款所占比重最高不超过 15%,且近些年所占比重均低于 6%,农业贷款资金供需严重失衡。[1] 其二,公共服务碎片化问题。整体来看,可分为制度隔离碎片化、财政资源匮乏型碎片化、府际竞争型碎片化、支农资金使用与管理碎片化。[2] 其三,基础设施建设问题。有学者在调研中发现,规模经营主体在农业生产中需要自身改善基础设施,占用大量资金且回报周期长,不利于农业企业发展。[3] 如农村基层设施建设的财政投入不足、农村基础设施建设中信贷资金和私人部门投入不足、基础设施投资结构不合理、基础设施建设资金使用效率低下与管理紊乱等问题。

市场准入规制是一个国家营商环境的重要组成部分,这一制度安排直接影响到企业经营的便利程度和市场结构。[4]"三权分置"正是通过对市场的界定和权利的分离来营造更加自由的市场环境以及产权更为明晰、交易更为顺畅的市场

---

[1]　参见张燕,梁珊珊.农民金融权益保护视野下农业贷款难的制度化路径选择[J].农村经济,2010(2):66-68.

[2]　参见张新文,詹国辉.整体性治理框架下农村公共服务的有效供给[J].西北农林科技大学学报:社会科学版,2016(3):40-50.

[3]　参见钱克明,彭廷军.关于现代农业经营主体的调研报告[J].农业经济问题,2013(6):4-7.

[4]　参见陈俊营,方俊智.准入规制与经济增长:基于跨国面板数据的分析[J].昆明理工大学学报:社会科学版,2016(6):60-68.

结构。因此,对土地经营权市场准入规制现状的讨论十分必要。整体来看,当前承包农户虽然作为经营主体占据重要部分,但却依旧是传统的经营方式,其想通过土地流转来扩大规模同样遭受上述现状的诸多限制。新型农业经营主体虽然于当前得到了大力推崇,但农村客观的现实环境与市场环境致使增量型入市企业较少,观望型企业较多。可见,对当前现状的纠偏方式应注重对市场环境的规范化,并辅之以激励性规制,提升农业经营主体的入场信心。

2.工商资本运营风险问题

(1)非粮化问题

促进农用地规模化、机械化乃至现代化经营,提高农用地生产效率及粮食产量,应是鼓励土地承包经营权流转的主要目的,尤其在粮食安全问题依然严峻的情形之下。但是,工商资本租赁农用地的面积在不断增加的同时,由于种植经济作物的收益通常大于种粮收益,致使非粮化现象持续升级。2012年,工商资本转入的农地面积比2011年增长了34%;2013年,这一面积又比2012年增长了40%。[①]"根据农业部2014年的农村经营管理情况统计来看,截至2014年年底,全国家庭承包耕地流转面积共计4.03亿亩,其中流入到企业的耕地面积占总值的9.6%,较2013年增幅达0.2%;而这些流转的土地中,用于种植粮食作物的面积总数仅为2.29亿亩。"[②]流转面积中用于种植粮食作物的只有56.8%。另有数据显示,"在一些流转给公司、企业租种的耕地中,种粮的

<hr />

① 参见张良."资本下乡"背景下的乡村治理公共性建构[J].中国农村观察,2016(3):16-26.

② 参见农业部经管总站体系与信息处.2014年农村经营管理情况统计总报告[J].农村经营管理,2015(6):39-40.

比例甚至只有 6%"。① 此外,不仅耕地流转给工商资本的企业后用于种植粮食的面积大幅减少,而且即使种植粮食作物,其单产也未必尽如人意。② 有学者农村调研发现,企业流转土地后的粮食单产至少低于小农户 10%以上。③

（2）违约侵害农民权益问题

工商资本下乡租赁农用地既面临自然风险又会遭遇市场风险,尤其是在工商资本租赁农用地面积大、期限长的情形下,一旦经营亏损难以为继,将会拖欠农民农用地的租金,引发违约害农事件发生。而引发违约侵害农民权益的原因可能包括农产品市场性周期价格下跌、自然灾害、流转成本过高等,加上农业企业本身资金规模较小,资金链一旦断裂就容易毁约退地,侵害农民利益。此外,实践中还存在较多不签订农地流转协议或签订的农地流转协议过于简单,甚至无效的情况,这种不规范的流转方式也致使农民在遭受权益侵害时难以寻求救济。④ 亦有从当初信心满满到最后毁约弃耕,前后不过 3 年时间便造成高达 1 600 万元损失,苦了出租土地的农民的事例。⑤

---

① 参见张洪源,周海川,猛祥海.工商资本投资面临的问题及投资模式探究[J].现代经济探讨.2015(2):53-57.

② 参见高海.农用地三权分置研究[M].北京:法律出版社,2017:147.

③ 参见桂华.个别地方政府为何推动土地流转大跃进[EB/OL].中国乡村发现网,2017-12-1.

④ 参见柴振国,潘静.农民财产权视阈下的土地经营权流转制度创新研究[M].北京:中国检察出版社,2016:290.

⑤ 参见潘林青,叶婧.从"信心满满"到"毁约弃耕"种粮大户为何突然"撂挑子"[J].农村·农业·农民(A版),2017(3):39-41.

（二）土地经营权交易中介主体规制中存在的问题

土地交易尤其是具有零碎化特征的农村土地交易本身是一项复杂的交易活动，中介组织在此交易过程中意义重大，如实现资金的审查与融通、交易的监督与约束、信息的收集与分享以及交易纠纷的解决等。各地的土地流转实践中，中介组织的作用也得到了证明。然而，土地经营权交易中介在既有改革背景下应有的制度建设还有较大程度缺位，对其的规制还存在诸多的问题。

第一，机构性质与功能定位的问题。基于集体土地所有制的制度形态，在对农地进行处分的过程中，集体经济组织在一定程度上充当了中介组织的作用。但在现行土地经营权市场化的推进下，集体经济组织无力实现承包农民与新型农业经营主体之间的平衡。农业发展转型以来，多地也成立了农地流转的有形市场及综合性的农村产权交易平台，以承担中介组织的作用。然这种平台与全国各地的农地流转中介组织一样，是政府主导下的外生型组织。这些组织多以政府财政支持运作，或是在集体经济组织的主导下发展，在执行中主要担负着传递国家政策、方针的功能，成为各级政府政策的宣传口、代言人，难以发挥中介组织平等性的作用。

第二，设立形态与法律规制的问题。从时下农村土地流转的现状来看，部分地区设立了中介组织，如2008年成都率先设立农村产权交易所，同年10月，重庆市渝北区第一家"农村土地流转服务管理中心"挂牌成立。"三权分置"改革进程中，中央政策明确了地方政府的功能定位，并要求设立中介组织推进土地经营权流转。但对中介组织设立形态、资金来源、法律性质缺乏明确的定位,致使各平台难以脱离行政性指导。此外,作为农民权益的重要载体,农地流转中介组织的设立和运行缺乏明确的法律依据。诚然,中介组织统一立法暂时难以实现,但针对农地流转中介组织的行业立法尚付阙如。虽然各级政府所制定的规范性文件对农地流转中介组织进行了一定程度的规范和引导,但收效甚微。① 从监管的角度来看,对中介组织的法律规制明显不足:中介组织依政府行政性指导为原则强行流转农户土地的事件时有发生;一些地方政府假借中介组织名义,擅自改变土地用途、违规流转,获取土地流转差价。而这一切都源于中介组织主体资格模糊,法律责任难以追究。②

　　第三,运行经费与组织模式的问题。从当前各地流转平台的运行经费来源来看,主要以政府财政支付为主。下设到农村的产权交易所要么受上级组织财政划拨,要么与地方政府合作运行,并没有合法形式的财政补贴政策。此外,考虑到农村土地的敏感性,各地均限制了营利性平台的生长,但部分平台在运行中仍以"协调费""服务费"等形式变相盈利。③ 可见,基于运行经费的紊乱导致了平台运行乱象丛生。

---

　　① 据黄季焜等学者统计,全国总共约有316万个农村非正式组织,其中帮助农民维权的组织仅有18个。而各地农村维权组织的管理者主要是乡镇政府或村两委,其中村干部比例高达90%以上,且组织运行经费全部来源于政府拨款。可见,在农户、新型农业经营主体以及地方政府的博弈中,中介组织大都以政府指导为运行规则,难以体现出中立性和公共性。参见黄季焜等.制度变迁与可持续发展——30年中国农业与农村[M].上海:格致出版社,2008:317-340.

　　② 参见阎玮.架好农村土地供需"桥梁"——农村土地流转中介组织法律规制途径[J].中国土地,2013(2):57-79.

　　③ 参见土流网.土地流转中介是怎么收费的? 标准是什么? [EB/OL].土流网,2018-3-5.

从平台的组织模式来看,目前多以综合性服务平台为主,并没有形成相对成熟的诸如土地价格评估机构、法律政策咨询机构、土地流转委托代理机构、监督调解机构、土地保险服务机构、投资融资公司等多样化的服务机构。[①] 在农地经营方式深入改革的当下,单一的综合性中介平台是否足以应对土地流转的全过程,中介组织组成人员专业技术水平是否足够,均可能成为限制土地流转进一步发展的症结。

二、土地经营权交易运行规制中存在的问题

(一)土地经营权交易合同规制中存在的问题

土地经营权交易合同是土地经营权人将其拥有的土地经营权通过流转转让给其他土地经营权人时所签订的合同。"三权分置"背景下土地经营权交易合同是土地经营权取得的依据。从交易当事人来看,包含了集体经济组织与土地经营权人、承包农户与土地经营权人、土地经营权人与次级土地经营权人之间所签订的合同。从市场层面来看,则表现为土地经营权初级流转市场、土地经营权再流转以及土地经营权担保市场。在土地经营权市场交易合同规制中,整体上可归结为合同内容、法律适用以及立法模式的问题。但同样,这样的问题在目前农情背景下亦呈现出地方差异、中西部差异以及城乡融合程度区域之差异。从 2017 年流转合同签订率排名前 7 位之省市即可看到,排名靠前省市均为长江以北

---

① 参见柴荣,王小芳.农民土地权益保障法律机制[M].北京:社会科学文献出版社,2017:197.

省份,说明在上述省份中流转市场相对成熟、流转形式也相对规范(图 2.1)。

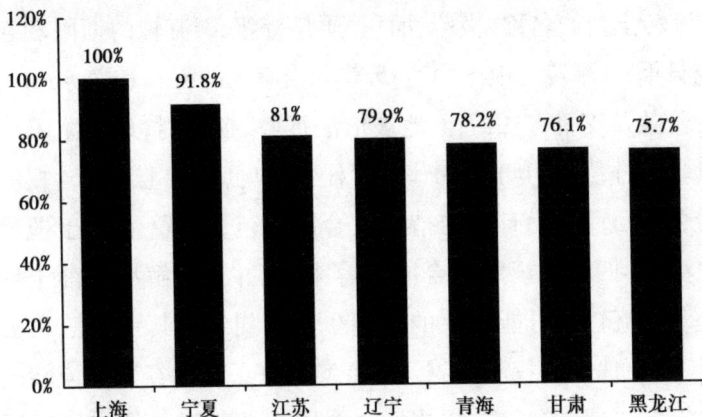

图 2.1 2017 年流转合同签订率排名前 7 位省市

注:数据来源于国家统计局相关调研报告及中国产业信息网。

1.合同内容的问题

合同内容是指在合同法律关系中当事人双方的权利义务之总和。合同内容的确定应符合法律规范的性质要求,鉴于合同内容相关法律规范性质上存在差别,也决定了当事人通过自由协商方式来确定合同内容的自由程度以及确定合同内容的方式亦有所不同。[①] 土地经营权流转合同是权利流转的特殊合同,其内容的规范有别于一般合同。《农村土地承包法》第二十二条规定的承包合同的基本内容包括:1.发包方、承包方的名称,发包方负责人和承包方代表的姓名、住所;2.承包土地的名称、坐落、面积、质量等级;3.承包期限和起止日期;4.承包土地的用途;5.发包方和承包方的权利和义

---

① 参见陈涤.试论合同内容的确定[J].中南政法学院学报,1992(4):52-55.

务;6.违约责任。《农村土地承包法》第四十条规定了土地经营权流转合同的一般内容,包括:1.双方当事人的姓名、住所;2.流转土地的名称、坐落、面积、质量等级;3.流转的期限和起止日期;4.流转土地的用途;5.双方当事人的权利和义务;6.流转价款及支付方式;7.土地被依法征收、征用时,地上附着物及青苗补偿费的归属;8.违约责任。可见,对于土地经营权流转合同目前尚无有效的指导性合同规范,且就《农村土地承包法》第四十条规定之合同内容来看,并不能解决当前土地经营权流转所可能涉及的合同争议和纠纷。其一,"三权分置"下土地经营权流转放开的事实促进了土地经营权流转的主体多样、形式多样,统揽性的合同规范无法具体指导不同形式的流转合同,且因形式不同合同内容相差之大,自不待言。其二,基于农业经营特殊性的考虑,流转合同期限通常较长,加之当前农业制度改革频繁、社会环境变化快,而司法实践中合同判定的合理性问题尚无指导性原则,因此,"契约必守"与"情势变更"之间应如何在流转合同中加以调适同样是一个问题。此外,并没有设计相关《补充协议》示范文本,以应对合同行使过程中,一方或双方针对合同内容请求变更的程序和效力。① 其三,合同内容上,无论是《农村土地承包法》所指导的合同内容,还是实践中实行的流转合同,在内容条款上大都仅设计了双方利益条款,这就忽视了农用土地所承载的生态环境保护、国家粮食安全等公共性目标,实质影

---

① 国有土地使用权出让合同制度即制定了《补充协议》,规定了建设项目因不可预见因素不能按期开工建设的情况;关于投资总额和容积率的约定;关于工业建设项目的特别约定;关于闲置土地的规定;关于终止项目建设和减少投资规模的约定;关于改变土地使用条件的约定等内容。

响了合同的履行和收益,且社会公共利益往往是造成合同不确定性的重要因素。①

2.法律适用的问题

"三权分置"下土地承包经营权与土地经营权在流转层面存在着语义混同与实质区别的特征,即地方施行的各项制度政策将土地承包经营权与土地经营权混用,且在措辞上土地承包经营权为主,然实质意义流转的大都是不具有身份属性的土地经营权。据在重庆两区县调研,县一级出台的各项文件存在混用的情况,如《某某县农村土地承包经营权流转管理实施细则》,以土地流转概括土地承包经营权与土地经营权之改革施行。由此,也致使实践中出现土地流转合同"难辨真伪"、法律适用混乱的情况。从中国法院2016年度案例的实证分析中可以看到,关于土地流转合同的纠纷主要集中在以下几个方面:土地承包经营权确认案[如广西壮族自治区河池市大化瑶族自治县人民法院(2014)大民初字第341号民事判决书]、农村土地承包合同案[如广西壮族自治区贵港市平南县人民法院(2014)平民初字第624号民事判决书、湖北省宜昌市中级人民法院(2014)鄂宜昌中民再终字第6号民事判决书、黑龙江省鹤岗市兴安区人民法院(2014)兴安民初字第347号民事判决书等],合同纠纷类型主要集中在承包合同的认定、流转合同的履行等方面。法律适用的情况来看,主要依据是旧《农村土地承包法》第二十二条、二十三条、三十七条、三十八条、四十五条、四十六条,旧《民法通则》第八十条、旧《合同法》第五十二条、二百一十九条,旧

---

① 参见尹亚军.通过合同的治理——克服农地流转困境的助推策略[J].社会科学研究,2019(6):73-81.

《土地管理法》第十四条,《民事诉讼法》第六十四条等。可见,在土地流转的合同争议法律适用问题上,较多判决适用了《农村土地承包法》相关法律规定。然基于土地经营权交易合同的性质来看,交易合同是非身份性合同,是纯粹财产性合同,可合理排除《民法典》第四百六十四条之规定,有适用《民法典》的正当性。其次,根据交易合同的内容来看,土地经营权交易合同所设立的土地经营权以土地承包权为基础,农户所设立的土地经营权则以农村集体经济组织成员的身份为基础,身份基础的消灭会导致承包权的消灭,那么土地经营权交易合同的后续归属应如何处置,现行法律尚未予以回应。虽然《民法总则》于第九十六条规定了农村集体经济组织法人的资格,但其后续的合同履行问题仍然需要进一步明确,当前尚无从得知。进一步讲,农村集体经济组织成为适格的民事主体后,《农村土地承包法》与《民法典·合同编》的适用问题仍需要进一步讨论。再以土地经营权租赁合同为例,《民法典·合同编》对租赁合同有较为详尽的规定,但是基于土地经营权的特殊性,土地经营权租赁合同应当有别于普通租赁合同。其中,最大的区别就是客体不同,普通租赁合同的客体为租赁物,土地经营权租赁合同客体为土地经营权,属于权利租赁。① 由此,《农村土地承包法》以及《民法典·合同编》的适用问题,仍需进一步讨论。且新修订的《农村土地承包法》对此问题的具体实施及规范问题与修订前并没有呈现实质性的改进。

3.立法模式的问题

从立法的逻辑思路来讲,土地经营权人通过土地承包经

---

① 参见肖鹏,王丹.试论土地经营权租赁合同的完善——基于102个家庭农场的调研[J].中国土地科学,2015(10):20-27.

营权流转合同取得土地经营权,且这一逻辑应由法律进行界定,实现物权法定。当前对于土地经营权的推进主要还局限于试点地区。其中,土地经营权的立法实现可参照土地承包经营权由物权法制度的修订来完成,还是由《农村土地承包法》来实现是立法模式与成本的选择问题。从国外立法案例来看,对农地流转合同的规定均在特别法中有所涉及,如在日本,除《日本民法典》第二编物权对土地问题有规定外,有专门的《农地法》;瑞士在《瑞士民法典》中专门设定援引条款,规定了农场和农用不动产相关规定应依据《农村土地法》之规定。① 因此,从立法模式上看,当前我国关于土地流转合同制度的具体规定与执行需要在法律协调方面作进一步考虑。

(二)土地经营权交易风险防范中存在的问题

新《农村土地承包法》以"放活土地经营权"为目标赋予了经营权高度流动性,土地经营权交易市场无疑成为农地资源市场化配置的基本手段和场域。《农村土地承包法》分别于第三十六条、四十六条明确了土地经营权初次流转的方式以及进行再流转的法律空间。从市场交易来看,上述类型与方式对于土地流转市场的变革是深刻和巨大的。同时,也使得土地经营权交易风险成为源头更多、更具渗透以及威胁更系统的综合性风险,需要对此予以研究并揭示。

1.农民权益风险

农民农地经营权权益风险指农民进行农地流转等经济

---

① 参见肖鹏.农村土地"三权分置"下的承包合同研究[J].西北农林科技大学学报:社会科学版,2017(4):24-31.

活动所引致的财物风险。① 本书所指农民权益风险指土地经营权流转过程中所可能造成的对农民权益的侵害。"三权分置"背景下土地经营权市场的发展及规制需主要关注以下几个方面的农民权益风险:其一,产权结构变动风险。"集体所有、家庭承包""统分结合、双层经营"的产权制度和经营模式已由我国《宪法》《土地管理法》等法律所确认,且这一产权制度为改革开放后的经济发展立下汗马功劳。"三权分置"模式下,集体所有、家庭承包经营的农地产权结构演变为集体所有、家庭承包(家庭承包经营)、经营权人经营的农地产权结构模式。简言之,就是农地流转使农地产权结构由原来的所有权与承包经营权两者分离,演变为所有权、承包权和经营权三者权利分离,而这也正是"三权分置"的法权设计模式。一方面,放活土地经营权有利于提高农村土地使用效率,释放土地要素价值。但另一方面,农民在用益土地经营权过程中易进入风险境地,需要予以特别保护和关注。而这些引致风险的不稳定因素可能包括农民议价能力较低、市场交易信息不完全抑或是行政性权力干预等,即农地产权结构的变动同时也可能增加农地流转风险,损害农民权益。体现为"集体—农民"之间承包关系演变为"集体—农民"承包关系加上"农民—规模经营主体"委托代理关系的更为复杂的产权关系。概言之,在信息不完全背景下,代理人"规模经营主体"的失德行为和逆向选择会增加委托人农民的权益风

---

① 权益风险可分为产权主体财物关系变动风险和产权主体财物活动风险两类。产权主体财物关系变动风险是指由产权结构、规模等因素变动所引起的财物风险;产权主体财物活动风险主要指产权主体资本经营活动,尤其是指产权资本运营活动所引起的财务风险。参见朱强.农地流转风险与防范研究[M].北京:北京师范大学出版社,2013:66.

险。现阶段比较多且能较好维护农民权益的流转方式是土地经营权折价入股形式,即农民以地权股份获取承包经营权收益,进而在此基础上构成"农民—规模经营主体"委托代理关系。这种委托代理关系使得新型农业经营主体在履行流转契约时往往凭借自身优势或利用监管机制不健全出现逆向选择甚至败德行为,甚至出现与集体经济组织联合侵害农民利益的行为。[①] 因此,在土地经营权市场规制的建构中,理应注重识别相关风险,以促进改革稳定前进。其二,产权主体结构变动风险。土地经营权的市场化致使土地经营权流转环节复杂化、流转主体多样化,加剧了土地经营权流转的不确定性,由此农民权益很可能因产权主体结构的变化和流转环节的变化而形成风险。第一,农民产权主体结构变动风险表现为流转主体利益预期的偏离。农民基于农业产业稳定所形成的预期与产权结构变动所引致的农业成本收益变化形成落差,很可能使得流转主体预期偏离,形成风险。第二,产权主体结构变动风险表现为流转制度设计预期的偏离。制度改革的自上而下总会面临制度试错的成本,虽然试点式的土地经营权市场构建一定程度降低了这种风险,但由于农地流转主体双方地位和信息不对称、农地流转"低制度化"等原因,农地流转制度及实施仍存在诸多不确定性和制度预设偏离的风险。

2.市场交易风险

随着"三权分置"政策的深入实施,土地经营权市场将进一步注入市场竞争因素而呈现出更多的议价成本。这些负

---

① 参见朱强.农地流转风险与防范研究[M].北京:北京师范大学出版社,2013:75-76.

外部性成本会致使土地经营权人以各种形式进行内部化,由此也形成多样化的成本分摊情形,市场风险则孕育于此。这种风险不完全体现为农地流转信息的不完全性,同样还体现为农地流转市场机制运行的不确定性、"低制度化"。据此,市场风险的内生根源在于农地流转信息不完全性导致的有限理性决策,以及农地流转内外部制度供给不足两方面。从根源出发,可以判断,市场交易风险表征应为:其一,农地流转市场机制的内部风险,即基于根源性缺陷所产生的流转价格不确定性以及基于交易机制的紊乱所造成的市场竞争失范。其二,农地流转过程的风险。农地流转是一个从设立到项目实现的持续性过程,在此过程中,需要市场准入、市场交易、市场价格机制的协调运作,以避免风险的集聚和扩散,如市场波动风险、市场利益分配问题。具体到流转环节上,则体现在以下方面:农地流转交易对象信息收集和选择、合同签订、合同履行、违约责任追偿等。

3.粮食安全风险

农地流转后由于农地规模经营主体粮食生产经营的规模化、集约化、专业化、科学化、现代化程度显著提高,在增加粮食产量、优化品种结构、提高产品质量和附加值的同时,因规模经营较大程度上提高了农地资源利用效率和效益,一定程度上有利于保障粮食安全;然而,由于规模经营主体的投资逐利性的本性以及粮食生产经营管理监控机制的不完善,也可能扩大粮食安全风险,甚至引致新的粮食安全风险。换言之,在农地流转机制不健全、失地农民生活就业等问题尚未根本解决之前,农地流转将有可能导致粮食风险扩大。此外,亦有学者提出粮食安全主要源于土地在流转后在短期内用途发生大量改变,农业产业结构趋于不稳定状态,同时也影响到农业产出,进而威胁到粮食生产安全基线。[1] 从表现来看,其体现为以下几个方面:其一,原本种粮土地经流转后形成"非农化"及"非粮化",导致粮食种植面积直接减少,引起粮食安全风险;[2]其二,承包农户流转承包地后失去"种地"的最后保障,形成微观上粮食安全风险;其三,规模性的农地流转可能导致农地质量下降,出现粮食生产环境恶化,形成质量上的粮食安全风险。需要说明的是,粮食安全在我国现阶段虽然得到了相当程度的缓解和控制,但由于人口基数大、耕地面积有限且不断减少,粮食安全问题还将长时期存在,甚至因自然灾害爆发、耕作失误等原因而更加恶化。当然,农地流转特别是农地"非农化"和"非粮化"发展有可能加剧和扩大粮食安全风险,但绝没有以此否定农地流转的意思或价值判断,而是基于更加完善农地流转制度体系的目的来客观分析现实农地流转存在的不足和问题,以期推进农地流转制度创新和农地流转市场发展。

(三)土地经营权交易规制体制中存在的问题

在现代国家,土地使用的成本及效率问题几乎是每一届政府都需要解决的重大问题,作为应对这一课题的根本性措

---

[1]　参见李毅,罗建平,林宇静,等.农村土地流转风险:表现、成因及其形成机理——基于浙江省A乡的分析[J].中国农业资源与区划,2016(1):120-130.

[2]　整体而言,当前农用地用途管制执行不力。例如,广东省2010年的建设用地规划总规模是158.26万公顷,而2005年建设用地总规模已达到158.67万公顷,超出规划期末(2010)控制指标0.41万公顷,虽然存在《全国土地利用总体规划(1997—2010年)》的相对滞后及估计不足的问题,但此种普遍现象也说明用途管制执行情况不力的现实。参见荀军样.农地使用权流转模式选择及创新研究[M].北京:法律出版社,2014:104-105.

施,许多国家都面临导入土地规制的课题。且实施过程中,表征出土地利用规制、土地交易规制、地价管理、通过租税的规制和吸收开发利益等一系列机制和制度。[①] 对这些规制的正确把握乃至对规制权的合法、合理行使,不仅对于保护公共利益具有重要的意义,而且对市场主体权利保障、市场秩序维护亦具有重要作用。现行土地经营权交易规制体制中可以发现,对于集体所有形式的土地,国家对于"委托—代理"形式缺乏实质性的管理,取而代之的是基层政府自由的行政管理方式,这需要我们在制度改革中予以研究和应对。在晚近的研究中,价格规制基于对市场失灵的纠正,重心主要在于公用产业和垄断行业,对此也形成了较多可资借鉴的制度经验。[②] 土地经营权市场并非传统的公用事业领域,亦不是可放任自由的完全竞争性产业,此种公私边界与规制基础的变革致使对本市场进行价格规制是具有理论基础和实践需要的。

1.市场规制的原则问题

农村浓厚的土地文化背景及其他非法律因素对农村土地制度安排具有很大的影响。中国农村土地制度法制化的滞后与农业转型共同造就了当前城乡二元的阶段性局面。在面对这一中国国情时,应有的制度应首先从农村法制化做起。法律法规理应是农村制度安排的依据和基础。反观当前我国现存农村土地制度安排,地方政府权力自由裁量过大、政策推进模式下实践"花样百出"。就土地经营权流转法

① 参见杨建顺.土地规制、房屋拆迁与权利救济[J].法律适用,2010(6):2-9.
② 参见李天德,陈洪霞.国外价格规制研究述评——兼论深化竞争性产业价格规制研究的建议[J].软科学,2019(5):17-21.

律制度而言,现行规范并未及时对"三权分置"政策予以确认化、具体化,也并未在各地基本农情差异下作出针对性的指导。正如大多数研究者指出的那样,规范性不足是当下农地流转纠纷的主要根源。[①] 此外,目前政策层面对农地制度改革的推进在实践中屡屡遭受人为侵蚀,致使改革公信力较低。职是之故,土地经营权市场改革下的政策规范上升为法律规范已成为当前农地制度深化改革的当务之急。[②] 法律法规是影响新世纪中国农地制度安排的主要因素,法制化应是确保产权主体享有比较完整和独立的土地权益的根本出路。

2.市场规制权限的问题

从既有的法制建设来看,土地流转市场法律规制的正当性已经得以证成,当前的问题是权力主体对市场规制权限使用是否恰当的判定问题。既有现状来看,存在不同程度的规制越位以及规制错位的事实。其一,规制越位。政府对农地流转规制的"越位",是指规制超过了应该管理的范围、层次和力度,规制效果呈现低效甚至无效。当前存在的规制"越位"问题缘由可以追溯到 19 世纪以来我国"政府主导型"发展模式,从土地革命到乡村社会行政化,再到集体所有制的形成,均为当前的管理模式埋下了伏笔。虽然市场资源配置的决定作用已于当今中国经济制度中逐渐显现,但于我国强制性制度变迁的路径之下,对行政力量的管控依然任务艰巨。农地流转过程中,政府是市场运行的主要干预者,行政

---

① 参见尹亚军.通过合同的治理——克服农地流转困境的助推策略[J].社会科学研究,2019(6):73-81.

② 参见胡亦琴.农村土地市场化进程中的政府规制研究[M].北京:经济管理出版社,2013:177.

权力的介入极易破坏市场机制的资源配置。实践中甚至有地方将农地流转以绩效形式与干部岗位考核挂钩,而这明显与"三权分置"下土地经营权市场的构建方案背道而驰。由此,对规制"越位"问题的防范极为关键,因为这关系到土地经营权市场的主导运营模式。其二,规制错位。政府对农地流转规制的"错位",是指政府背离行政规范,用不正当的手段谋取不正当的政治、经济利益。① 权力寻租是规制错位的实质体现,权力寻租的出现,将引起社会上出现另一个"特殊"的市场,即"权力的交易市场"。就土地经营权市场而言,权力渗透于土地所有者、土地流转权限、土地流转媒介等多个环节。当然,最为核心的是土地流转的监管环节。以致政府在农地流转中,扩大解释流转政策,变相流转方式,甚至出现"官商勾结"以获取土地流转金。此外,一些乡村组织采取行政强制手段,低价从农户获得土地,高价租给农业企业,从而赚取差价。总之,无论是规制越位还是规制错位均是对土地经营权市场的根本性打击,也是对农民合法权益的侵害,规制权的行使和范围需要从源头上控制,实现法定。

3.市场规制方式的问题

从规制的法制化角度出发,规制的实施可分为公共实施与私人实施两类。公共实施包含了行使立法权,实施调查权、决定权、处罚权、监督检查权等行政执法权以及准司法机构的裁判权;私人实施包含私人启动规制机构内部程序、私

---

① 当然,亦有学者对干预错位进行了划分,认为其分为历史错位与认知错位,且干预的历史错位在一定程度上引致政府的认知错位。参见徐广军.论政府干预经济主张的历史错位与认知错位[J].探索,2002(1):104-106.

人启动司法程序。① 以农地流转市场的发展路径为脉络,农地流转市场规制具有以下特征或问题:其一,如前所述,政策性文件对农地制度改革起着主导性作用,以致法律层面的制度构建呈现滞后性、辅助性,甚至有的地区出现政策与法在相互冲突的情况下并行实施的情况;其二,当前针对土地经营权市场公共实施相对不足,如关于土地经营权流转相关立法体系性不足,土地经营权市场法律制度涣散,整体呈现为"低制度化",且政府强制规制到政府中性指导均存在不足;其三,土地经营权市场私人实施缺位。司法途径本身是市场主体维护自身权益的最后一道防线,然当前相关法律制度并未建立,全国也并未真正出现土地经营权的司法判例,不曾有基于土地经营权而诉政府不作为的行政诉讼。

三、土地经营权交易价格规制中存在的问题

按照我国现行法律及政策的规定,土地经营权交易的双方主体当事人对于土地经营权价格的确定具有最终决定权,其他主体无权干涉交易价格的形成。即土地经营权流转以协商定价为原则,作为土地承包经营权人的农户对于承包地经营权的流转具有自主决定权和自由选择权。《关于引导农村土地经营权有序流转发展农业适度规模经营的意见》已经明确了土地经营权的交易理应是农户自由意志的体现,是否

---

① 参见王波.规制法的制度构造与学理分析[M].北京:法律出版社,2016:219-224.

流转、价格为何、形式如何,均应由承包农户自主决定。[①] 同时,《关于引导农村土地经营权有序流转发展农业适度规模经营的意见》还指出,"合理引导粮田流转价格,降低粮食生产成本,稳定粮食种植面积。"由此可见,我国对于土地经营权交易价格采取市场价形式,通过市场调节形成价格,同时政府可以出台必要的合理引导和干预措施。但是,对于市场调节和政府适度干预的关系如何处理和把握,值得进一步思考。实践中,土地经营权交易价格的市场形成和政府干预中存在许多需要进一步廓清的问题。

(一)土地经营权交易价格形成规制中存在的问题

土地经营权市场交易价格的形成受到交易主体双方利益博弈、供求现状、竞争关系、土地自然禀赋等多方面的影响。[②] 交易价格确定的关键仍在于交易双方的平等协商,其核心是维护农户的议价主体地位。如前所述,为了保障农户在土地经营权交易中的主体地位,我国相关法律一直强调农户的交易主体地位,并且规定其他任何主体不得替代农民做出交易农地的决定。由农民决定是否在承包经营的固定期限内将土地经营权交由其他经营者行使,可以保证农户在种地和打工之间获得进退自由的平衡,交易价格作为农民让渡

---

① 《关于引导农村土地经营权有序流转发展农业适度规模经营的意见》中明确指出,"土地承包经营权属于农民家庭,土地是否流转、价格如何确定、形式如何选择,应由承包农户自主决定,流转收益应归承包农户所有。流转期限应由流转双方在法律规定的范围内协商确定。没有农户的书面委托,农村基层组织无权以任何方式决定流转农户的承包地,更不能以少数服从多数的名义,将整村整组农户承包地集中对外招商经营。防止少数基层干部私相授受,谋取私利"。

② 参见朱强.农地流转风险与防范研究[M].北京.北京师范大学出版社,2013:114.

经营权的合理对价,具有提高农民财产性收入和以此财产收入替代土地保障的重要作用。同时,农户自主决定权的保护也是农地规模化经营稳步推进的必要措施,可以使农业适度规模经营发展与城镇化进程和农村劳动力转移规模相适应,与农业科技进步和生产手段改进程度相适应,与农业社会化服务水平提高相适应,让农民成为土地流转和规模经营的积极参与者和真正受益者。①

与法律规定和政策要求不同,在理论和实践当中,对于通过土地经营权市场交易达成规模经营,以及在农民自主意愿基础上形成交易价格,存在很多不同的认识和做法。最为典型的认知在于,承包地具有强烈的禀赋效应和人格化财产特征,农户普遍具有较高的农地流转价格预期,②因此,农户自主自愿决定的承包地经营权价格,影响我国农地规模经营的适度扩张和农业现代化的进程,"存在严重的理论误区"③。一个强有力的事实证据在于,随着土地承包经营权的确权登记和农地规模化经营主体的发展壮大,农村承包地的有偿流转逐渐增多,土地成本在农产品生产总成本中的占比和增速都呈现快速攀升趋势,农业经营的土地成本进一步显化和加剧。④ 地租侵蚀规模经营利润,成为"三权分置"有效实现需

---

① 参见关于引导农村土地经营权有序流转发展农业适度规模经营的意见[C].专家天地(2015年第三期总第十九期).中国老教授协会,2015:16-20.

② 参见邹宝玲,罗必良.农地流转的差序格局及其决定——基于农地转出契约特征的考察[J].财经问题研究,2016(11):97-105.

③ 参见黄延延.论导致农地规模化的几种因素——兼谈我国农地规模化的对策[J].经济体制改革,2010(4):99-103.

④ 参见叶兴庆.演进轨迹、困境摆脱与转变我国农业发展方式的政策选择[J].改革,2016(6):22-39.

要防范和克服的负面效应。① 据媒体的报道,一些农地规模经营主体发生亏损甚至破产,土地成本成为这些规模经营主体"不可承受之重"。② 土地成本的不断走高,加之劳动力成本和物料农资等生产成本的持续上升,造成流转集中的耕地"非粮化"现象日益严重。对此,有学者认为鉴于农地流转的土地成本对粮食安全的负面作用,应当探索建立耕地低成本流转机制,而不是竞争性的承包经营权交易市场。③ 有学者认为目前农村经济社会发展条件下,地方政府仍需要发挥降低交易成本,显化流转价格的作用。④ 也有学者认为政府应当加强对农地租金的价格调控。⑤ 另有学者认为应当由农村集体发挥节约农地流转的信息收集、谈判议价和合约履行的交易成本和组织成本的优势。⑥

在实践中与上述不同理论认识相应的是农地流转价格的确定往往与农地流转的动力机制有密切的关系。相比国家政策和法律层面将农户作为农地流转主体地位,并强化市场机制决定流转价格的反复强调,实践中农地流转机制包括

① 参见国务院发展研究中心农村经济研究部.集体所有制下的产权重构[M].北京:中国发展出版社,2015:107.

② 参见李松.万亩"粮王"破产:土地流转风险有多大? [EB/OL].半月谈,2017-12-1.

③ 参见蔡瑞林,陈万明,朱雪春.成本收益:耕地流转非粮化的内因与破解关键[J].农村经济,2015(7):44-49.

④ 参见马贤磊,仇童伟,钱忠好.农地流转中的政府作用:裁判员抑或运动员——基于苏、鄂、桂、黑四省(区)农户农地流转满意度的实证分析[J].经济学家,2016(11):83-89.

⑤ 参见杜志雄.农地租金价格应加强政府调控[J].农村经营管理,2014(6):20.

⑥ 参见刘勤,周静.农地流转的交易成本困境与村级组织的服务优势[J].农业经济与管理,2012(5):25-29.

政府主导型、集体主导型和农户主导型。[①] 虽然农户是土地承包经营权流转的主体,有权依法自主决定是否流转、流转方式和流转价格。但近年来,大部分的农地流转主要是由县乡政府和村委会主导的农村承包地流转,许多地方在新农村建设中,把本来由承包农户自发流转的民事行为,变为了权力主导的流转行为。权力介入农地流转会对土地经营权流转价格产生怎样的影响呢? 对此,需要从地方政府和村集体两个角度来识别权力介入农地流转的行动逻辑。

纵览新中国成立以来的历次农村土地产权制度改革总能找到政府的影子。政府或充当改革的发起者或成为改革的执行者或担当改革的服务者:一方面,通过建立完善农村三级土地流转市场,创设农地流转平台,为供需双方提供信息沟通、合同鉴证、评估估价等综合服务;通过制定农地流转补贴标准,并向土地经营权人发放补贴,采取经济激励方式鼓励农地流转。成为土地制度改革的服务者与执行者。[②] 另一方面,利用等级秩序、领导权威及政府强制力直接介入土地甚至主导土地流转。从流转路径上看,政府利用垄断强制力从集体或农民处获得土地,并改变土地使用性质,再以高价卖给企业或土地经济人,从而获得土地流转收益。此模式下,政府实质上扮演了农户与土地经营权人的流转主体地位,并很大程度上获取土地增值收益,极易使农民在农地流转中陷入"失地"又"失权"的贫困境地。[③] 在政府主导的资

---

①　参见于传岗.我国农村土地流转方式、流转成本与治理绩效分析[J].江汉论坛,2011(6):82-87.

②　参见刘恒科."三权分置"下农地经营收益分配的法治保障[J].农业经济,2017(8):73-75.

③　参见朱强.农地流转风险与防范研究[M].北京:北京师范大学出版社,2013:67-74.

本下乡过程中,国家和地方的各项支农资源往往向工商资本富集,给其他规模经营主体带来不公平的竞争环境,抑制了小农生存空间,客观上形成了与真正从事农业生产的老年农业和中农经济"争利"的局面。① 此外,资本下乡种田并不见得比家庭经营有效率,反而造成农地资源的浪费。政府和村委会在主导承包地流转时,往往以经济利益和利润为目的实施改变土地农业用途的违法行为,反而增加了农地复耕的成本,减少了农民收益。

从村集体视角来看,发包方作为承包地产生、运行及调整的重要一方,还具有一定的管理义务。根据《农村土地承包法》第十三条第一款之规定,村一级发包方即包含了村集体经济组织、村民委员会。而根据《民法总则》第一百零一条第二款之规定,在存在村集体经济组织的情形下,村集体可称为主要发包方。同时考虑到《中共中央、国务院关于稳步推进农村集体产权制度改革的意见》之规定,负有管理义务的发包方在主体上呈现多元,可包含为村集体经济组织、组农村集体经济组织、村民委员会和村民小组。② 上述主体在一定程度上承担了农村最为核心资源的管理义务,然正如政府有限理性一样,上述主体在以"村干部"为"化身"的治理过程中亦难逃诸如"精英俘获"等问题的困扰。③ 关于村干部的行动逻辑,从村民自治的角度分析,村干部是通过村民选举产生的,村民与村干部之间形成"委托—代理"关系,理应

---

① 参见贺雪峰.工商资本下乡的隐患分析[J].中国乡村发现,2014(3):125-131.
② 参见丁关良.《农村土地承包法》中主体规范的模糊性问题剖析和化解[J].中国不动产法研究,2019(1):61-82.
③ 参见李志浩,张志锋.农村土地流转中的精英俘获与利益合谋研究[J].云南农业大学学报:社会科学版,2019(5):115-122.

作为农民集体的利益代言人。但实际情况更为纷繁复杂,社会学对村干部角色定位的研究比较充分,大致形成了"村庄保护人""国家代理人""赢利型经纪人"三种代表性观点。尽管学界存在很多分歧,但是几乎没有人完全否认该群体存在一定程度的"牟利"动机和行为,不同观点之间的差异大多为"何种角色行动模式占支配性地位"。① 本书认为,村干部在土地流转中可从利益来源和逐利空间两个方面展开分析。村干部由于在公务员体制中缺乏明确的事业空间,由此也使得村干部在行为模式上相对任意、自由,并在一定程度上成为村庄整治和经济资源的"名义控制人"。随着农村税费制度改革,集体经济组织在农村社会中逐渐纯化为宣传口和服务者,乡村两级财政基本上蜕变为依赖财政转移支付才能勉强维持的"吃饭财政"。村委会的日常运转甚至需要依靠上级财政拨付经费才能维持。在这种情况下,村委会干部更像是地方政府在农村的代理人,而非农民集体利益的代理人。② 在财政供养有限的情况下,村干部自然成为资本下乡的支持者,被资本俘获并借此获得远高于集体普通成员收益的个体收益。有学者研究发现,在政府推进型的工商企业"资本下乡"过程中,村庄日益依附于公司,公司替代村庄逐步成为基层治理的社会基础。③ 村委会成员或者村民代表被吸纳进入公司组织管理层,"摇身一变"成为公司的高管,从传统的农

---

① 参见辛允星.村干部的"赢利"空间研究——以鲁西南 X 村为例[J].社会学评论,2016(2):14-26.

② 参见刘恒科.三权分置下农地经营收益分配的法治保障[J].农业经济,2017(8):73-75.

③ 参见焦长权,周飞舟."资本下乡"与村庄的再造[J].中国社会科学,2016(1):100-116,205-206.

民集体利益代言人异化为方便公司对农村土地资源进行整理开发和对农民进行维稳管理的服务提供者。这在当下进行承包地股权化改造的过程中，均是需要予以破解的规制性难题。

综合上述分析，本书认为，权力直接介入农地流转，使得土地经营权流转价格的谈判格局复杂化和多元化。从理论上说，农户和土地经营权人就土地经营权流转价格的讨价还价是一种民事行为，谈判行为直接发生在土地经营权流转主体之间，二者的权利义务得以相对均衡地分配和保障。政府权力介入农地流转之后，形成"地方政府—村干部（村委会或村集体经济组织代表）—农户—土地经营权人"谈判格局，虽然节约了土地经营权人获取土地经营权的谈判成本，但也扭曲了土地经营权的市场价格形成机制。我国立法和政策虽然一直强调农户在农地流转价格确定中的主体地位，但值得注意的是，并未建立完全对应的防范地方基层政府以及村委会组织非法干预农户自主权利的相关制度。

（二）土地经营权交易价格政府干预过程中存在的问题

原则上来说，土地经营权交易价格的市场形成机制决定了政府作用的有限性，更好发挥政府在土地经营权流转价格形成和调节中的作用，需要政府遵循适度干预的原则。但实践中，政府对土地经营权交易价格的不当干预行为普遍，"越位"和"缺位"并存。

1.干预越位：政府不当价格调制行为

第一，政府通过主导土地经营权流转过程，进而对农地流转价格施加不当干预的影响，破坏了市场机制在确定流转交易价格和发现真实交易意愿中的决定性作用。政府主导型农地流转虽然能在较短时间内促成农地的适度规模经营和耕作自然条件的改善,可以使土地经营权交易价格显性化,节约农地流转集中的谈判成本、组织成本。但不足之处就在于会人为地放大需求,致使农地流转面积超出土地经营主体实际能够承受的经营面积和流转规模,扭曲了正常的市场流转机制。实践中存在大量的政府助推"资本下乡"的案例,政府往往通过下乡资本替代其完成一些政府任务或者政府性项目,片面追求流转面积大、企业规模强、带动农户多等表面特征,但这样的发展结果并不能尽如人意,尤其是在企业的资金、管理和组织能力超越了经营规模和土地规模的情况下,就会出现经营者跑路、土地荒芜复耕困难、农户权益无法保障、政府兜底埋单等乱象。

此外,一个值得警惕的现象是,政府不当介入土地经营权交易价格的界定环节,通常会提高农户的议价地位,助推农地租金溢价,反而助长经营主体的"非粮化"甚至"非农化"倾向;而相反的情况在于,压低农地流转价格,加剧经营主体浪费土地、农地资源不合理配置的风险。这是政府"好心办坏事"的一个可能例证。在正常市场条件下,农户和土地经营权人之间,或者土地经营权人相互之间通过自由协商,参照同类农地的地理位置、肥沃程度等自然可耕情况,以及竞争条件、农户家计情况、当地非农就业情况等社会条件,综合确定合理的交易价格。因此,农地流转价格水平是承包农户对土地经营权之于现阶段自身生活来源和就业水平的估计;而对农地规模经营主体而言,则涉及正常经营收益预期和经营风险评判的综合考虑。易言之,土地经营权交易价格是一系列复杂因素复合作用的结果。但是,在政府确定农地交易价格的情况下,通常对于复杂的市场因素和社会因素缺乏理性的预期,政府在有限理性的决策体制下,通常会做出两种选择:一是,可能确定一个高于实际市场价格的交易牌价,将土地承包经营权包含的经营或者使用价值因素以及保障或者社会价值因素,复合于交易价格之中,其实质是由潜在的规模经营主体适度承担政府本应当负担的社会保障职能,这自然会推高土地经营权的交易价格。如此虽然保证了农户的利益,也有利于农地规模经营的快速推进,时间短、见效快,但是却不合理地放大了土地经营权交易的供给量,加重了土地经营权人的潜在风险,也为政府日后兜底埋单预设了伏笔。二是,可能确定一个低于或者相当于实际市场价格的交易牌价,这种规模经营推进路径往往放弃纯粹的利益诱导模式,而是增加了一些政府强制性的色彩,同样可以达到时间短、见效快的特点,但无疑是在维护农地经营者利益的同时,侵蚀了农户的土地权利,而且由于土地获取的低廉性,也为经营者盲目扩大规模、淡化土地成本意识,浪费珍贵的农地资源种下了隐患。

无论是市场宏观调控还是具体的价格调控环节,政府基于其管理职能都只能在市场自主与国家统制的张力中寻找边界条件和临界点。这种适度干预虽然作为原则蕴含于市场经济法治的体系中,但何为适度以及如何适度均是政府干预的难题。① 因此,为了避免干预的随意性或过度干预,政府在土地经营权流转市场价格规制的作用在于完善价格纠错

---

① 参见李昌麒.经济法学[M].北京:法律出版社,2016:55.

功能,而非替代市场。同样的道理也适用于反驳那些支持村集体组织统一组织农地流转和确定交易价格的观点。原因在于,虽然村集体发挥了流转中介和组织协调作用,但其在农地流转中日益成为独立的利益主体,具有强烈的直接参与需求,而村集体过度介入土地流转可能会产生寻租空间扩大、农户利益受损等问题。

第二,政府对于农地流转交易价格的补贴行为,虽然会在一定程度上提高农户的流转收入,降低大规模流转成本,[①]但也有学者提出,目前的土地流转补贴政策没有明显改变农业适度规模经营组织的用地成本,难以在"边际上"发挥对流转意愿的刺激作用,实际上是财政资源的浪费。[②] 根据经营规模的不同,可以将农地流转市场上的土地需求者分为两类:第一类是没达到补贴条件的小规模经营者;第二类是达到补贴条件的大规模经营者。政府提供的农地流转补贴通常偏向于流转面积大、涉及农户数量多,或者国家扶持农业特殊产业的经营项目,一般以经营规模为显性标准。因此,以规模经营主体为补贴对象会增加了小规模农户流入土地的成本,造成对小规模农户的挤压。[③] 而且,以经营大户为补贴对象的政策,毫无疑问会推高农地流转的市场价格。原因在于,农地流转补贴并未使土地经营权流出者——农户得到利益,因此,农户选择在土地经营权流转时,分享土地实际经

---

① 参见李乾.土地流转补贴的对象选择和效率差异分析——一个经济学分析框架[J].农村经济,2017(3):93-98.

② 参见马志远,孟金卓,韩一宾.地方政府土地流转补贴政策反思[J].财政研究,2011(3):11-14.

③ 参见黄祥芳,陈建成,陈训波.地方政府土地流转补贴政策分析及完善措施[J].西北农林科技大学学报:社会科学版,2014(2):1-6.

营者可能获得的政府补贴,或者土地实际经营主体为了获取政府补贴而承诺以补贴中提取一定比例作为农户流转土地的奖励,甚至在有些情况下,农户仍然耕种自己承包的土地,农地未发生实际流转而只是发生名义上的或者账目上的流转,造成虚假的数字"垒大户",此时,农户和名义土地经营权人实际上是在套取国家财政补贴。

2. 干预缺位:政府价格调制行为的缺失

政府对土地经营权流转价格的干预不应以限制或者排斥土地经营权流转市场的正常功能发挥为代价,而是应当在宏观调控和市场规制方面,弥补市场调节的不足。总体而言,土地经营权市场交易价格的形成机制,受到农地流转市场不充分、市场不完全和市场虚拟化的影响,需要政府发挥作用,促进农地流转市场的充分发育;在土地经营权市场交易价格的监管环节,政府作用在于通过信息规制等手段,明确价格监管目标、监管流程、监管重点以及监管手段,保证市场作用的良性发挥。

首先,土地经营权市场交易并未建立交易价格申报制度。可以考虑仿效国有房地产交易市场的监管办法,全面建立土地经营权交易价格申报制度。申报义务人是农地交易的双方主体当事人,申报的事项包括交易面积、用途、区位、计价方式、总价等内容,申报应向政府设立的农地交易信息中心提出,并由其根据交易合同等材料进行登记备案。价格申报是判断交易价格正常与否的基础工作,为类似农地的交易价格积累数据材料,是整个价格监管环节的信息基础。

其次,价格指导制度缺位。价格指导制度通过应用大数据技术分析评价当地的土地经营权交易价格变动规律,制定指导性的基础地价和片区地价,方便当事人在土地经营权交易过程中协商确定交易价格。更重要的是,指导价格可以作为政府对不当低价交易行为和不当高价交易行为进行干预的技术标准。如果当事人交易价格显著低于指导价格的,政府设立的土地经营权交易中心具有优先购买权或者优先收储权;如果当事人交易价格显著高于指导价格的,政府设立的土地经营权交易中心可以向交易关系中的土地经营权受让人发出交易风险提示书,发挥价格提示和风险预警功能。

最后,风险防范机制不完善。农地经营者向农户承担支付土地租金的义务,但是农地经营者的经营绩效受到农产品生产的自然风险、市场风险和经营管理风险的多重影响,需要建立完善土地经营权交易的风险防控机制。2015年6月印发的《农业综合开发推进农业适度规模经营的指导意见》明确了工商企业租赁农户承包地的相关规定,要求加强准入、运行及事后监管。① 实践中,政府监管或者风险防范准备金的设置无疑对农民利益保护和经营权流转合约的正常履行起到保障作用,但这些手段过分依赖于政府的强制性作用和督促机制,风险防范效果不佳。为此,应当在政府的引导和推进下,考虑更富有市场化运作条件和更符合风险防控规律的土地经营权流转合同履约责任保险制度。

①　《关于引导农村土地经营权有序流转发展农业适度规模经营的意见》中提出:"加强对工商企业租赁农户承包地的监管和风险防范。各地对工商企业长时间、大面积租赁农户承包地要有明确的上限控制,建立健全资格审查、项目审核、风险保障金制度。工商企业租赁农户承包地要按面积实行分级备案,严格准入门槛,加强事中事后监管,防止浪费农地资源、损害农民土地权益,防范承包农户因流入方违约或经营不善遭受损失。定期对租赁土地企业的农业经营能力、土地用途和风险防范能力等开展监督检查。"

本章小结

　　本章主要从土地经营权交易主体规制存在的问题、土地经营权交易运行规制存在的问题以及土地经营权价格规制存在的问题三个方面探讨我国土地经营权市场法律规制的既有问题以及未来可能遇到的关键性问题。"问题—主体—机制"的分析框架是公共管理学科研究的经典视角,以现实问题为依据,可以更好地分析当前治理机制的失灵与不足。[①]经检视,土地经营权交易主体规制存在农业经营者准入、工商资本监管方面的问题;土地经营权运行规制存在合同规制、交易风险、规制体制方面的问题;土地经营权价格规制存在干预越位、干预缺位方面的问题。整合发现,土地经营权市场因旧有制度与制度改革并存的特殊时期而存在的问题,是传承经验与创新发展的共性问题,也是土地经营权市场法律规制研究主题下理应重点克服的问题。

---

　　① 参见薛澜,俞晗之.迈向公共管理范式的全球治理——基于"问题—主体—机制"框架的分析[J].中国社会科学,2015(11):77-91.

第三章　土地经营权市场
法律规制的基本原则

法律规则与法律原则都是法的基本构成要素。[①] 法律原则是法律规则内容设计与实施的基本准则。法律规则是法律原则的指导下的建构、实施。法律的价值目标也只有转换为法律原则，才能对法律规则的设计及运行发挥实际指导作用。[②] 土地经营权市场建构过程中，土地制度改革以及城乡二元体制亟待消解的背景下，科学、合理、全面的考量并制定市场规制原则是各个利益主体共同的需求指向。也是"实施区域协调发展战略，加快完善社会主体市场经济体制"的应有之义。正如温舍所提出，市场经济秩序需要进行原则性构筑，且只有前后一致的秩序政策才能更好地避免"重商主义的倒退"。[③]

城乡二元体制形成以来，无论是国有土地还是农民集体所有土地，在土地管理和利用领域都始终存在两对张力：一是社会日益增长的用地需求与土地资源低效配置之间的矛

---

①　参见张文显.法理学[M].北京:法律出版社,2011:60.

②　参见杨青贵.集体土地所有权实现法律机制研究[M].北京:法律出版社,2016:85.

③　参见何梦笔.德国秩序政策理论与实践文集[M].上海:上海人民出版社,2000:20.

盾;二是国家对土地资源的强力管控与人民群众日益增长的地权要求之间的矛盾,这两对张力难以消解,且长期存在。[①]"三权分置"改革中土地经营权市场的构建与规范同样也旨在缓解、消除这两对矛盾。以《农村土地承包法》的修订为契机,在基本定位上形成了严格禁止所有权流转、限制承包经营权流转与放活经营权流转的局面。当然,也正如前文所述,原则是制度目标的集结,农村土地制度改革从来都是综合性的,以社会稳定为根本,农民权益保护为基础。立足于土地经营权市场现状与市场法治的要求,探讨土地经营权市场法律规制过程中应该明确的基本原则。促进经营权流转是"三权分置"实现的目标原则;保障交易安全是土地经营权市场化的基础原则;遵守经济规律是土地经营权本原属性的实现原则;兼顾各方利益是农地产权制度改革的保障性原则;政府适度干预是土地经营权市场规制的手段性原则;公平与效率兼顾是土地经营权市场的均衡发展原则。

一、促进经营权流转原则

(一)促进经营权流转原则的内涵

"经济体制改革必须以完善产权制度和要素市场化配置为重点,实现产权有效激励、要素自由流动、价格反应灵活、竞争公平有序、企业优胜劣汰。"[②]"三权分置"制度亦有志于

---

① 参见宋志红.中国农村土地制度改革研究:思路、难点与制度建设[M].北京:中国人民大学出版社,2017:30.
② 参见习近平.决胜全面建成小康社会　夺取新时代中国特色社会主义伟大胜利——在中国共产党第十九次全国代表大会上的报告[M].北京:人民出版社,2017.

实现土地所有权、承包权、经营权之产权价值的有效释放，而毋庸置疑的是土地经营权的有效流转是盘活市场的关键。①土地经营权流转制度以促进经营权流转为宗旨是应有之义，但仍需强调的是这一原则的实施应贯穿于经营权流转的始终。顾名思义，促进经营权流转原则即是在土地经营权市场构建过程中，以多种形式构建利于经营权流转的市场环境、政策环境及法律环境，以促进经营权流转。新《农村土地承包法》赋予了土地经营权高度流动性，经营权流转成为农地资源市场化配置的基本手段。土地经营权层面的流转可以在多种形式、任何时间且不附任何条件的情况下产生。②从流转范围来看，可以在集体经济组织内部流转，也可向外部的新型经营主体流转。③此外，新《农村土地承包法》还明确了土地经营权人的再流转权利，且承包人和土地经营权受让人还可向金融机构提供融资担保。④

----

① 对此，学界基本形成了共识。如罗必良认为在所有权、承包权、经营权"三权分置"背景下，创新农业经营方式的关键在于盘活土地经营权，且农地产权的细分、农业分工的深化与家庭经营空间的扩展，将是农业经营方式转型的基本方向；胡风认为，土地承包经营分离出土地承包权而形成的这个新权利（土地经营权）具备包括抵押在内的完全处分权能，可以最大限度地剥离土地承包经营权超载、原本属于集体土地所有权的、公法层面的生活保障功能和治理功能。蒋学平等指出，落实"三权分置"的着力点在于放活土地经营权，土地经营权有序流转将有效地发挥土地的资源要素禀赋，实现其财产价值。参见罗必良，胡新艳.农业经营方式转型：已有试验及努力方向[J].农村经济，2016（1）：3-13；胡风.三权分置背景下土地承包经营权的分离与重构[J].西北农林科技大学学报：社会科学版，2017（3）：9-15；蒋学平，刘圣贤，等.农村土地"三权分置"有序实施的若干对策研究[J].安徽农业大学学报：社会科学版，2017（5）：16-21、99.
② 参见新《农村土地承包法》第三十六条之规定。
③ 参见新《农村土地承包法》第四十六条之规定。
④ 参见新《农村土地承包法》第四十七条之规定。

（二）促进经营权流转原则的功能定位

在土地经营权市场法律规制语境下,需要明确促进经营权流转原则与土地经营权市场法律规制的基本关系,这是促进土地经营权流转原则实现的基础,也是土地经营权市场法律规制的保障。首先,规制一词包含了各种各样的产业或非产业的活动,同样也包括了各种各样的法律形式,可分为社会性规制与积极性规制,亦可分为激励性规制与抑制性规制。在土地经营权市场法律规制中,促进经营权流转原则更为直接的表现为激励性规制,即法律制度的生效模式为激励受规制方提高内部效率,以及给予受规制方内外部的正面诱因。当然,还应包括通过制定抑制性规制制度构建良好的交易秩序,以促进经营权有效流转。其次,促进经营权流转原则是土地经营权市场法律规制的最终指向,亦是"三权分置"改革实现的主要方式。土地经营权市场法律规制的过程中,土地经营权流转是"三权分置"改革实现的主要方式,因而规制制度的生成本身应为改革服务,也即意味着需要围绕"促进土地经营权流转"来构建法律规制制度。因此,促进土地经营权流转原则在土地经营权法律规制中属于改革实现的根本性原则、直接性原则,需要对其进行全局性、根本性的贯彻。

（三）促进经营权流转原则的实现

事实上,现行农地流转市场中的流转方式皆可类型化为直接流转与间接流转。直接流转即农户自身掌控和支配农地承包经营权流转,没有其他利益相关者或者中介介入;间接流转即利益相关者或代理人掌控经营权流转权益,是具有委托代理性质的流转。据农业部数据显示,截至 2016 年 6 月,全国农地流转中 30%的农户采取直接流转的方式获得 60%的流转农地;有 270 万新型农业经营主体通过间接流转,获得约 40%的流转土地。① 对此,亦有学者将其分为农民自发型流转、集体推动型流转以及政府牵线型流转,并通过实证数据指出,不同流转方式所产生的流转激励存在差别,因此促进流转所需要的动力程度应有所调适。② 由此,促进经营权流转原则就要求,制度构建既要促进直接流转形式,也要促进间接流转方式,并根据流转方式之不同做制度合理性的调适。针对直接流转形式,促进经营权流转原则应主要体现在农民自行流转时权益的保障以及流转制度规范性的完善上;对于间接流转,因委托代理模式,各“代理人”具有相对平衡的议价能力,促进经营权流转原则就应该注重对基层政府行政权力不当干预流转的防范以及农业规模经营风险的防控上。从流转进程角度看,经营权流转亦可分为首次流转与再流转,此界分在经营权流转制度的构建中更具有实践性和操作性,且体现出三权分置改革“多形式、分类式”的政策

---

① 参见于传岗,张军伟.是否流转分权? 农地有序流转最优机制设计[J].西北农林科技大学学报:社会科学版,2017(4):40-50.

② 如在内蒙古多伦县,农户自发流转的占流转面积的 77.6%,通过存集体流转的占流转面积的 22.4%;山东金乡县农户自发流转的占流转面积的 55.1%,招商引资流转的占流转面积的 29%;江西省大余县,农户自发流转面积 13 076 亩,占77.5%,委托农村流转服务中心流转的,占流转面积的 7.5%,委托村委会流转的占15%。陆剑学者总结道:在经济欠发达地区,土地流转的自发性特点非常明显,但农地通过政府集体、政府等渠道的引导流向专业大户、企业和合作社的情形也日趋普遍。此种流转现状的症结在于,农民自发型流转占重要比例,却存在规范性十分欠缺,农民正当权益得不到保障。参见陆剑.我国农地使用权流转法律制度建构的前提追问与路径规划[J].私法研究,2014(1):125-156.

指向,促进经营权流转原则理应予以覆盖。① 有学者指出,实践中首次流转具有较高的成功率,促进经营权流转原则应倾向于再流转。② "放活经营权"意味着经营权将以更加灵活、更具独立性的姿态进入市场,会随着经营方、流转方、外部市场等因素变化而变化。放活经营权的长期发展,需要对再流转的促进给予更多制度供给。整体而论:首次流转环节,应注重承包人利益保护的基础上规范"隐形流转"模式,避免"一刀切"式的否认,以具体的促进流转制度规范首次流转。此外,进一步消除人为干涉流转,对一般流转主体性质、区域、流转方式等取消前置条件设置,不干涉村民自由流转等;于再流转环节,应重点结合当前推进的土地确权颁证工作,将促进流转环节作为确权颁证的制度目标。在全面核查、据实确认、依法登记、完善档案的确权颁证基础之上针对性的创设再流转制度,体现市场经济交易预期明判、交易行为自

---

① "三权分置"政策下土地经营权市场构建是"多种形式""分类式"的,可体现在如下政策规定中:中共中央办公厅、国务院办公厅印发的《关于完善农村土地所有权承包权经营权分置办法的意见》指出:"完善'三权分置'办法,不断探索农村土地集体所有制的有效实现形式,落实集体所有权,稳定农户承包权,放活土地经营权,充分发挥'三权'的各自功能和整体效用,形成层次分明、结构合理、平等保护的格局。提供通过流转合同鉴定、交易鉴证等多种方式对土地经营权予以确认,促进土地经营权功能更好实现。"中共中央办公厅、国务院办公厅印发的《关于引导农村土地经营权有序流转发展农业适度规模经营的意见》指出:"积极培育新型经营主体,发展多种形式的适度规模经营。制定流转市场运行规范,加快发展多种形式的土地经营权流转市场。以家庭承包经营为基础,推进家庭经营、集体经营、合作经营、企业经营等多种经营方式共同发展。坚持从实际出发,加强调查研究,搞好分类指导。"中共中央、国务院发布的《关于加大改革创新力度加快农业现代化建设的若干意见》指出:"创新土地流转和规模经营方式,积极发展多种形式规模经营,提高农民组织化程度。"

② 参见靳书东:"详解农村土地三权分置改革中的若干关键问题",新三农微信公众号,2017年7月2日。

由的契约精神。如依托地理信息、航拍等技术手段,明确土地自然要素、社会经济因素,完善土地基础信息大数据,构建促进再流转的技术体系、制度体系。[①]

二、保障交易安全原则

(一)保障交易安全原则的内涵

1.概念阐释

交易安全一直被私法视为至为神圣的法理念,其频繁地出现在民法、物权法的基本原则和重要制度之中:如民法善意取得制度、物权法定及公示公信原则等。[②] 尽管如此,法学界对交易安全的定义仍莫衷一是:郑玉波认为交易安全是与财产静态安全相对应的动态安全。[③] 孙鹏则提出交易安全应从多个方面去理解:其一,交易行为本身之安全;其二,交易安全为与静的安全相对应的动的安全;其三,交易安全实质上是对交易中善意无过失者之保护。[④] 近些年来,学界对交易安全概念或交易安全价值达成了基本共识,并逐渐转向交易安全原则于具体原则和具体制度中适用的合理性分析。如赖丽华认为,物权行为和善意取得以各自不同的机制保护

---

① 如对确权地块方位信息直接用经纬标注,调整地块时可以直接通过经纬度移动调整地块面积和相应权属利益对应关系,以大数据修正替代人力、物力实体测量、变更,且不必变革实际经营主体,影响实际经营活动。

② 参见张淞纶.关于"交易安全理论":批判、反思与扬弃[J].法学评论,2014(4):104-111.

③ 参见郑玉波.民法总则[M].北京:中国政法大学出版社,2003:153.

④ 参见孙鹏.交易安全及其民商法保护论略[J].法律科学,1995(5):20-25.

了交易安全,物权行为以其无因性原则,保护第三人利益,具有保障无偿取得者正当利益和维护债权人权益的善意取得所不具有的机能,善意取得制度以弥补无权处分行为保护交易安全,二者各有所长。[1] 周华谈到,《合同法》的规则设计权衡失当,重于使未成年人免于承担交易风险和免受损害,却忽视了其缔约自主权,对成年相对方的利益保护缺位则给市场交易秩序埋下了安全隐患,对未成年一方的交易保护应更加细化、法定化,并兼顾缔约自由。[2] 此外,有学者提出,交易安全所指向的仅仅是一个抽象性标准,至少在传统语境中,交易安全本身是不具有确定性的模糊概念,难以为物权变动理论提供清晰有效的依据和指引。[3] 张淞纶进一步提出交易安全理论知识促进市场交易的手段,其不是物权法的核心价值和基本原则。可见,交易安全原则从概念拟订到功能实现,从基本共识到具体制度,一直为民商法学界讨论的焦点。此时,"三权分置"改革蓬勃开展,土地要素市场逐渐放开,土地流转将呈现出更多主体、更大标的、更大跨度、更多经营的多样化、现代化流转。对此,交易安全原则应贯穿土地流转的每个环节之中,一是对农业弱质性发育的保护,二是对市场构建初级阶段多风险的有效防范。我们认为,应将交易安全价值原则结构化为公正、经济与秩序,并试图从上述维度构造土地经营权市场之交易安全原则。

---

① 参见赖丽华.物权行为与善意取得保障交易安全机能之分析与比较[J].河北法学,2005(2):107-111.

② 参见周华.未成年人订立合同之效力限定——保障弱者权益与维护交易安全间的衡平[J].天中学刊,2017(2):36-41.

③ 参见刘经靖."交易安全"影响物权变动模式的原理与谱系——以"流通频率"变量为线索的展开[J].法学论坛,2017(2):46-55.

2.价值分析

第一,公正。交易安全之公正体现为其保护利益的衡平性和道德上的正义性,如以交易安全理论为制度渊源所设立的形式主义物权变动模式对利益衡平性的保护以及善意第三人制度对道德正义性的维护。交易安全以交易双方利益为基础,贯穿于交易程式的执行和实施中,成为交易预判的逻辑基础,使交易双方有所收获。同时,交易安全的公正性还维护了静态安全交易人的利益,避免交易人善意无过失之行为,实乃合乎法律之公正精神。

第二,经济(效益)。信息分布的不均衡性及价值性增强了市场交易的风险属性,交易人进行交易行为前须详细调查交易事项相关信息,以尽可能实现有效交易。尽管传统民商法对这些问题也在做出调适,但囿于其意思自治、主体平等原则的束缚,已逐渐显得力不从心。经济法通过非信息工具和信息工具同样对信息不对称问题进行了全面、系统的规制。[1] 然这种信息成本是客观的、有成本的,不可能实现公共性。由此,交易人欲进行交易必须承担或大或小的信息不充分、不准确的风险,且从交易人角度而论,属于无效成本,由此也削弱了交易人的交易热情和信心。交易安全原则的贯彻与执行可以有效地降低交易人信息成本,即信息的部分缺失不影响交易行为和交易结果,提供了市场交易信息,因此具有经济意义。

第三,秩序。经济秩序历来被认为是满足人类共同利益、社会公平及个性自由发挥等愿望的很好工具,且真正世

---

[1]　参见邢会强.走向规则的经济法原理[M].北京:法律出版社,2015:61.

界观眼中的经济秩序可以保证"尽快的建设、良好的供给、社会公平和人们的自由"。^① 就秩序与交易安全的关系而论,可以从个体交易安全的纵向发展与横向发展来思考。纵向来看,个体交易的安全有效是正当秩序的应然之义,这种交易的安全实现可以引发重复(多次)交易、后续交易、相关交易,并以纵向的经济秩序转化为经济效益。横向来看,"若干个交易行为的聚合可以渐次的形成局部交易、行业交易乃至整个社会交易,而整个社会交易是社会生产的一个链条,其纵横两方面聚合的安全必决定本链条的安全运作,从而建立起生产和交换秩序,使生产和交换摆脱偶然性和任意性而取得稳定性和连续性。由此,交易安全不仅具有了满足个体需要之价值,而且具有维护整个社会经济秩序之价值是社会公共安全,从而交易安全具有了强烈的社会意义"^②。

公正、经济、秩序之价值组合完整构成了交易安全的价值结构,这些价值有机结合,在彼此平行的方向上决定了交易安全原则之于市场经济、经济制度改革的重要价值。交易安全不是抽象的指标,而是因人而异的风险判断:每个人对交易安全的预期、保护方式以及愿意花费的成本都不一样。

(二)保障交易安全原则的功能定位

"三权分置"政策下土地经营权的独立性运行需要在明确其物权属性的基础上展开,这种物权设定虽仍有争议,但

---

① 参见何梦笔.德国秩序政策理论与实践文集[M].上海:上海人民出版社,2000:3.
② 参见孙鹏.交易安全及其民商法保护论略[J].法律科学,1995(5):20-25.

随着"三权分置"改革的进行,这种争议也逐渐消弭,并开始呈现出在经营权物权化既定的思路下探讨具体的制度展开问题。于法学领域而言,"物权说"与"债权说"是两大主流观点。持"物权说"的学者主要对经营权的归属层级和内容进行了深入探讨。有学者主张根据"三权分置"政策来对《物权法》相关条款进行设计,明确规定土地承包经营权分为土地承包权和土地经营权,承包权主要继受土地承包经营权身份属性,为承包经营权基础性地位,经营权主要继受承包经营权经营权能,起补充作用;[①]有学者从"一物一权"原则的破解出发,提出了"次级用益物权",即认为经营权实质上为用益物权土地承包经营权下设之次级用益物权。[②] 且对此仍然存在不同角度的思考:权利用益物权说认为应当适当放宽用益物权的客体范围,可将特定权利纳入用益物权的客体范围,遂可创设以土地承包经营权为客体的权利用益物权——经营权;次级土地承包经营权说认为经营权实际就是既有承包经营权的具体化,配合现行法制,是基于土地承包经营权产生的一种具有抵押功能的用益物权。[③] 因此,学术研究的理论破解与政策选择的既定方向已使得土地经营权物权性质的讨论盖棺定论,由此,物权性质的经营权以何种形式来进入市场并维护交易安全理应具有明确的思路。

---

① 参见李国强.论农地流转中"三权分置"的法律关系[J].法律科学,2015(6):179-188.

② 参见孙宪忠.推行农村土地"三权分置"需要解决的法律认识问题[J].行政管理改革,2016(2):21-25;蔡立东,姜楠.承包权与经营权分置的法构造[J].法学研究,2015(3):31-46;朱广新.土地承包权与经营权分离的政策意蕴与法制完善[J].法学,2015(11):88-100.

③ 参见韩学平."三权分置"下农村土地经营权有效实现的物权逻辑[J].社会科学辑刊,2016(5):58-65.

罗马法对物权变动奉行严格的形式主义模式,其被视为履行外在形式的附属结果,而非取决于买卖人意思。如今而言,这种思想虽有所淡化,但其物权变动的形式思维却延续至今并功不可没。商品经济的快速发展促使当政者对交易安全的关注,且将这一义务加诸物权变动。基于"形式"要义,物权变动所指交易安全是与静之安全相对应的动之安全。静的安全在于对抗所有物的"排他"侵犯,法律中在保护利益之享有,亦可谓"享有安全"或"所有安全"。动的安全指主体依自身行为对新利益的取得,法律对该行为加入确认和保护,不使其归于无效,可谓安全之义,此也是物权变动所旨在保护的交易安全。① 形式主义的物权变动模式要求物权变动的事实必须为公众所知,否则物权变动效力归于无效。通过此种方式以确认当事人的权利,构建稳定、公开的市场交易秩序,同时还保护了第三者的利益,是社会整体效益的体现。对此,有学者质疑:物权变动与交易安全无必然联系;意思自治仍然是民法的灵魂;物权变动与交易安全是两个层面的问题,前者只涉及交易的当事人,而后者则涉及交易的当事人和不特定的一个或数个第三人。物权变动与交易安全本质上隶属于不同角度的价值位阶,前者倾向于工具形式主义,后者更贴近市场本位价值。法律之设定应审慎考量各自的价值博弈系统,基于特殊性调整不同的规则设置,避免将交易安全的价值取向任意扩大化适用。②

承上,土地经营权作为物权理应得以法定,其生成是具

---

① 参见郑玉波.民商法问题研究[M].台北:三民书局,1980:39.
② 参见于宏伟.物权变动模式之选择与交易安全[J].法律科学,2005(6):62-65.

有要式行为的物权变动。然而土地经营权物权变动模式原则上虽应遵循物权变动基本设定模式,但其物权的实现方式不应要式绝对化,这是基于当前土地经营权所有、所用的现状所决定的。当前全面铺开的土地登记、造册工作虽然为土地经营权物权化做了铺垫和基础性工作,但这并不能取代土地制度改革需要渐进的特征和过程。土地经营权物权化的过程需要支付登记公示的成本,因而并非所有的变动模式均适用,制度设计应满足不同层次的需要。因此,欲实现"三权分置"改革目标和交易安全,理应做到在权利设定时的登记公示效力,确认土地经营权物权效力,加强对土地实际经营权的物权保护,稳定土地经营关系,促进农业规模经营。而并非"一刀切"适用于原有土地承包经营权,造成大量的改革成本。由此,既能避免土地所有权、土地承包权对土地经营权的干扰甚至侵害,还能防止土地经营权者以土地经营权进行多头融资,从而维护土地经营权市场交易安全。

(三)保障交易安全原则的实现

法治秩序是自由和权利正当行使的保障,离开了法治秩序,财产权利将处于危险之中。"三权分置"制度下土地经营权的塑造和市场化是对土地支配权、土地交换价值的实质性实现,强化了农民的支配权和交换价值的获得。在这个制度变更和生成的过程中,利益矛盾可能凸显,固化的社会格局可能打破,甚至农民群体赖以生存的方式也将发生变化。制度变革理应是渐进性的,但必须是法制化的。法制化制度、法制化秩序是行为有序和理性的保障,也是社会福利增加的保障。如果法治废弛,市场就会失去正常交易秩序,社会稳定也将遭受威胁。表现在土地经营权市场构建中,就是市场准入随意、无标准,交易行为混乱、无秩序,交易契约性、公平性、市场性等遭受侵害,弱势群体权益得不到有效保护。为此,政府应该承担相应的责任,制度改革应有理有据,循序渐进,并通过修法明确"三权分置"的具体实现路径,加强农民宣传教育。通过普法、用法,使"三权分置"改革的真正实效反哺到农民群体,提醒农民理性处分经营权,对土地经营权流转的市场风险加以揭示。建立经营权流转后续处理程序,如土地仲裁,基层政府调解等,本着公正、高效的原则处理土地经营权交易纠纷。加强农村地区治安和法治建设,打击可能出现的黑恶势力插手土地承包经营权交易,严肃吏治,严防地方政府和不法商人勾结采用损害农民利益的方式"下乡囤地"等。[①]

三、遵守经济规律原则

(一)遵守经济规律原则的内涵

党的十八大报告指出:"深化改革是加快转变经济发展方式的关键。经济体制改革的核心问题是处理好政府和市场的关系,必须更加尊重市场规律,更好发挥政府作用。"十九大再次重申:"使市场在资源配置中起决定性作用,更好发挥政府作用。"十八届三中全会以来,市场定位实现了从基础性作用到决定性作用的转变,也就意味着政府"守夜人"角色

---

① 参见王金堂.土地承包经营权制度的困局与解破[M].北京:法律出版社,2013:326.

的淡化与服务型政府的回归。遵守经济规律原则在任何一个时代都是真理,于中国当下经济体制改革而言,其更被赋予了深刻的时代特征和中国内涵。"三权分置"背景下,土地经营权市场的构建是经营权实现放活的主场域,虽然强制性制度变迁主导了中国数百年的土地制度改革,然"三权分置"的改革推手和动力依然来自经济规律,正如《三权分置意见》所指出:"'三权分置'是农村基本经营制度的自我完善,符合生产关系适应生产力发展的客观规律,展现了农村基本经营制度的持久活力。"①"遵守土地的经济规律就是在土地开发利用中,依据土地的社会经济属性科学合理配置土地资源,提高其开放利用的社会生产力和经济效益。"②土地经营权市场制度的构建过程中,遵守经济规律原则是经营权本原属性"淡化所有、强调利用"之释放,即是对土地要素价值实现市场化配置。

(二)遵守经济规律原则的功能定位

艾哈德指出:"在实现经济效率和社会公平分配的可能性方面,没有任何一个经济制度可以与市场经济规律相媲美。"当然,基于土地社会公共资源特性、土地制度变迁以及中国特殊国情的考量,对土地所有权的管控依然是社会稳定之根本。但这并非排斥对土地资源或具化为土地经营权的市场性配置。长期以来,更多的依赖行政管制和计划手段来配置土地资源并防范土地资源的浪费,无视经济规律的基础

---

① 参见《关于完善农村土地所有权承包权经营权分置办法的意见》。
② 参见曹振良.改革和完善中国土地制度论纲[J].南开经济研究,1994(1):48-58.

上进行政府主导的土地资源配置,造成了土地资源配置总体低效,土地城镇化快于人口城镇化。① 因此,转向遵守经济规律的土地制度改革是新发展理念的体现,也是大势所趋。土地经营权市场规制的制度创设更应是在遵守经济规律原则基础之上所为,这是由"三权分置"制度的价值目标和实践逻辑所决定的。"中央之所以要提出土地承包经营权流转机制的改革,其基本缘由是现有的土地承包经营权流转机制已经不适应生产力的进一步释放。"②对此,遵守经济规律的原则就要求土地经营权制度构建过程中,尊重经营权市场价值,保障经营权主体正当权益,构建科学的经营权流转机制,并在经营权实现的过程中以经济规律为导向创新经营、协调经营、绿色经营、开放经营。

(三)遵守经济规律原则的实现

社会科学理论尤其应在实践中形成,在实践中提出,根植于生动的社会生活。理论研究的实践逻辑强调实践性,既是出发点和最终指向,也是理论的检验标准。土地经营权法律规制的实践逻辑是法权定性与功能定位的逻辑展开,这一制度设计除了从学科、体系和逻辑等角度对不同价值取向、发展规律分析外,更重要的是通过实践去知晓理论回应的正确性。③ 经营权的物权化是实践的需要,也是制度生效的权

---

① 参见宋志红.中国农村土地制度改革研究:思路、难点与制度建设[M].北京:中国人民大学出版社,2017:34.

② 参见陶钟太郎、杨遂全.农村土地经营权认知与物权塑造——从既有法制到未来立法[J].南京农业大学学报:社会科学版,2015(2):73-79,127.

③ 参见耿卓.农地三权分置改革中土地经营权的法理反思与制度回应[J].法学家,2017(5):13-24、175.

利基础,也是遵守经济规律的体现。① 这一实践逻辑要求制度改革遵守经济规律,进而,制度的展开和深化才是遵守经济规律的结果和价值反馈。

此外,遵守经济规律原则,实现土地资源的市场化配置还需要正确处理用途管制与市场配置的关系。对土地实行用途管制是任何一个国家包括土地私有制国家都必须坚持的原则,其核心体现是实现耕地特殊保护和新增建设用地总量控制。这种管制虽然是对土地权利的重大限制,但其具有社会公益性和正当性:旨在确保国家粮食安全、发挥土地生态功能、实施主体功能区战略、平衡用地结构和布局、引导产业结构调整等。这种良性管制不排斥对土地资源的市场配置,相反,恰恰需要经济规律来中和管制所赋予资源要素的价值实现,二者在很大程度上共同推进土地资源集约、节约利用和高效配置,实现"严管"下的"活用"。②

已有学者深刻揭示了土地经营权规制中政府干预与遵守经济规律的本质,"农地市场的建设中,政府的作用在市场化的发展语境下只是表面的主线,实际的主线仍然是市场化内涵的规则作用",即遵守经济规律原则基础上坚持市场资源配置作用。③

---

① 参见孙宪忠.推进农地三权分置经营模式的立法研究[J].中国社会科学,2016(7):145-163,208-209.

② 参见宋志红.中国农村土地制度改革研究:思路、难点与制度建设[M].北京:中国人民大学出版社,2017:35.

③ 参见李宁、陈利根,孙佑海.推动农地产权市场化改革需要考虑多重社会转型[J].江苏社会科学,2015(1):69-79.

四、兼顾各方利益原则

（一）兼顾各方利益原则的内涵

马克思指出："人们奋斗所争取的一切，都同他们的利益有关。人们从事物质生产活动，是为了获取物质利益；人们的社会结合，是为了取得共同的利益。"①利益激发了个体在社会经济生活中的自立意识、竞争意识、效率意识以及创新意识，然这种利益驱使亦可能导向极端的个人利益至上。且伴随着社会主义市场经济体制改革的不断深入和完善，必须变革与之利益格局变化不相适应的道德原则，而兼顾各方利益原则作为传统道德原则的补充，于新的利益格局条件下意义重大。② 兼顾各方利益原则作为一种制度改革准则和道德原则，它要求无论是公法行为抑或是私法行为均应不能片面地追求自身利益，而应合理兼顾"利益相关者"利益，以实现和增进"社会综合利益"为目标。改革开放伊始，邓小平就提出："必须按照统筹兼顾原则来调节各种利益关系。如果相反，违反集体利益而追求个人利益，违反整体利益而追求局部利益，违反长远利益而追求暂时利益，结果势必两头都受损失。"③经济法是适应生产社会化及其引起的社会经济调节

---

① 参见[德]马克思，[德]恩格斯著，中共中央马克思恩格斯列宁斯大林著作编译局译.马克思恩格斯全集:第 1 卷[M].北京:人民出版社,1956:82.

② 参见王正平,刘玉.利益兼顾:构建社会主义和谐社会的根本道德原则[J].上海师范大学学报:哲学社会科学版,2010(5):5-15.

③ 吴惠之.经济转型与利益的兼顾——学习邓小平"三兼顾"利益原则体会[J].江西社会科学,1996(6):1-6.

机制和国家经济调节职能的需要而产生的,它以维护和促进社会公共性、全局性的利益为己任。经济转型期对利益兼顾原则的贯彻,即是在社会治理和改革中作全局性、平衡性、周延性的渐进性改革,以有效防范改革进程中不必要的衍生性问题。

(二)兼顾各方利益原则的功能定位

"三权分置"改革背景下,各方利益的兼顾同样是原则和基础。这种利益兼顾需要从不同生产关系的内在关系属性上来判断。其中,"主体"经济的判断是关键,其决定了经济关系和利益关系。从生成路径来看,土地经营权派生于土地承包经营权,具有社会保障性特征。从土地经营权改革定位来看,释放土地经营权流转价值,构建土地经营权流转市场,是以价值规律为基础的市场行为。前者强调农村社会的稳定及改革成果的分享,后者强调竞争机制以及资源的优化配置。因此,就决定了土地流转的"主体"内核并非完全的市场化,需要在改革中兼顾各方利益,并起到平衡利益关系和实现实质公平的功能。

(三)兼顾各方利益原则的实现

其一,集体所有权坚守下的利益兼顾。"三权分置"改革以来,中央政策层面可以解读出分置的三种路径:第一,坚持集体所有权不变,将土地承包经营权分拆为承包权和经营权;第二,坚持集体所有权不变,在土地流转中由农户承包经营权派生出土地经营权;第三,肯定集体所有权是农户承包权的前提,将原承包经营权变更为经营权。虽然法学界多以上述路径属于经济学产权权能分离思维,不符合权利生成的法学逻辑为诟病,但对于集体所有权性质的坚守始终是共识。"在农村土地制度改革中坚持土地集体所有权,要求农村土地制度的具体改革措施必须符合集体所有权的本质,不得改变集体所有权的性质。所有权反映和实现私有制还是公有制,是由一定的社会政治原则决定的。农民集体土地所有权是社会主义性质的所有权制度。"①因此,土地经营权市场构建过程中,兼顾各方利益,势必是集体所有权基础上的兼顾,利益的兼顾与平衡不得侵犯集体所有权性质。

其二,利益相关者周延性下的利益兼顾。制度改革中对利益相关者的周延性考量本是理想状态,改革的外部性及深化影响更是难以精准评估。因此,土地经营权市场法律规制理应尽可能地兼顾各方利益,充分识别利益相关者群体,在利益相关者周延情况下去兼顾利益。毋庸置疑,最大的利益相关者是农民群体。土地经营权流转过程中,承包经营权的初始流转源于农户,虽然将经营权流转定位在土地利用的多元化之上,且承包权得以保留、稳定。然经营权市场化改革中,农民权利意识、法律素养较为淡薄,制度设计上应予以着重关注。

其三,平衡理念下的利益兼顾。十九大报告指出,人民日益增长的美好生活需要和不平衡不充分的发展之间的矛盾是新时代我国社会的主要矛盾。土地经营权价值的释放途径是通过引入社会资本,将具有交易价值的土地经营权"商品化"、市场化。由此,通过市场竞争机制促使土地经营权应有价值实现。然而,在此过程中,农户、新型农业经营权

---

① 参见韩松.坚持农村土地集体所有权[J].法学家,2014(2):36-41.

主体、金融机构甚至基层政府均会出现利益分享的均衡性问题。平衡理念下的利益兼顾就是要在制度改革中解决好这种不平衡不充分矛盾,进一步实现利益相关者实质公平。

五、政府适度干预原则

(一)政府适度干预原则的内涵

国家干预本是一种客观存在,然如何干预又存在某种主观色彩。以经济发展为视角,政府干预是对市场的一种介入,经济法学界通常还认为是社会经济生活。[①] 因此,市场与政府的相对性是政府干预存在的一种基础。就农村土地产权制度而言,土地流转市场本身是具有国家管控性的,这种管控性(干预性)体现出直接、强制的特征,如对产权的限定、对交易方式的限定、对用途的限定等。不能否定,这种直接干预的模式对社会主义初级阶段的经济做出了不可磨灭的贡献。然市场经济总归是市场性的,理应是市场决定资源配置,且直接的、过度的干预模式对经济的阻碍也得到了印证。无论如何,国家的适度干预是必需的,不可能从过度干预走向自由放任,即从一个极端走向另一个极端。[②] 因此,政府适度干预原则正是基于行业管控特征背景下提出,一是对既有

---

① 国家干预是世界各国克服市场失灵问题的通用手段,这种干预职能一般由比国家更为具体的政府主体代表实施,主要包含负有经济管理职权和职责的政府职能部门,因此,西方国家所谓的"国家干预"与"政府干预"几乎是等同概念,本书对此亦不作区分。
② 参见王宏军.经济法国家适度干预原则的经济学分析[J].法学杂志,2005(3):120-122.

干预路径的适度调适,二是强调政府干预的必要性。

(二)政府适度干预原则的功能定位

政府干预的实践效果体现为"过多干预""过少干预"以及"适度干预"三种表现形态。我国实践中经历了上述几种形态,且整体上仍然没有走出"过多干预"的轨迹。[①] 在土地经营权市场法律规制中,将政府适度干预原则作为基本原则具有以下两个基本功能:其一,彰显土地经营权市场法律规制的本质属性。土地经营权是一种生成性财产权利,土地经营权市场即是人为的构造型市场,这与自发的、剩余产品集结的交换市场存有差别,即这个市场本身即是在"干预"之下而形成,这也就决定了本市场中干预与自由交易是客观并存的,二者缺一不可。无政府"干预"即无交换产品,无自由交易即无市场。其二,政府适度干预原则很大程度上是对"过少"抑或是"过多"的修正,在农地产权市场中,应更为体现在对"过多"干预的修正。此外,虽然当前土地经营权流转多为政府或"第三方"中介组织介入而完成,但"三权分置"改革深化下,承包农户、土地经营权人将更为自主的用益自身权利参与到相关市场中。这也就要求,政府只能适度干预,以回归土地经营权市场的市场属性。当然,这种适度标准的把握是此原则有效执行的核心,众多研究中的主流观点倾向于采用"正当性"与"谨慎性"两个层面来把握。以此为基础,在土地经营权市场法律规制中政府适度干预的原则同样需要考量到诸多因素:其一,干预的界限。土地经营权市场中,

---

① 参见李昌麒.经济法学[M].北京:法律出版社,2016:55.

土地经营权人具有合理用益自身经营权的权利,应避免出现以行政权力干涉流转的现象。其二,干预的对象。从土地经营权市场主体的类型来看,土地经营权人、承包农户、集体经济组织、中介机构及政府均可参与进来。由此,政府干预过程中应把握干预对象的特殊性和市场地位,注意保护弱势农户的利益。其三,干预的方式。从适度干预的角度而言,干预方式理应倾向于指导性工具,辅以整体的宏观调控措施,避免行政权力过度介入市场,诱发权力寻租。

(三)政府适度干预原则的实现

1.适度性干预

政府适度干预原则是具有经济法本质特征的原则,是国家在经济自主和国家统制的边界条件或者临界点上所作的一种介入状态。政府干预是伴随国家的产生而产生的,其在不同历史发展阶段具有不同的表现形式和实质内涵。以干预程度为界分,包括了过多干预、过少干预以及适度干预。不言而喻,适度干预是政府干预的理想状态,也是国家法制化的完美呈现。对此,学界莫衷一是:李昌麒主张从干预的正当性与谨慎性两个层面来把握并指出,干预的正当性在于强调干预法定,干预的谨慎性强调合理性,着重于将市场之手与国家之手有机结合。[①] 丁长清认为,国家适度干预的要点应包括国家干预与市场有机结合、方向正确、范围合适、方式恰当、时机合适。[②] 王宏军提出,适度干预原则是经济法的

---

① 参见李昌麒.经济法学[M].北京:法律出版社,2016:55.
② 参见丁长清.中国历史上政府干预市场问题的考察[J].南开学报,2001(4):90-96.

第一大原则,并认为"要真正实现适度干预,我国当前的问题是如何合理地减少干预"。① 可见,学界对适度干预原则并没有形成一致的意见,但究其根本,均是基于对干预限度的把握和控制以寻找政府干预与市场合理边界与临界点。本书认为,干预适度的实现应立足于客观与主观两个方面的实现:客观上,政府干预的正当性应首先得到国家党政方针的认可,且干预的方法与范围应通过法律的授予和确定,避免干预随意及行政权力的滥用;主观上,国家应授予干预主体在特定情况下的自由裁量权,设定干预行为的限度,并以行政责任的方式对这种自由加以约束。

2.必要性干预

经济法学界对国家干预理论贡献了诸多智识,并从多个角度对其必要性、正当性展开了研究。一般认为,市场失灵是政府干预的正当性来源,需要政府对经济运行适当干预,从而弥补市场缺陷,达到资源配置的最优。这种论证可追溯到 20 世纪 30 年代的凯恩斯国家干预思想,亦可直接体现为当代法制文本之中。② 整体而论,当前处于过多干预向适度干预的转变的中后期阶段,且这种阶段性特征因行业发育程度不一同样呈现出干预程度之差别。于农业领域而言,国家

---

① 参见王宏军.经济法国家适度干预原则的经济学分析[J].法学杂志,2005(3):120-122.

② 如甘强教授通过对经济法的法律文本梳理发现,这些立法遵循了国家干预的内在逻辑,在干预主体、干预目标、干预方法、干预边界以及干预责任等方面具有相当数量的法律规定,这些法律规定证实了国家干预经济的基本法律形式,且这种国家干预是一种客观存在的事实。参见甘强.经济法中的国家干预——基于法律文本的实证考察[J].现代法学,2013(5):68-75.

干预被视为推动农业转型的重要力量。① 如赵阳指出,"近两三年土地流转加速的主要原因之一便是地方政府的行政推动"。② 且这种论断得到了近些年土地流转现状的证实:"2006年土地耕地流转面积只占家庭承包耕地总面积的4.57%,这一比例到2008年为8.6%,2011年上升到17.8%,2013年6月为23.9%,到2014年6月底快速上升到28.8%"。③ 农业产业具有弱质性、生态性的本质特征,这种特征决定了农业经营具有较高的风险和不稳定性,因此也需要国家干预形式的风险防控和社会保障。土地经营权市场化过程中,农民市场化认知程度低,风险意识弱,农业企业、规模经营主体又往往成为国家政策的接应方和善用主体,因此需要国家以社会公平为导向对农民加以保护。此外,现行土地管理体制下,土地市场供求结构失衡,农民主体并未分享到农地市场化的增值收益,此种缺乏共享性、可持续性、精准性的收益分配机制,提升了其他市场主体产权掠夺能力的同时,造成了农民群体无法分享改革发展成果。在此过程中,国家是政策的制定者和直接执行者,理应在制度构建的过程中充分考量农民群体的合法权益,"以公平与效率为准则,构建兼顾国家、集体、个人的农村土地增值收益分配机制,通过利益调整、法律重构、产权变革和政府执行等来优化农村土地增值收益分配机制,不断提高农村土地增值收益分配机制的效率和公平性,兼顾每个利益相关者的利益,尤其是要大大提高农

---

① SEE PINCUS, JONATHAN. Approaches to the Political Economy of Agrarian Change in Java[J].Journal of Contem poraryAsia,1990,20(1):3-40.

② 参见赵阳.城镇化背景下的农地产权制度及其相关问题[J].经济社会体制比较,2011(2):20-25.

③ 参见龚为纲,张谦.国家干预与农业转型[J].开放时代,2016(5):57-75,77.

民在农村土地增值收益分配格局中的地位,维护好农民的土地利益,最终实现农村土地增值收益分配的利益平衡"。①

六、公平与效率兼顾原则

(一)公平与效率兼顾原则的内涵

从古至今,人们对公平与效率这一永恒主题的讨论和探讨就从未停止过。"某些关于正义和法律之性质的观念和思想都是在世界上所有民族和国家的历史发展的早期形成的,虽然这些观念和思想的内容和表述不是完全一致。"②譬如,在浩如烟海的论述中,有关正义和社会秩序的古希腊哲学理论被认为是法律的起源。③ 由此,人们探求公平的历史更为悠久,且先于法律、规则的探索。对效率的诉求则是生产力发展到特定阶段才开始的,其源于古典经济学的关注和解析。此后,公平与效率的价值诉求之内在张力得到了前所未有的彰显,也使得二者之争论成为跨越学科和时空的永恒主题。④ 资产阶级和无产阶级的对立使这种冲突成为社会的主要问题,为此寻求协调公平与效率成为当时一项重大的历史课题。⑤ 经历了效率优先、兼顾公平的时代之后,公平问题在

---

① 参见刘元胜,胡岳岷.农民权益:农村土地增值收益分配的根本问题[J].财经科学,2017(7):40-49.

② 参见[美]博登海默.法理学:法律哲学与法律方法[M].邓正来,译.北京:中国政法大学出版社,2004:3.

③ 参见[美]罗斯科·庞德.法理学[M].邓正来,译.北京:中国政法大学出版社,2004:26.

④ 参见杨昊.农地流转的法经济学分析[D].太原:山西财经大学,2010:68.

⑤ 参见强世功.法理学视野中的公平与效率[J].中国法学,1994(4):44-52.

新的社会矛盾确立之后应被置于更为重要的位置,这是美好生活实现的重要评估因素。土地经营权市场法律规制语境下,公平与效率兼顾原则理应是保障市场主体自由之下对市场弱势群体的倾斜性制度保护,当然,这一切是建立在一套严格而完整的法律体系之下。基本方式是通过确定市场主体的权利、义务和责任。易言之,效率问题更多依赖市场机制,公平问题更多倚重制度保障。

(二)公平与效率兼顾原则的功能定位

土地承包经营权制度试图通过集体内平均分配土地承包经营权实现公平,但这种公平是相对的,阶段性的,且实现公平的手段与效率实现的方式存在抵牾。如通过集体经济组织内部分配实现平等,就忽略了不同集体经济组织内部所承包的土地存在自然环境、经济价值的差别。希望通过稳定承包经营权获得过程的效率(承包期内),忽视了土地均分承包是以产权不清晰为前提条件,此种以破坏产权排他性为代价的公平实现方式就与通过清晰界定产权、增强排他性来实现效率相冲突。"通过农地的均分承包来实现对农民的生存保障,不仅效率的损失不可避免,而且对农民而言也是非常不公平的。走出这一困境的出路是建立农村社会保障体制,免除农村土地的社会保障功能,让农地恢复作为生产资料的发展职能。"①既有经验的提炼是社会发展的重要基础,农地生产资料的发展本能是解决城乡二元体制症结,推动农业现代化发展的关键因素。因此,"三权分置"政策实施过程中,既要考

---

① 参见黄少安,刘明宇.公平与效率的冲突:承包制的困境与出路——《农村土地承包法》的法经济学解释[J].经济社会体制比较,2008(2):52-58.

究土地经营权流转如何实现土地资源价值禀赋的经济效率,又要注重防范社会资本进入农村对农村社会公平所引致的破坏。

公平与效率的兼顾是制度安排的原则与终极目标,受制于社会制度、生产力水平、产业特点等原因,制度安排所遵循的具体原则亦是不同的。① 土地承包经营权"两权分置"到所有权、承包权、经营权的"三权分置"改革很大程度上即是对农村社会公平与效率关系的兼顾与调整。从"三权分置"的历史变迁来看:"三权"分置的演变历程,符合生产关系适应生产力发展的客观规律。人民公社时期,农村集体土地所有权和经营权"两权"合一,土地集体所有、集体统一经营。改革开放以后,农村土地集体所有权和农户承包经营权"两权"分离,土地集体所有、家庭承包经营。党的十八大以来,将土地承包经营权分为承包权和经营权,实行"三权"分置,即释放土地的财产价值属性,提高土地利用效率。此阶段的土地产权制度偏向于对农民土地的均分,实现了相对公平。所实行的农户平均承包土地,保障每个农村人口基本生存发展权利,解决了十几亿人口的温饱问题。但在土地分包过程中,不少地方实行水旱、肥瘦、远近搭配,导致承包土地细碎化,全国户均耕地7.5亩、5.7块,农业生产效率难以提升。② "三权分置"找到了兼顾公平和效率的有效办法,通过土地经营权的流转,促进经营权的协商交换、土地整理,实现小块变大块、连片经营;通过经营权的流转、托管等,发展多种形式适

---

① 参见云淑萍.公平与效率的权衡——论农村土地承包经营制度的完善[J].内蒙古师范大学报:哲学社会科学版,2007(6):128-131.

② 孔祥智,刘同山.论我国农村基本经营制度:历史、挑战与选择[J].政治经济学评论,2013(4):92.

度规模经营,提高了土地产出率、劳动生产率、资源利用率。①

(三)公平与效率兼顾原则的实现

1.公平价值的实现:以类型化为视角的讨论

十九大以来,社会主要矛盾的转变以及突出问题的揭示使得我国经济体制有了更为明朗的开拓路径。但是,也必须认识到社会主要矛盾的变化没有改变社会主义初级阶段的基本国情,且需要明确的是不平衡不充分的发展成为满足人民日益增长的美好生活需要的主要制约因素。三权分置背景下,农地资源的有限性决定了土地经营权市场无法完全满足农地需求的无限性,这种情况尤其在东部发达地区为甚。究其原因,一是旧有的经济发展规划牺牲了西部地区、农村地区的发展;二是成果共享机制的设计上并未体现出利益平衡和社会公平。土地经营权制度构建应是新发展理念下的公平标准与效率标准的结合。需要明确新型农业经营主体之间权益均衡、机会均等,保障承包农户参与经营权流转意识自由、程序正当及合法权益。

土地经营权派生于土地承包经营权,土地经营权主体源于并发展于土地承包经营权主体。据此,土地经营权主体可以承包农户与新型农业经营主体为界分。传统性经营权流转形成并固化了农地流转的传统模式,新型农业经营主体参与的市场化流转借由"三权分置"改革进一步放开,以被期冀推进农业现代化为任务而全国试点、实践。承包农户以自身的实践逻辑形塑着自己的土地流转,土地经营权流转以市场

---

① 参见韩长斌.三权分置是充满政治智慧的制度安排[N].经济日报,2017-11-17.

化嵌入和乡土社会农户自身运行方式的辩证矛盾渗入农村土地流转制度中,体现出效益伦理和发展伦理的二元思维方式,同时昭示了以农村亲属关系网络为支撑的发展伦理和以市场嵌入为基础的效益伦理的两种实践逻辑。① 社会科学中,借助类型学的方法可以获得对一般性的某种程度的认识。对此,韦伯试图效仿自然科学研究"理想类型"方法以避免社会学解降到心理学的简化论层次或纯粹的无止境的个人层面的发现的积累,并以假设的"理想类型"为参照对经验的、现实的对象或关系进行伦理解释。② 这种"理想类型"的建构是对现实中有限要素的抽象、组合形成的,且只有被应用到分析之中方能展现价值证成或证伪。③ 将"理想类型"作为一种社会学研究方法和分析工具,通过理想类型的主观建构去理解土地流转的类型及其区别,可以更高的程度去实现公平与效率的兼顾。

针对承包农户参与的经营权流转,应充分考虑到土地社会保障功能与经济功能调适,避免纯粹的"资产化"改造。土地经营权对于承包户而言是身份性财产权,兼具社会保障属性,而纯粹的市场机制调节可能妨碍土地社会保障功能的实现。因此,制度供给的设计上应注重承包户的倾斜性保护,以防社会资本对农地社会保障功能的侵蚀。农地流转二级市场中,流转主体主要以新型农业经营主体为主,出让方、受

① 参见陆剑.我国农地使用权流转法律制度建构的前提追问与路径规划[J].私法研究,2014(1):125-156.

② 参见陈景良.反思法律史研究中的"类型学"方法——中国法律研究史的另一种方法[J].法商研究,2004(5):135-144.

③ 参见[美]马修·戴弗雷姆、郭星华.法社会学讲义:学术脉络与理论体系[M].北京:北京大学出版社,2010:38-39.

让方具有足够的市场判断能力和议价能力。因而,除了必要的行业规制及秩序维护外,此市场应交由市场竞争机制来调节,发挥市场经济的活力。针对新型农业经营主体之间的经营权流转,公平与效率的天平应偏向于效率价值,注重契约自由与经济规律。规制的重心应在于对市场秩序的构建与维护。土地经营权市场本质上属于商品市场,相应的制度设计只能基于平等当事人的前提下进行。虽然"三权分置"改革政策中具有明显的对农民权益特别保护的政策导向,但市场的构建与规制必须遵循市场规律,按照市场的基本原理来进行。因此,对土地经营权市场的规制不得违反市场规律,过度强调对农民权益的倾斜保护而损害其他市场主体的利益。例如,为照顾农户,对流入方提出不合理的要求,或进行强制性定价,提高农户收入而增加其他农业经营主体经营成本,或设计偏向性的纠纷解决机制,强迫调解、不合理行政裁决及复议等。虽然短期内可以为部分市场主体带来益处,但长此以往,土地经营权流转市场就会日益萎缩,反过来成为增加农民收入、破解城乡二元问题的桎梏。

当然,类型化的划分研究以及"理想类型"的主观构建需要大量的实证数据及比较分析,如以流转途径为界分标准的农民自发型流转、集体推动型流转与政府牵线型流转,以流转方式为界分标准的物权性流转和债权性流转,以农地内部土地流转为视角的耕地流转、草地流转、林地流转等。十八届三中全会报告指出,要建立合理的土地增值收益分配机制,以保障农民公平分享土地增值收益。十九大报告指出,深化农村集体产权制度改革,保障农民财产权益,壮大集体经济。以土地经营权流转为内核的"三权分置"改革是本轮农村土地制度改革的主线,对公平与效率的价值追求得以有效体现。无论是以何种标准的类型化流转,抑或是具有区域特色的特殊性流转,都应是在公平与效率兼顾的基础上展开制度构建。以尽可能的"理想类型"去提炼社会事实,在权利公平、规则公平、结果公平为结果导向的基础上,政府适度干预,市场有效调节,形成严密的规制结构。

2.效率价值的实现:作为流转动力来源的讨论

效率是指稀缺性资源的有效配置。由此,土地经营权流转过程中,全社会净收益增加,则被认定为经营权流转配置的效率提高。且一般而言,市场机制能自发调节完成效率的提高,但其并不关注流转主体差异性、产业调整及粮食安全等外部性,进而导致当前土地流转处于低效、不规范状态。[①]"所有土地制度都具有两大功能,即保障功能和激励功能,其他功能都是这两大功能的派生物。"[②]土地经营权流转的最终目标是公平,然公平的基础和标准是效率,效率则是实现公平的原动力,亦是推动土地流转的主要动力。

经济学角度而论,效率价值与资源配置相辅相成,市场机制促使使用率低的市场资源转移到使用率高的市场中,从而实现经济效率。经济效率作为农地财产制度变迁的主要诱因,于土地经营权流转而言同样应体现在个体效率、制度运行效率及制度经济效率方面。个体效率以追求投入产出最优化,制度运行效率指制度运行收益与成本之比,制度经济效率即制度运行对社会总产出的贡献与对社会资源的消

---

① 参见高延丽,李宪文.中国土地政策研究报告(2017)[M].北京:社会科学文献出版社,2017:232-233.

② 参见周诚.土地经济学原理[M].北京:商务印书馆,2003:157.

耗之比,亦可称为制度的社会效率。运行效率和经济效率均源于经济主体的个体效率,制度运行效率低则社会效率也会相应变低,然制度运行效率高并不意味着经济效率高。[①]因此,土地经营权效率价值的实现同样需要从个体效率、制度运行效率及制度经济效率三个方面予以遵从。其一,对经济主体(承包农户、新型农业经营主体)的法律规制设计上应注重对自身素质的培养,以"培养造就一支懂农业、爱农村、爱农民的三农工作队伍"为目标。引导流转主体规范流转、生态流转、可持续流转、社会责任式流转。其二,减少政府行政介入的非市场性流转,强化对流转制度的效率监控和测评,以居间式流转平台为媒介实现土地经营权流转的市场竞争性。其三,制度经济效率是综合性的,需要政府与市场的双重调控。市场机制实现资源优化配置,政府调控防范市场不完全、不普遍、不理性及负外部性等问题,并以经济法制的实现为最终归宿。

3.公平与效率兼顾的权衡

当前处于社会结构断裂和权利相对失衡的发展阶段,不同利益群体囿于社会权利失衡,其在表达和追求自身利益上存在较大的差异,从而导致公平问题得以凸显。[②]土地经营权流转过程中,公平与效率原则始终是遵循的基本准则。如前所述,公平与效率并非总能得以兼顾和平衡。且这种失衡不仅体现在公平与效率二者之间,还表现为公平与效率自身

---

① 参见武立永.中国农村土地流转权制度的效率与正义问题研究[J].兰州学刊,2014(8):191-197.

② 参见孙立平.失衡:断裂社会的运作逻辑[M].北京:社会科学文献出版社,2004:7.

内部。城乡二元背景下,我国农地流转效率与城镇用地流转效率存在差别,农民权益公平与城镇局面权益公平亦有所不同。对此,学界贡献了诸多智识,并提出了四种方案:其一,公平优先。[①] 其二,公平与效率兼顾。其三,效率优先,兼顾公平。[②] 其四,相机抉择。[③] 任何制度的产生都蕴含着公平与效率的协调,土地制度亦然。土地经营权流转本质上是对土地承包经营权偏重公平基础上所作出的修正,土地资源禀赋的实现必须释放经济效率所带来的活力。但同样也应注意,农村社会内部结构长期趋于稳定、固化状态,且其本身成员构成、产业发展具有弱质性,因而公平价值的维护是效率价值实现的基础。

公平与效率具有包容性,也具有可兼顾性。只有遵循公平与效率兼顾原则,土地流转才是有效率的。但也应注意,公平和效率的相互包容不是一分为二或绝对平均主义,这种包容和兼顾并不表现为价值位阶的先后,决策时优先公平或者优先效率均可。"从历史的角度看,土地制度的变迁总是在协调公平与效率的关系,无论是追求公平而损失效率还是追求效率损失公平的土地制度都不能长久存在,在各方利益矛盾激化到一定程度势必引起制度的变迁——土地权的重新分配。因此必须正确处理好公平与效率的关系,推进农村改革。"[④]

---

① 参见耿文静.我国农村土地制度改革中的公平与效率问题探析[J].经济与管理,2004(8):40-41.

② 参见韩洪今.中国农村土地制度中的公平与效率[J].哈尔滨工业大学学报:社会科学版,2004(3):65-68.

③ 参见邓大才.从公平与效率角度看农村土地制度变迁的方向[J].地方政府管理,2001(1):8-12.

④ 参见赵丙奇,贾日斗.农村集体土地流转的公平和效率研究[J].经济体制改革,2011(3):77-80.

本章小结

　　社会市场经济是支柱性的秩序原则,是能把最高的生产率、最大限度的福利增长和最大限度的个人自由结合在一起的经济秩序。[①]这种秩序本质是市场经济关系抑或是财产利用关系。每个社会共同体都需要解决如何利用共同的社会资源或财富以延续发展自身的问题。这即要每个社会选择和确立个人、集体或者其他组织形式以及如何利用财产的秩序,这种秩序通常是权利制度设计为核心的。[②]公有产权制度下的土地利用完美契合了社会市场经济的发展本质,且这种本源性公有制赋予了权利制度设计的特殊化,即产权价值的分享及维护问题。以此为界别,可将上述原则分为两类:以促进经营权流转原则、保障交易安全原则、遵守经济规律原则为组成的经济性原则;以兼顾各方利益原则、政府适度干预原则、公平与效率兼顾原则为组成的社会保障性原则。由此,通过原则性把握土地经营权价值的分享及维护,以更好地展开围绕土地经营权流转价值实现为核心的市场法律制度构建。

---

　　① 参见何梦笔.德国秩序政策理论与实践文集[M].上海:上海人民出版社,2000:313.

　　② 参见高富平.物权法原论[M].北京:法律出版社,2014:11-12.

第四章　土地经营权市场准入规制

　　"三权分置"政策制定以前,我国农村以"家庭承包经营为基础、统分结合的双层经营体制"为基本经营制度,农村土地承包经营权主体一般包括三类:其一,农村集体经济组织内部的农户;其二,其他经营主体;其三,统一经营主体——一般为农村集体经济组织。[①] 随着农地"三权分置"的推行,旧有土地流转的诸多限制得到了消除,新型农业经营主体的培育问题理应得到关注。在考量新型农业经营主体准入规制的过程中,应对新型农业经营主体培养过程中的潜在风险进行有效预判,进而指出新型经营主体的适格范畴以及培育方式,以有效地实现新型农业经营主体培育并推动三权分置改革深化发展。

---

　　① 《农村土地承包法》第三条规定:"国家实行农村土地承包经营制度。农村土地承包采取农村集体经济组织内部的家庭承包方式,不宜采取家庭承包方式的荒山、荒沟、荒丘、荒滩等农村土地,可以采取招标、拍卖、公开协商等方式承包。"

一、土地经营权市场准入规制的制度理念与制度目标

(一)土地经营权市场准入规制的制度理念

大量的研究引用了世界银行发布的《全球营商环境报告》,以此来研究经济制度对创业、经济增长的影响。而《全球营商环境报告》都聚焦于一个重要方面,即各国的制度环境改革,特别是准入规制方面。且已有研究表明,影响国家创业、投资、经济增长的主要影响因素即是产品市场和劳动力市场的管制程度。① 然各国对于实施准入制度改革对金融危机后的经济补救效应并未得到应有的重视和延续。鉴于准入规制对经济增长和市场活力的影响机制,在土地交易市场准入规制的设计中,应同样注重对准入规制的适用和创新。制度的松紧程度直接决定了市场主体参与市场行为的成本和难易程度,也影响着市场秩序和市场活跃程度。本书拟采用对土地经营权市场主体进行一般农户与新型农业经营主体的分类模式。主要有以下考量:第一,对企业代理人制度惯性所引致的负外部性的克服。农业转型需要国家干预,但这种干预应注重对负外部性的防范。当前的模式是农业管理部门规避与分散的、数量众多的小农户交涉的高昂成本,选择倾向于通过扶持龙头企业、种粮大户、家庭农场等规模经营主体以降低政策执行成本。此种制度模式至农业税减免后长期得到了推崇,并形成了农业转型和治理的制度惯

① 参见陈俊营,方俊智.准入规制与经济增长:基于跨国面板数据的分析[J].昆明理工大学学报:社会科学版,2016(6):60-68.

性。对此,土地经营权市场准入制度的构建应注重防范承包
农户的市场主体地位缺失,并在把握其与新型农业经营主体
差别的情况下,有针对性地进行制度设计。其二,"三权分
置"改革的重要意图就是对土地承包经营权制度"减负",对
新增的土地经营权"赋能"。可见,农户的生存权保障功能并
非被移除,甚至可能被强化,土地经营者所预见的"土地流
转"价值功能又因"赋能"得以实现。① 因此,把握承包农户
与新型农业经营主体的根本性区别,对二者展开分类性规
制,亦是土地经营权市场实现的有效途径。由此,土地利用
的多元性体系并不能造成规制对象及规制目标减益,"三权
分置"改革多遭诟病的"土地利用二元体系论"所可能导致的
农户承包权的渐进性缺失等问题也并不难以消除,其也恰恰
是具体制度构建的重要一环。②

　　工商行政管理模式中即采用了分类规制的模式,即市场
主体信用分类监管。此种监管方式本质上是工商行政管理
部门监管方式的集成创新,目的在于对企业实施有效监管。
其分类标准是企业信用等级,并在个体工商户信用分类监管
方式中,存在一般区域与特殊区域个体工商户的监管方式。
就本书而言,承包农户与新型农业经营主体在本质特征与组
织属性上存在根本性区别,且据历史沿革来看,承包农户可

---

① 通过对现行法律承包权与经营权合一保护困境的否定,吴义龙学者提出:
"对两权之一进行保护必然会以弱化另一权为代价,因为这两权实际分属两套并行
运作的制度且可以和睦相处。"然"三权分置"改革并没有实质上对所有权、承包权
及使用权的保护强度做出变革,而是通过"坚持、稳定、放活"的措辞强调"三权分
置"改革后"三权"各自的制度功能和侧重点。参见吴义龙."三权分置"论的法律逻
辑、政策阐释及制度替代[J].法学家,2016(4):28-41,176.

② 参见王泽鉴.民法物权:通则·所有权[M].北京:中国政法大学出版社,
2001:270.

作为一般性主体,新型农业经营主体可作为特殊性主体。由此,既可以平稳过渡制度改革期所可能引致的社会矛盾,又为新型农业经营主体确定了运行标准和营商环境,应属于"三权分置"制度深化、创新的制度模式。

(二)土地经营权市场准入规制的制度目标

在"三权分置"以及土地经营权市场的实现过程中,已经明确:按照加快构建以农户家庭经营为基础、合作与联合为纽带、社会化服务为支撑的立体式复合型现代农业经营体系和走生产技术先进、经营规模适度、市场竞争力强、生态环境可持续的中国特色新型农业现代化道路的要求,以保障国家粮食安全、促进农业增效和农民增收为目标,坚持农村土地集体所有,实现所有权、承包权、经营权三权分置,引导土地经营权有序流转,坚持家庭经营的基础性地位,积极培育新型经营主体,发展多种形式的适度规模经营,巩固和完善农村基本经营制度。[①] 可见,复合式现代农业是包含农户、新型农业经营主体等多种主体增值共享的制度设计。"三权分置"下,需要在适度规模经营的政策目标下,对农户与其他主体的准入及市场影响作出准确的评估,以在保障农户增值收益的基础上,实现"三权分置"价值及构建完备的土地经营权市场。诚然,农地均分的家庭承包制制度特征在取得一定成功后也出现了"后遗症",在"大稳定、小调整"的政策贯彻下,追求均分的产权制度已经不适宜当前农村土地经营人骤减且集中的运营特征。此外,"两权分离"下农地分散的经营

---

① 参见《关于引导农村土地经营权有序流转发展农业适度规模经营的意见》。

模式缺乏规模经济的制度基础,并很大程度引致了农户兼业化、劳动力弱质化及农业副业化。"三权分置"下土地经营权的派生及其"独立流转"特征赋予将增强土地产权的配置模式。在封闭状态或者交易成本很高的情形下,传统的自给自足的家庭经营是一种均衡;农户亦可以雇佣劳动(作为"代营"的经理人与作为"代耕"的农业服务),家庭经营就转换为生产大户或者家庭农场,从而形成内部分工;如果农业专业服务市场具有较高的交易效率,那么家庭经营的业务外包就成为必然的选择。① 因此,在土地经营权市场的准入规制的目标设定中,应清楚地认识上述现状,注重把握传统农业经营者与新型农业经营主体的区别,做到协调与兼顾。其一,传统农户是农业经济的发起点和主要参与者,三权分置过程中应注重对传统农户的保护以及向现代农业经营方式的引导过渡。其二,新型农业经营主体在参与土地经营权市场过程中,注重类型化、错位发展。

根据我国各地区农业生产自然条件以及生态适宜性的显著差异性,可以考虑:推行级差地租、级差土地股份、大力发展适度规模经营。以土地经营权利用为核心,以市场需求为导向,实现土地经营权的合理限度自由化。注重准入主体中科技企业的引入,以合作社为主体,重点发展家庭经营模式、股份制经营模式、专业合作社及其一体化模式、企业带动型模式、集体经营模式等中等规模以上的土地流转模式。建立具有区域特色的优势农业、发展具有区域特色的品牌农业,增强其市场竞争力,并推广其种植面积,促进农村土地的

---

① 参见罗必良,凌莎,钟文晶.制度的有效性评价:理论框架与实证检验——以家庭承包经营制度为例[J].江海学刊,2014(5):70-78,238.

资本化、科技化式农业生产,实现农业生产的"两高一优"(高产高效优质)。同时,家庭农场、股份制专业合作社及其一体化模式、股份制经营模式、公司+合作社+股份制+科技+金融+互联网金融科技股份综合型模式日益成熟。在高度发达的市场经济推动下,农民可自愿通过入股或有偿转让进行合作生产和经营,使土地经营权资本化,推进土地规模性的流转与经营。其中,资本要素型企业的准入可为规模经营提供资金支持,互联网企业的准入则可通过科技化的生产与销售进一步推动农地资源规模化、市场化,实现"三权分置"的政策目标。

二、土地经营权市场准入规制的对象与重点

(一)土地经营权市场准入规制的对象

据国家统计局《第三次全国农业普查主要数据公报》显示:"2016年,全国共有204万个农业经营单位。2016年末,在工商部门注册的农民合作社总数179万个,其中,农业普查登记的以农业生产经营或服务为主的农民合作社91万个;20 743万农业经营户,其中,398万规模农业经营户。全国共有31 422万农业生产经营人员。"

1.承包农户

家庭承包经营制度实施以来,承包农户一直占据农村土地用益的主导性地位。但随着市场经济的进一步深化,农村劳动力迅速减少,且城镇化过程中传统承包农户务农收益并不能得到满足,兼业化现象成为普遍现象。2016年农民工总

量达到 28 171 万人,比上年增加 424 万人,增长 1.5%,增速比上年加快 0.2 个百分点,许多家庭因缺乏青壮年劳动力,生产效率大幅度下降,且务农职业化、技能化素质得不到提升,致使较多承包农户蜕变为生计型小农。① 此外,承包农户还面临绝对量减少的问题,而土地流转是绝对量减少的主要原因,据统计,1996 年全国只有 2.6% 的农地发生流转,2004 年流转比例增长到 10.5%,2011 年则达到 17.8%,2014 年全国家庭承包耕地流转面积增加到 4.03 亿亩,流转比例达30.4%。② 发展趋势上来看,家庭承包经营主体虽然会长期存在,但由于其生产规模小、市场竞争力弱、抗风险能力不强、收入偏低等问题的制约,其绝对数量将进一步减少。取而代之的是目前政策推进的新型农业经营主体,以集约化、现代化的经营方式成为土地经营的新"代理人"。

2.家庭农场和专业大户

所谓家庭农场,是指家庭成员为主要劳动力、以农业为主要收入来源,从事专业化、集约化农业生产的规模经营农户。专业大户同样具有以上特征,只是规模比家庭农场稍小,且在规范性文件中主要以家庭农场为主。二者的出现有着诱致性制度变迁的特征,也正是因为承包农户经营能力的衰减,土地逐渐向有能力的大户集中,并呈现出专业化、技术化的现代农业发展趋势。数据显示,截止到 2012 年 12 月,经营面积 100 亩以上的家庭农场、专业大户已经超过 270 多万户,农业部也确定了 33 个农村土地流转规范化管理和服务

① 数据来源于国家统计局《2016 年农民工检测调查报告》。
② 参见李光荣.中国农村土地市场发展报告[M].北京:社会科学文献出版社,2016:128.

试点地区,家庭农场数量超过 6 670 户。① 此外,截至 2012 年
6 月底全国家庭承包经营耕地流转面积约 2.6 亿亩,而其中
大约 68%流转专业大户。② 专业大户有着劳动力充足、职业
农民配置、市场识别能力强等优势。其既有家庭经营的"人
合"性优势,又具备解决农业生产活动空间大、周期长、过程
难监管等问题的能力。同时,此种集中经营模式易实现规模
经济效益。从当前的政策导向亦可看出,这些以家庭规模
化、专业化生产为主的专业大户将成为农业现代化实现的重
要力量。

　3.专业合作社

　指有合作社的名称,符合《农民专业合作社法》中关于合
作社性质、设立条件和程序、成员权利和义务、组织机构、财
务管理等要求,有农业生产经营或农林牧渔服务,名称为农
民合作社的农民互助性经济组织。包括已在工商部门登记,
以及虽未登记但符合上述要求的农民合作社,不包括以公司
名称登记注册的股份合作制企业、社区经济合作社、供销合
作社、农村信用社等。也不包括从事农业生产资料购买、农
产品加工、贮藏、运输、销售等非农行业的农民合作社。③ 当
前而言,农业市场格局的巨大变化致使传统小农生产方式在
现代农业市场中逐渐丧失竞争力甚至生存能力,合作社模式
应运而生并成为农村经济发展的新载体,也是创新农业经营
主体的重要组织形式。《中华人民共和国农民专业合作社

---

① 参见李永生,程鸿飞.工商企业租赁农户承包耕地要监管[N].农民日报,
2013-02-02(2).

② 参见钱克明,彭廷军.关于现代农业经营主体的调研报告[J].农业经济问
题,2013(6):4-7,110.

③ 参见《第三次全国农业普查主要数据公报(第一号)》。

法》的实施更是为专业合作社的发展提高了一个新的台阶。其基于市场谈判能力的提升,能有效降低市场风险和生产成本等优势得以蓬勃发展。以湖南省为例,截至 2015 年底,全省农民专业合作社总数达到 45 406 个,是 2008 年年末数的 14.13 倍,全省累计有合作社成员 244.6 万户,占全省农户总数的 17.7%。① 但就全国整体情况而言,专业合作社正处于快速兴起阶段,大多数合作社规模依旧偏小、竞争力偏弱;很多合作社缺乏农业生产绩效与收益挂钩的激励机制,或存在利益分配机制的不合理问题;部分合作社在管理体制上缺乏现代化,财务管理不规范、不透明,经营决策不民主、不科学等问题。

4.农业企业

农业企业是指从事农、林、牧、副、渔业等生产经营活动,具有较高的商品率,实行自主经营、独立经济核算,具有法人资格的盈利性的经济组织。作为经营主体,农业企业发展十分迅速,已经发展成现代农业的社会投资主体。据统计,全国各类龙头企业近 12 万家,各类农业产业化组织达到 30 多万个,关联农户 1 亿多户,由于其具有较强的资金实力和信贷吸收能力,已成为社会投资现代农业的主要载体,对于促进农业生产专业化、集约化、标准化起到十分重要的作用。② 同时,这些企业在经营过程中也出现诸多问题,如与农民的

---

① 参见莫华,曾福生.现代农业视角下农民专业合作发展水平评估研究——基于湖南数据的实证[J].农业现代化研究,2017(3):421-428.

② 其中,种植业、畜牧业、水产业分别占比为 56.9%、27.4%、6.6%,所提供的农产品及加工制品占农产品市场供应量的三分之一,占主要城市农产品市场供给的三分之二以上,其各类产业化经营组织,辐射带动全国 40% 以上的农户和 60% 以上的生产基地。参见李光荣.中国农村土地市场发展报告[M].北京:社会科学文献出版社,2016:219.

合约纠纷问题、农地非农使用问题、非粮化现象严重等问题。据调查显示,截止到 2012 年年底,流转给农业企业的 2 300多万亩家庭承包耕地中,粮食产业占据极少部分,这种长期的农业产业偏离存在很大的问题。[1]

整体而言,当前农村经营主体的发展现状为:承包农户将逐渐为身份性的界别功能,在制度设定上逐渐成为土地所有制与非承包主体农业经营的桥梁,当然,无论如何,承包农户势必在土地经营中占据重要的地位。专业大户将是未来商品粮和大宗农产品的主要生产者;专业合作社将是农业社会化服务的主要提供者;农业企业将主要在农业产前投入品、产中服务环节、产后收储功能、加工及流通领域等方面发挥主体作用,并在完善现代农业企业,传递和执行农业政策方面起到重要作用。

(二)土地经营权市场准入规制的依据

1.承包农户的基本特征和组织属性

农户是农民生产、生活、交往的基本组织单元。农民与社会、农民与国家、农民与市场、农民与土地的联系都是以户为单位展开的。可以说,中国农村经济社会制度的变迁及发展都可以在农户动机和农户行为中寻找到内在逻辑。[2] 可见,农户是认识中国农民和中国农村的一把钥匙。但是,这把钥匙的运用往往被遗忘,且往往只有在制度改革遭遇瓶颈

---

① 参见钱克明,彭廷军.关于现代农业经营主体的调研报告[J].农业经济问题,2013(6):4-7,110.
② 参见徐勇,邓大才.社会化小农:解释当今农户的一种视角[J].学术月刊,2006(7):5-13.

时,它又被置于高地且委以重任。承包农户作为土地经营权市场主体,社会性、组织性特征得以削弱,并与市场自由竞争形成内在冲突。这个冲突的消解同样应是围绕农户为逻辑起点来进行制度构建。两权模式下,土地承包经营权主体基于集体成员身份取得,但承包权主体并非成员个体,而是农户。现行《农村土地承包法》第三条明确规定:"农村土地承包采取农村集体经济组织内部的家庭承包方式,不宜采取家庭承包方式的荒山、荒沟、荒丘、荒滩等农村土地,可以采取招标、拍卖、公开协商等方式承包。"实践中,农户的范围确定则成为诸多地方面临的困境,户口簿标准或是以人头数为标准均有所适用。

农户是农村土地承包经营权的当然主体,土地用益权利关系直接体现在承包合同之上。农民集体是农村土地的所有者,享有农村土地的所有权权利束。农户通过承包合同,与所有者即农民集体签订承包合同,获得一定时期的占有、使用、收益及部分处分权。由此,农村土地的两大权利得以分离,土地所有权与使用权基于契约形式成为农村土地产权关系的内核。由此,农户成为一个相对独立的农业生产经营主体,也即土地承包经营权主体。其具有以下特点:其一,土地承包经营权是一组权利,它由占有权、使用权、收益和处分权构成,其中处分权还包括转让、出租等权利;其二,土地承包经营权是一种按份共有的权利。在我国主要按人口平均分配,体现了"公平优先"原则;其三,土地承包经营权具有时限性。我国土地法律规定土地承包经营权的年限,耕地为30年,草地30~50年,林地30~70年;其四,农户土地承包经营权中的处分权是有限的处分权,而不是完整的处分权,它受土地所有权的约束。①《农村土地承包法》第十四条明确规定了发包方享有的监督权,包括监督承包方依照承包合同约定的用途合理利用和保护土地,以及制止承包方损害承包地和农业资源的行为等;其五,土地承包权具有可继承性,经营权或使用权具有可转让性,从而使承包权和使用权可以有不同的产权主体。《农村土地承包法》第三十二条第二款规定:"林地承包的承包人死亡,其继承人可以在承包期内继续承包。"第五十四条规定:"依照本章规定通过招标、拍卖、公开协商等方式取得的,该承包人死亡,其应得的承包收益,依照继承法的规定继承;在承包期内,其继承人可以继续承包。"②

2.新型农业经营主体的基本特征和组织属性

新型农业经营主体是建立在家庭承包经营基础之上,适应市场经济和农业生产力发展要求,有文化、懂技术、会经营的职业农民和大规模经营、具有较高的集约化程度和市场竞争力的农业经营组织。实践中,与传统承包农户的"小而全"、兼业化的经营方式不同,新型农业经营主体以市场化为导向,以集约化、技术化为标志,拥有较高的经营水平和组织化程度,能够吸收现代管理理念,培育先进生产要素,已经成为现代农业发展的"主力军"。③ 从长远来看,对新型农业经营主体发展方向和变化趋势的研究,对于进一步优化农业产业结构、发展农村社会经济和提高农村居民收入等问题,具

---

① 参见杨遂.我国农地产权制度的基本特征[J].农村经济,2005(6):42-43.

② 当然有学者提出,对于"继承人在承包期内可以继续承包"的理解,并不一定必然解释为继承关系。参见李红娟.农村土地产权制度改革——从身份到契约的嬗变[M].北京:中国政法大学出版社,2017:49.

③ 参见陈晓华.大力培育新型农业经营主体——在中国农业经济学会年会上的致辞[J].农业经济问题,2014(1):4-7.

有十分重要的意义。从经营方式上来看，包含三种：一是以家庭为载体的经营模式，包括专业大户、家庭农场；二是以农业公司为载体的经营模式，包括龙头企业、专业服务公司；三是以合作形式开展的经营模式，包括专业合作社、土地股份合作社。实际运行中，各类新型经营主体并不互相排斥，也无高低、优劣之分，既可以独立运行，也可以多种形式并存、组合，形成充满活力的新型农业经营体系。新型农业经营主体本身就是相对于传统农户所生成的概念，因此二者在基本特征及组织属性上存在对比的特殊性：其一，新型农业经营主体与传统农户的主要区别即是经营规模。新型农业经营主体采用的农业经营方式大都具备规模化、合作化、市场化、产业化等符合农业现代化要求的基本特征。而传统农户主要以自给自足的传统生产方式为主。例如，专业大户和家庭农场这两类新型农业经营主体主要是农户通过租种农地并形成一定的经营规模进行专业化耕种。家庭农场的耕种面积大致在200亩左右，专业大户的耕种规模更大，个别专业大户耕种面积达万亩以上。[①] 第二，获得土地经营权是新型农业经营主体生存、发展的根本途径。虽然新型农业经营主体的各类运营模式中，承包农户参与的有不少，但作为经营主体其根本的准入条件即是获得土地经营权。由此，以土地经营权的获取为中心，可以分为以下几种方式：其一，土地经营权入股模式，如农业公司；其二，土地经营权授权管理模

[①] 参见张海鹏，曲婷婷.农地经营权流转与新型农业经营主体发展[J].南京农业大学学报：社会科学版，2014(5)：70-75,83.

式,如合作社;其三,土地经营权流转模式,如农业公司。① 当然,这些方式也可能同时存于某种主体形态之中。

因此,对土地经营权市场的规制,应准确把握市场主体的基本特征和组织属性,科学认识和把握各类主体的发展趋势和规律,正确引导,形成良性发展。既要鼓励支持各类新型农业经营主体竞相发展,优势发展,又要引导各类主体融合发展、协同发展,并形成自己独特的企业文化。要按照不同主体各有的特性,实行分类指导,持以差别化政策,因地制宜明确各类主体的标准和管理服务办法,制定针对性的倾斜政策。②

3.承包农户与新型农业经营主体的相互关系

以承包农户为核心的家庭联产承包责任制的消退是具有历史合理性的,农地抛荒亦是农民在市场经济条件下的理性选择。作为一种新的制度,土地流转是现行家庭联产承包责任制的极好补充。③ 新型农业经营主体作为土地流转的收益主体具备发展的潜力和制度激励的必要。新型农业经营主体较于传统农户经营显现出经营方式、经营技术及经营模式的优势,作为一种"承接",既需要发扬"接"的优势,同样,还理应留住"承"的底蕴。这既是中国农村制度改革的前提,也是基础。这种"承接"并非是对"旧事物"的祛除和代替,

---

① 中国社科院发布的《农村绿皮书》指出,目前中国的新型农业经营主体主要分为五种类型:一是自我经营的家庭农业,二是合作经营的农民合作社,三是雇工经营的公司农业,四是新农民,五是农业产业化联合体。

② 参见陈晓华.大力培育新型农业经营主体——在中国农业经济学会年会上的致辞[J].农业经济问题,2014(1):4-7.

③ 参见林毅夫,等.建设社会主义新农村 改革现行土地流转制度[J].城市开发,2006(3):26-27.

而是对家庭联产承包责任制的制度革新与完善。家庭联产承包责任制所蕴含的经济、社会功能集农业、农民为一体的,解决农业问题,就是需要解决农民的发展和保障问题,这是"三农"问题的核心。在这一体系中,承包农户是基础,是其他主体扩大经营规模的源泉。新型农业经营主体以合作经营为理念可以有效集成现代农业生产要素,更大程度分享到产业链增值收益,是推动现代农业发展的核心力量。职是之故,在农业现代化实现过程中,家庭联产承包责任制下的承包农户处于经济生产链条的前端,起基础性、社会性作用。新型农业经营主体发挥生产要素运营优势,处于经济生产链条的中端及末端,是农业经济市场化的前锋部队。既要重视培育新型经营主体,又要维护承包农户的基础地位;坚持增强农业综合生产能力的判断标准,既要提高劳动生产率,又要提高土地产出率,把握好规模经营的"适度";坚持改革的市场化取向,既要在政策上扶持和倾斜,又要通过市场选择、优胜劣汰;坚持兼顾效率与公平的原则,在共同发展中让更多的农民分享体制机制创新的成果。[①]

(三)土地经营权市场准入规制的重点

1.农民专业合作社的准入规制

《农民专业合作社法》经十二届全国人大常委会第三十一次会议修订通过,突出了对农民专业合作社及其成员的保护,进一步规范了合作社的组织和行为,强化了对农民专业合作社发展的促进政策。新法更加强调对合作社中农民成

---

① 参见陈晓华.大力培育新型农业经营主体——在中国农业经济学会年会上的致辞[J].农业经济问题,2014(1):4-7.

员的利益保护,凸显了在现代农业发展中合作社对小农户的引领作用。新法在对合作社的规范和促进两个方面,有一系列重大的制度创新。从发展的角度来看,首先是合作社的规范问题。实践中,农民专业合作社发展的同时,出现了一些不规范现象,如一些合作社出现了少数人控制现象,小农户在合作社中的民主权利和经济利益得不到有效保护;一些合作社成员不履行章程规定的出资、交易等义务,损害了合作社整体利益。针对这些问题,新法从退出机制和治理结构两个方面进行了规定。一方面,新法增加了成员除名和合作社退出机制。在合作社的发展过程中,个别成员违反章程规定,严重损害其他成员及合作社的整体利益,合作社依据新法规定的除名制度,对这些成员予以除名,可以更好体现合作社的凝聚力,以利于合作社的可持续发展。鉴于除名制度可能会导致一些合作社滥用除名权,剥夺成员本应享有的民主权利和经济利益,法律规定了严格的除名程序,并保护被除名成员获得救济的权利。在合作社发展实践中,也出现了"空壳"合作社现象,损害了合作社在市场中的整体商誉。针对这一问题,新法的第七十一条规定,农民专业合作社连续两年未从事经营活动的,吊销其营业执照。另一方面,新法在重申设立成员代表大会需要满足成员总数超过 150 人的条件外,规定了成员代表大会的代表人数一般为成员总人数的百分之十,并明确最低人数为五十一人,以防止合作社以代表大会的名义剥夺成员对合作社治理的参与权利。从促进发展的角度来看,第一,取消"同类"限制,拓宽了法律适用范围。实践中,农民专业合作社对成员的服务不再局限于某一类农产品的生产经营。新法呼应实践发展需要,取消同类限制,有助于合作社为其成员提供多元化、多环节的服务,能够更好发挥合作社在现代农业发展中对小农户的带动作用。同时,新法允许合作社开展农村民间工艺及制品、休闲农业和乡村旅游资源的开发经营等业务,体现了农业的文化传承功能,也有利于通过合作社这一组织平台多渠道增加农民收入。第二,新法明确了土地经营权、林权可以作价向合作社出资,这一规定符合农村土地"三权"分置的政策方向,也在一定程度上改变了合作社仅有少数成员的货币出资形成的成员异质性问题,多数小规模农户可以更明确地参与合作社事务管理,也能够以其出资的土地经营权分享合作社盈余。第三,新法适应农民专业合作社相互之间联合与合作的需求,专章增加了联合社制度,明确了农民专业合作社联合社的法律地位,对农民专业合作社联合社的设立、登记、责任、机构设置及其议事规则、盈余分配办法、退社等做出了特别规定。联合社的建立与发展,可以解决单个合作社规模过小、竞争能力较弱等问题,可以更好配置资源、延伸农业的产业链条,提高合作社经营效率。按照新法规定,三个以上的农民专业合作社可以成立联合社,即联合社的成员必须是合作社,公司和其他组织不能直接成为联合社的成员。这一规定体现了农民为主体的原则,更有利于通过联合社提高其带动小农户参与市场竞争的能力。同时,联合社不设代表大会,实行一社一票的表决制度,更能体现加入联合社的合作社之间平等的治理权利。第四,新法增加了对合作社用电、用地的支持,明确规定农民专业合作社从事农产品初加工用电执行农业生产用电价格,农民专业合作社生产性配套辅助设施用地按农用地管理。这一规定显然是合作社的利好政策,有助于合作社降低生产经营成本,通过延伸产业链条分享农产品附加值。

从修订来看,主要突出了对《农民专业合作社》的规范与促进,在一定程度上也契合了当前农业现代化发展的基本方向。然而,修法是否能够落地并解决一些实际的问题还需要时间的检视。事实上,2007年《农民专业合作社法》的出台,为合作社的发展以及社员的合法权益,提供了有效的法律保障。截至2016年底,全国依法登记的农民合作社已达179.4万家,是2007年底的68倍,入社农户占全国农户总数的44.4%。农民专业合作社发展已经实现农业产业的全覆盖,合作社成员普遍比生产同类产品的农户增收20%以上。[1] 应当说,合作社已然成为农业现代化发展的重要力量,但不可忽视的是,实践中合作社仍然存在发展初期的一些瓶颈,这些瓶颈一部分是阶段性客观存在的,一部分是地方政策的扭曲执行所导致的,从而导致合作社对外竞争力不足,合作社之间竞争无序混乱。[2] 此外,从本质上讲,出资形式关涉企业的运营结构、资本规模,而现行《农民专业合作社》对此问题进行了回避,以致农民专业合作社成员的出资形式成为一个悬而未决的问题。从既有法律规定来看,《农民专业合作社登记管理条例》既有的原则性规定不能解决当前农民专业合作社自身多元的主体入社方式以及农民专业合作社主体身份的财产处置问题。

---

[1]　农民内参.农民专业合作社,怎样才能发展得更好[EB/OL].搜狐网,2017-05-09.

[2]　如合作社创办初期的经营规模小、经营实力弱、服务层次低、规范化程度不高、带动能力不强等问题;地方政策执行过程中只重视合作社的数量,却轻视质量,导致合作社竞争力较低、活力不足。

2.农业企业的准入规制

工商资本进入农业领域肇端于20世纪80年代,主要发生在东部发达地区以及部分大城市的郊区,主要形式是乡镇企业,投入方式包括"农工商一体化""自产自销"等。此阶段资本规模较小,对农业经济的影响有限。到了20世纪90年代中后期,包括农业投入不足等在内的"三农"问题凸显,学界开始呼吁要积极引导大型工商企业进入农业,一时间政策亦偏向于对农业企业的扶持,民间工商资本通过农业产业化经营的方式进入农业,推动了小生产与大市场的对接。[①]2008年以后,政府积极推动土地经营权流转,工商资本下乡则成为普遍现象,甚至在地方成为政绩考量的关键因素。在2014年正式提出"三权分置"以后,农业企业的经营权获得国家政策层面的支持,进一步促进了资本下乡的进程。

随着农业产业和现代农业的不断发展,小农户及其互助合作模式由于内生的资本困境难以适应市场经济发展变化的要求,导致近年来在农村土地流转中,工商资本下乡租赁农地呈加快发展态势。大量工商企业携资本下乡成为普遍的现象。工商资本的介入可以缓解农业的资金缺乏、技术落后和管理手段欠缺的困境,发展良好的工商资本企业通过和农民形成不同方式的利益联结机制,起到了带动农户、发展现代农业、促进农民组织化和改善基层治理的作用,进而加快传统农业改造和现代农业建设;但是在实践当中,大量的资本下乡是以谋取政府的补贴和自身利益办出发点的,工商资本长时间、大面积租赁农地,容易挤占农民就业空间,加剧

---

① 参见刘成玉,熊红军.我国工商资本下乡研究:文献梳理与问题讨论[J].西部论坛,2015(6):1-9.

耕地"非粮化""非农化"倾向。因此,在前述农业经营组织形态下,工商企业介入农业生产和产业融合发展,存在明显的利弊二元特征,为了引导工商企业发挥积极的作用,避免消极的影响,有必要在厘清工商资本下乡可能产生弊端的基础上,确定规制的重点和路径。

从理论证成的角度而言,工商资本下乡规制的原因在于,克服市场经济条件下资本配置的逐利性引发的市场失灵问题,而在我国的特殊国情农情之下,资本下乡还可能引发一些潜在的社会风险和社会问题。首先,工商资本下乡可能会产生与小农争夺农业生产的利润,排斥小农而非帮扶小农的负面作用。不少地区工商资本下乡后,农民成为现代农业的"局外人"与"旁观者"。一些企业追求利润,享受着政府的扶持和优惠政策,却忘掉了自己应尽的"带动"义务,千方百计盘剥农民。这种以农民失地、失业、被边缘化为代价的农业经济发展模式已然违背依靠工商资本带动、助农增收的初衷。① 对此,有学者表示出对工商资本排斥和压榨小农的担心。例如,郑有贵指出,工商资本大量进入农村是把"双刃剑",可以解决农村发展资金短缺的难题,也有可能使农民沦为工商资本的雇用而弱化农民的主体地位,形成新的畸形二元结构。② 陈锡文认为,工商资本下乡将对农民心理及农村社会结构产生深刻的影响,这种影响需要往积极的、有益的

---

① 参见费茂如.工商资本下乡要防止农民被边缘化[J].中国老区建设,2013(8):62.

② 参见郑有贵.构建新型工农、城乡关系的目标与政策[J].学与研究,2010(4):5-14.

方向引导,也是工商资本下乡需要增设"门槛"的重要原因。①

其次,工商企业往往存在圈占土地、套取财政补贴的行为。田欧南对吉林省 56 家下乡租地的工商企业的调查表明,"大多数个体工商户流入农地存在投机行为,其中有一半的个体工商户将农地完全闲置,等待土地升值后获取高额差价"。② 由此,工商资本虽然进入农地,但只是将农地变为荒地,抑或是应付政策要求,修建无法用于农业生产经营的形象工程,套取国家补贴。此外,工商资本长时间、大面积租赁农地,不仅挤占了农民的发展空间,而且企业的经营成本也会很高,极易形成新的"规模不经济"。

最后,土地流转和经营行为"非粮化"和"非农化",对国家粮食安全保障体系构成危害。非承包人在农地经营中以利益最大化为目标对农地采取掠夺式经营,破坏耕地质量和生态环境。而且,由于工商资本的趋利性,对市场很敏感,不一定具有稳定的、持续经营农业的积极性,将对农产品供给、粮食安全带来系统性的风险。特别是农业产业的初次进入者,处于对农业产业投入产出周期的不理解,很可能在农地上进行"非粮化"甚至"非农化"经营。从工商资本与农村社区的关系角度来看,工商资本作为嵌入性外来资本,在遇到风险和效益波动时,比其他经营主体更容易"退出",而一旦"毁约弃耕",农田出现新的撂荒,退还给原承包户的耕地可

---

① 参见陈锡文.工商资本下乡后农民从业主蜕变成雇工[J].共产党员,2010(17):33.

② 参见天欧南.工商企业介入农地经营的风险研究——基于省际面板数据的实证分析[J].社会科学战线,2012(9):245-247.

能已经"受伤",不利于农地的长期可持续经营。[①] 因此,工商资本下乡对于当前中国农业的发展,毫无疑问是一把"双刃剑",应当避免其对农民的剥夺、对农业可持续生产发展的负面作用,这就需要平衡引导鼓励资本下乡和规范发展之间的关系。

三、土地经营权市场准入规制的制度构建

随着市场经济的不断发展和深化,市场经济所确立的经济形态亦逐步影响到中国农村的制度改革。"三权分置"政策下土地制度的改革设计即是以市场为基础来推动农村要素价值的实现。这一过程中,不得不精准识别相关市场的主体、客体以及交易标的,以正确围绕市场角色制定行之有效的市场规范和监管规则。土地经营权市场是以获得土地经营权为目的并进行农业经营的市场主体,在这个主体的确定环节中,始终有一个绕不开的主体即是一般农户。虽然当前政策倾向于对农户进行倾斜性保护,以避免社会资本对农村社会稳定的破坏。然而在市场构建环节中,又不得不保障农户进入市场、为市场交易的基本权利。且因为承包农户的身份性特征、农地确权登记制度改革等因素,承包农户有着"三农问题"的特殊性,亦不乏参与土地经营权市场的权利和信心。由此,制度设计需要对上述特殊性予以考量,并作出有效回应。本书以为,从降低改革成本、市场运行效率等角度予以考量,应在市场准入与市场监管环节对现行相关市场主体进行分类规制,以提升制度运行效率。

---

① 参见刘成玉,熊红军.我国工商资本下乡研究:文献梳理与问题讨论[J].西部论坛,2015(6):1-9.

从概念上讲,市场主体既包括自然人,也包括法人或者其他经济组织。从广义上理解,市场主体还包括市场的生产经营者、市场的消费者和市场中介机构等。从狭义上理解,市场主体仅指以营利为目的在市场上从事经营活动,以自己的名义享有权利和承担义务的个人或组织。本书所讨论即为狭义上的市场主体,并类型化为:一般农户与新型农业经营主体。市场主体准入则是指政府职能部门依照法定方式、条件和程序,确定自然人、法人及其他组织的市场主体资格和法律地位,并以一定标准许可其特定范围经营资格的行为。

(一)一般农户市场主体准入制度

从土地经营权市场角度来看,土地经营权的使用主体包括承包农户,且承包农户是土地经营权的主要来源。据此,将其划分为用益土地承包经营权的农户与用益土地经营权的农户。用益土地承包经营权的农户即指承包权与经营权尚未分离,但基于"三权分置"设定,承包农户是基于土地承包权而获得并经营了土地经营权,此种模式与"两权分置"制度的所表征的形式实属一致。用益土地经营权的农户,即指在"三权分置"背景下承包农户借由土地经营权市场并流转了土地经营权的农户。由于前者模式相对稳定,且并非进入土地经营权市场,由此本书并不展开讨论。为行文方便,本书所指一般农户即指除了自身基于土地承包合同所持有土地经营权外,还通过参与土地经营权流转市场获得经营权的农户。未参与土地经营权流转的承包农户所持有的土地经营权与其土地承包权并未分离,属于土地承包经营权的原始范畴,除了政策既定的确权、登记外,并不参与土地经营权市场交易,故本书不予过多讨论。此外,一般农户参与土地经营权市场流转是对"两权分离"背景下土地承包经营权流转形式的延续,且本质上属于土地承包经营权的出租模式。农业部政策文本把它界定为"是指承包方将部分或全部土地承包经营权以一定期限租赁给他人从事农业生产经营。出租后原土地承包关系不变,原承包方继续履行原土地承包合同规定的权利和义务。承租方按出租时约定的条件对承包方负责。"①由此,从市场准入制度的初衷来看,一般农户并非市场准入规制的重心所在,而是改革背景下对旧有经济秩序的延续和保护。对此种流转模式而言,应注重对基本程序的设计,协调好双方流转主体的行为意愿,同时,也为农地集约化、农业现代化作出一份努力。

从市场主体登记管辖的分类来看,可分为一般管辖、授权管辖、委托管辖与制定管辖四类。而现行法律法规所指出的市场主体无论是按责任形式还是按组织形式也并未将一般农户作为市场主体予以考虑。因此,一般农户参与市场的登记管辖同样应参照承包农户管理的形式,以农村区域划分为基础,设定在乡镇政府或县级管理部门,村民委员会负责协助、备案、初步审查义务。② 乡镇政府管辖设定的合理性包

---

① 参见朱冬亮.农业治理转型与土地流转模式绩效分析[M].北京:中国社会科学出版社,2017:8.

② 《村民委员会组织法》第八条规定:"村民委员会应当支持和组织村民依法发展各种形式的合作经济和其他经济,承担本村生产的服务和协调工作,促进农村生产建设和经济发展。村民委员会依照法律规定,管理本村属于农村农民集体所有的土地和其他财产,引导村民合理利用自然资源,保护和改善生态环境。村民委员会应当尊重并支持集体经济组织依法独立进行经济活动的自主权,维护以家庭承包经营为基础、统分结合的双层经营体制,保障集体经济组织和村民、承包经营户、联户或者合伙的合法财产权和其他合法权益。"

括:其一,就当前土地经营权流转的形式来看,承包农户主动参与并作为经营权流入方的比例较小,乡镇政府具有管理的能力;其二,农户户籍管理权限本身缘起于乡镇政府,具有管理的信息优势和便利性。其三,从当前产权交易平台的设立情况来看,三级农村产权市场体系是主要趋势,包括省(市)、市(区县)、镇(街道)三个层面,以构建起上下贯通、信息顺畅、功能完善的农村产权交易市场体系。由此,产权交易平台下设到镇一级,可以在一个平台完成审核、确权、交易等流程,有利于促进土地经营权交易。当然,一般农户市场主体登记的管辖同样需要在上级管理部门进行制度设计,虽然当前对于集体经济组织外的土地产权交易限制尚未解除,但相信随着"三权分置"的推进与农村土地产权制度的改革,跨村、跨镇甚至跨县域的土地经营权流转亦可能出现,由此,作为相对特殊的制度设计应进行预设。此外,作为土地经营权的流入方,县级地方人民政府是土地经营权的发证机关,对登记事宜同样也便利审查。

(二)新型农业经营主体市场准入制度

《关于加快发展现代农业进一步增强农村发展活力的若干意见》明确指出,鼓励和支持承包土地向专业大户、家庭农场、农民合作社流转,发展多种形式的适度规模经营。同时2013年中央一号文件鼓励和引导城市工商资本到农村发展适合企业化经营的种养业。《中共中央关于全面深化改革若干重大问题的决定》同样明确:"坚持家庭经营在农业中的基础性地位,推进家庭经营、集体经营、合作经营、企业经营等共同发展的农业经营方式创新。鼓励承包经营权在公开市场向专业大户、家庭农场、农民合作社、农业企业流转,发展多种形式规模经营。"从政策蕴含的态度来看,对于工商企业入农的态度经历了严格准入到鼓励准入的转变。当然,这种鼓励准入是以规范性为前提的,是以防范农业经营风险为基础的。因此,当前的制度构建同样应注重风险防范下农业经营主体的规范性经营。如对以下风险的防范:其一,地方政府在土地流转中表现出"规模偏好"倾向,导致违背部分农民意愿的土地承包经营权"被强制性流转";其二,用财政资金、优惠政策去引进企业时标准较低或无标准,以致对农业产业造成破坏,无益于农民致富;其三,部分企业农业经营理念落后,掠夺性吸收土地价值,破坏土地质量。

当检视当前制度现状时,就不难发现,政策鼓励过多,法律确认阙如。对此,应注重完善对工商资本进入农业的评审、准入和监管制度,防止部分企业借下乡开展农业经营为名将农地变作他用。同时,应完善农业发展成果利益分享机制和社会保障体系,确保农村发展成果切实被农民分享。需要将公司行为纳入制度化轨道,探索建立中国特色的农业生产法人制度。工商资本下乡,是带动、不是代替农民发展现代农业,引进龙头企业,是进入农户家庭及合作社无法承担的关键环节和产业发展的薄弱环节,注重强化新型农业经营主体对农业发展的补足功能。确保以农民为主体推进现代农业发展,特别不能以财政资金、优惠政策去引进对农民只有竞争排斥、没有带动效果的企业。[1]

土地经营权市场是土地经营权供求关系的总和,势必是

---

[1] 中国新闻网:《中国鼓励新型农业经营主体工商入农须严格准入监管》,2017年12月26日。

在一定交易规则下交易的产物。土地经营权的生成路径以及土地承包经营权的特殊性决定了土地承包经营权流转市场是特殊产权市场,它既不能按照商品市场模式建立分级、分层次交易市场,也不能按照一般产权市场模式建立固定交易场所,而应从实际出发,以承包农户为流转主体,以土地经营权为交易对象,按照归属清晰、形式多样、用途管制、严格管理、流转顺畅的要求,发挥市场机制的基础作用,遵循依法自愿有偿原则建立多种形式的土地承包经营权流转市场。有条件的可以建立有固定交易场所的有形市场,没有条件的可以从构建比较完善的交易规则入手建立,也可以通过开展广泛的服务为流转市场的建立创造条件。① 当然,互联网+时代还要求管理部门通过网络平台的方式实现形成交易、公布信息等功能。基于上述背景,在讨论新型农业经营主体准入制度的整体思路时,势必需要考量土地经营权来源及市场化的程序和利益归宿。首先,应明确准入制度的适用范围,即只要在土地经营权流转市场内进行土地经营权流转交易的,均应受到本书所讨论准入制度的规范,以利于土地经营权市场规范化。其次,交易客体虽然明确为土地经营权,但还应具体解释为包括:其一,家庭承包或其他承包方式取得的土地经营权;其二,集体经济组织未发包的土地经营权;其三,其他依法可流转交易的土地经营权。再次,交易主体的明确是市场建设中的重要部分,也是准入规制制度的主要指向对象,全面来讲应包括:农村集体经济组织、承包农户、家庭农场、专业大户、农民专业合作社、农业企业、各类农业经营主

---

① 参见金文成,孙昊.农村土地承包经营权流转市场分析[J].农业经济问题,2010(11):53-56.

体以及具备农业生产经营能力的其他组织或个人。由于当前"三权分置"改革正逐步推进中,很多政策和制度是预设性的、试点性的,由此也导致交易主体具有较大不确定性。但总体而论,土地经营权市场交易主体是具有资格获得土地经营权的主体,是资格性的,这种资格需要我们在准入规制的制度设计中予以考量并对其加以规制及优化,以完善市场法制建设。最后,基于市场规范性的建设,需要对市场交易设定相对趋同的条件,也更能实现市场主体的信息平衡。

1.新型农业经营主体准入制度的域外考察

第二次世界大战结束以来的半个世纪,以西方发达国家的农业产业化经营与服务体系为代表的现代农业发展模式,已经成为世界农业高新技术的增长点、资本和知识的汇聚点以及城乡居民生活福利水平提高的贡献点。[①] 尽管各个国家或地区的自然资源禀赋、社会政治环境各不相同,但是现代化农业发展过程中还是呈现出诸如分工专业化、生产科技化、土地规模化、管理企业化、销售商品化、组织合作化、资本集约化等共同性的基本特征和发展趋势。从发达国家现代化实现的路径来看,主要包括两种:其一,以美国、加拿大、澳大利亚等地域广阔、资源丰富的国家为代表的规模化经营模式和以日本、韩国等地域狭窄、资源匮乏的国家为代表的精细化农业模式。鉴于我国人多地广、地形特征复杂的特殊国情,两类不同形态的发展模式于我国均具有借鉴价值。当然,推动世界各国现代农业发展的"主角"亦各不相同,但整体来看主要以家庭农场、农业企业、农业合作组织为典型代

[①] 参见张新光.当代世界农业发展的基本规律及其启示[J].当代财经,2008(6):71-76.

表。此外,这些经营主体在不同国家可能一并存在也可能部分存在,且所发挥的生产、服务、组织、协调、管理等职能与作用都不尽相同。本章试图以准入制度为角度,提炼出我国土地经营权市场中经营主体准入规制的制度经验。[①]

从准入制度的考察来看:在组织形态上,家庭农场制度在多数国家均有建立,如美国、澳大利亚、巴西,其基本功能与中国家庭承包经营户类似。不同之处在于他国均在经营身份和产权情况进行了划分。如美国以经营身份为标准分为了自由农场、分成制农场、经理制农场,以土地产权为标准分为业主制、合作制、公司制。农业合作社形式不仅是日本的主要农业组织形态,在发展中国家更受青睐,如巴西合作社模式、印度农业合作社模式。此外,农业企业在世界各国较为常见,只是各国对农业企业是否以公司制形态存在的态度不一,美国在农业经营主体的态度上相对开放,正如家庭农场制度亦可以公司形式设立一样。而巴西则相对保守,其农业经营主体以"农户加企业模式""农场加企业模式""合作社模式"为主,其旨在发展农业产业化经营,对于农业企业并没有大力推崇。

在设立条件上,由于部分国家在土地制度上实行私有制,并允许私人土地买卖,因而其在土地所有、土地使用市场制度的构建上于我国可借鉴之处不多。由此,对土地经营权市场的讨论,需要回归到土地国家所有的国家和地区,在共同的制度语境中去参考和借鉴。日本土地制度是以私有制为主体的多元土地所有制,全国 65% 的土地私有,其余 35%

---

① 参见黄祖辉,陈龙.新型农业经营主体与政策研究[M].杭州:浙江大学出版社,2010:196.

为国家和公共所有。① 与农地相关的法律分为两种:农业土地和土地利用。且对土地利用和土地市场准入有较为完整的法律规定,相关法律达60多部,包含了《农地法》《土地基本法》《土地改良法》《农业经营基盘强化促进法》《农业振兴地域整备法》《市民农园整备促进法》《农山渔村活性化法》《农业委员会法》《农业者年金基金法》《农业担手安定经营法》《都市规划法》《中心市街地活性化法》《国土利用规划法》《多极分散型国土形成促进法》《新都市基盘整备法》等。从具体条文的设计来看,《农地法》第三条规定了对农用土地权属转移的限制条款;《农地法》第四条和第五条规定了对农用土地转为非农业用地的限制条款,第四条为农用地转为自用宅基地作出规定,第五条为农用地转为商业用地作出规定;《森林法》第十条第二款对林地的农业和非农业开发行为的许可进行了规定。而《农地法》第四条、第五条以外的农地转用则主要是道路和公共设施占用耕地和植树造林占用耕地。② 在日本农业发展深化阶段,是以"认定农业生产者制度"为核心的,其宗旨就在于培养掌握现代技术的农业经营接班人,提高土地的利用效率。据统计,21世纪初日本认定农业生产者达到17.8万户。③

---

① 参见土流网:《日本的土地制度与农地流转》,2017年12月1日。

② 参见梁书民.日本的土地制度与农业政策及启示[J].农业经济问题,2011(9):104-109.

③ "认定农业经营者"指那些在改善农业经营效率和扩大规模上有积极性的农业经营者,由政府进行选择和认定,其根本目的在于提高农业经营者的收入水平,培养掌握现代技术的农业经营改善计划,如果未达到预定的计划目标,认定农业者资格即将取消,认定农业者可以获得地方优惠的政策支持。该制度一方面促进了农地流转,另一方面避免了流动方向的随意性。

　2.农民专业合作社的准入规制

　　由于制度改革的历史逻辑,现行新型农业经营主体土地经营权市场准入的制度还处于逐步摸索阶段,部分试点地区在执行时基本参照中央精神以及同类市场相关做法。因此,本书将以现行新型农业经营主体法律制度为基础,对新型农业经营主体的市场准入制度提出可能的制度鉴益。

　　根据农业部和各地对家庭农场的界定标准,家庭农场的设立条件为:经营者应具有农村户籍;以家庭成员为主要劳动力;家庭以农业收入为主,农业净收入占家庭农场总收益的80%以上;经营规模达到一定标准并相对稳定(连续承包3年以上),按照各地适度经营规模大小分为小型、中型和大型家庭农场;家庭农场经营者应接受过农业技能培训;对于符合家庭农场条件的农民创业项目,提供企业认证,并颁发农民创业培训合格证书。"实行农业从业资格认证是发达国家的普遍做法。法国从事农业经营必须具备一定的条件,而且这个条件还在逐步提高。1973年要成为一个农业组织的负责人,必须具备农业专业技能证书,相当于我国农学类专业专科毕业证;1981年又增加了40小时的预备实习;1992年又增加了6个月的实际实习;到2009年又增加了个性化的专业计划。而且主办一个农业组织还有年龄限制,1973年规定不超过35岁,2012年规定不超过40岁。我国应结合农业创业培训,逐步实行农业从业资格认证。"①一是制定农业土地流转的规定。对于获取农业土地的主体限定为新型农业经营主体,其负责人必须经过农业创业培训,没有取得农民创业

---

　　① 参见汪发元.中外新型农业经营主体发展现状比较及政策建议[J].农业经济问题,2014(10):26-32,110.

培训合格证书的人员不得成为新型农业经营主体的负责人。二是实行农业创业有条件扶持。对农业创业有针对性的扶持,国家"三农"经费应该向新型农业经营主体倾斜,从而促进新型农业经营主体发展壮大。[①] 专业大户经营规模超过200亩的鼓励转型为家庭农场,进行工商注册,使其拥有法人资格的基础上开展企业认证。按照中央要求"创建农业产业化示范基地,促进龙头企业集群发展。推动龙头企业与农户建立紧密型利益联结机制,采取保底收购、股份分红、利润返还等方式,让农户更多分享加工销售收益。鼓励和引导城市工商资本到农村发展适合企业化经营的种养业"。[②] 因此,农业生产企业开办人员必须有相应的文化程度、专业基础、农民身份。这样,促进土地向高素质的职业农民相对集中,促进新型农业经营主体的形成,提高土地利用效益。[③]

《农民专业合作社法》试行5年以来,为农民专业合作社及农村经济的发展产生了积极影响,伴随着合作社不断全面深入地参与市场经济活动中,合作社的发展急需更多的制度保障。其中,合作社对于土地经营权市场的准入规定同样阙如。从《农民专业合作社法》的修订路径来看,以下几个方面需要予以回应:

(1)农民专业合作社出资问题

从本质上讲,出资形式关涉企业的运营结构、资本规模,

[①] 参见张丽叶.欧美亚农业发达国家新型农业经营主体发展趋势及启示[J].世界农业,2017(11):90-96.

[②] 参见《中共中央国务院关于加快发展现代农业进一步增强农村发展活力的若干意见》。

[③] 参见崔宁波,宋秀娟,于兴业.新型农业生产经营主体的发展约束与建议[J].江西社会科学,2014(3):52-57.

而现行《农民专业合作社》对此问题进行了回避,以致农民专业合作社成员的出资形式成为一个悬而未决的问题。《农民专业合作社登记管理条例》第八条规定:"农民专业合作社成员可以用货币出资,也可以用实物、知识产权等能够用货币估价并可以依法转让的非货币财产作价出资。成员以非货币财产出资的,由全体成员评估作价。成员不得以劳务、信用、自然人姓名、商誉、特许经营权或者设定担保的财产等作价出资。"对于土地承包经营权是否可以作为出资形式法律没有明确规定,但从登记条例中"可以用实物、知识产权等能够用货币估价并可以依法转让的非货币财产作价出资",可以判断合作社成员以非货币财产出资应当符合两个要件:能够用货币估价且可以依法转让。[①] 因此,修订草案一审稿规定,农民专业合作社成员可以用土地经营权、林权等可以用货币估价并可以依法转让的非货币财产出资。有些地方和农民专业合作社提出,实践中成员出资的形式多样,只要符合章程规定、全体成员认可、符合法律和行政法规规定即可。对此,全国人大法律委员会经研究,又在二审稿中增加了"以及章程规定的其他方式"作为出资的兜底条款。此外,为适应农民财产多样化和农村土地"三权分置"的发展趋势,平衡农民财产权利的实现与农村社会稳定之间的关系,保护农村家庭承包经营户在农民专业合作社中的利益,完善专业合作社出资结构。《中华人民共和国农民专业合作社法(修订草案)》第十二条明确规定:"农民专业合作社成员可以用货币出资,也可以用实物、知识产权、土地经营权、林权等可以用

① 参见吕丝.我国农民专业合作社法律问题研究[D].武汉:武汉大学,2013:90.

货币估价并可以依法转让的非货币财产向农民专业合作社作价出资;但是,法律、行政法规规定不得作为出资的财产除外。"无论从法理上还是从法律规定上,土地经营权应可作为合法出资参与到农民专业合作社的运营之中。具体来讲,有两个方面需要讨论:

第一,合作社成员以土地经营权出资参与合作社。实践中成员出资的形式多样,充分展现了"法不禁止则自由"的理念,只要符合章程规定、全体成员认可、符合法律和行政法规规定即可。虽然修法趋势已然明确了土地经营权的出资资格,但对于土地经营权的法权构造当前还尚未理清。对此,从入股出资的角度来看,土地经营权货币估价与土地经营权依法转让问题需要首先明确。"三权分置"下土地经营权在性质上属于不负载任何社会保障功能的用益物权、财产权,其价值内涵界定应为经营土地的未来经济价值之和,适宜采用收益还原法估价。该方法在当前我国农村土地经营权价值评估中具有数据可获得性及交易双方可接受性的优势。土地经营权价值评估中的收益、费用、还原率、收益期等关键参数的求取需考虑农用地及农业生产的特殊性。因此,为科学高效评估农村土地经营权价值,有必要进一步探索构建农村土地评估配套机制,为完善和规范农村土地流转市场提供服务。① 相关内容本书在价格规制一章将展开系统讨论。从既有的土地经营权流转讨论来看,大多围绕土地承包经营权的流转合理、合法性讨论,并对流转方式的适用存有质疑。土地经营权市场构建过程中,土地经营权产权制度的设计较

---

① 参见张晓平,崔燕娟,周日泉.农村土地三权分置下承包经营权价值评估研究[J].价格理论与实践,2017(7):62-65.

好地解决了这一质疑,且既定政策在对土地经营权市场的构建过程中强调对土地经营权流转的设置本为应有之义。从《农村土地承包法》的修法路径来看,2017年11月初发布的《农村土地承包法修正案(草案)》规定,第二章第五节规定了"土地经营权的保护和转让",其中第三十五条、第三十六条、第三十七条规定了流转方式、基本原则及土地经营权的保护,较旧《农村土地承包法》之规定而言,上述规定明显存有开放性。

第二,农民专业合作社以土地经营权向公司、农民专业合作联合社出资。《农民专业合作社法(修订草案)》二审稿中增加规定,农民专业合作社可以依法向公司等企业投资,但是不得成为对所投资企业的债务承担连带责任的出资人。对此,专家提出质疑并建议修改为"仅以投资为限,承担所投资企业的债务"。投资的公司应该是一个法人,草案限制的是农民专业合作社不能成其连带责任人,如果限定为仅以投资为限来承担所投资的企业债务,则具备较强的操作性。如果发生债务了不作为连带责任的出资人,权利和义务就不对等了,如果给股份制企业投资,就是股东,合法获取分红,同时如果企业出现亏损或者出现债务,也应承担相应的责任和义务。农民专业合作社的性质是互助性的基础组织,有独立法人资格的,可以依法行使权利,承担民事责任,对本身的财产承担债务、承担责任,享有与其他市场主体平等的法律地位。[①] 采用以投资为限的责任形式既可以督促农民专业合作社谨慎投资,也在合作社与投资企业之间建立了平等的权利

---

① 参见朱宁宁.建议厘清部门职责加强审计监督[N].法制日报,2017-12-26(10).

义务关系。此外,合作社成员土地经营权作价入股合作社后,合作社的对外投资依然可能将土地经营权以入股形式投资到其他公司。关于此,需要讨论以下几个问题:第一,基于土地经营权的特殊性,是否需要征得原土地经营权人的同意。本书认为,基于土地经营权自愿入股合作社的意思表示以及土地经营权作价入股形式的考虑,农民专业合作社以土地经营权对外投资无须征得原土地经营权人的同意。此种形式在保障农民专业合作社独立性的基础上还实现了合作社的运营独立。第二,土地经营权向公司或农民专业合作联社出资后的遭遇责任时土地经营权的退出问题。对于此问题同样应秉持土地经营权阶段性"所有"的性质来考虑,当前《农民专业合作社法》明确规定了合作社以其全部财产对债务承担责任,认可了合作社承担债务的可能性。"合作社对外从事交往也是合作社生存不可或缺的,对外民事交往过程中必然要产生债权债务,如果否定了合作社的债权债务人地位,将会使合作社法人地位失去在现实生活中的意义。"在债务的实现过程中,无论是以出资为限抑或是以全部财产为限,都将面临土地经营权的实现或流转问题。"三权分置"模式下,土地经营权的流转机制将十分顺畅,此过程中需要明确土地集体所有权原则性和土地承包权的稳定性,通过登记备案的形式土地经营权在承包期限内具有独立的资本价值,由此这一问题应从"三权分置"对土地经营权市场的构建角度来解决。

(2)联合社的市场准入问题

随着农民专业合作社在市场经济中的积极因素不断被广大群众认可,一种面向市场的、更为高级的联合形态——农民专业合作社联合社,开始在基层的实践中出现。据农业部统计,目前我国基层成立的农民专业合作社联合社已有6 000多家。①《农民专业合作社法》修订期间,修订草案一审稿第七章对农民专业合作社联合社作了规定。对此,有的委员和地方代表建议明确只有农民专业合作社才能成为联合社的成员。有的委员和农民专业合作社、社会公众提出,联合社应当是经营实体,其成立目的和主要作用应当在法律中明确。有的委员和部门、地方代表建议明确农民专业合作社的理事长、理事、经理能否兼任联合社的理事长、理事、监事、经理。针对这些建议,二审稿作出了相应修改。一是明确农民专业合作社为扩大生产经营和服务的规模,发展产业化经营,提高市场竞争力,可以依法自愿设立或者加入农民专业合作社联合社;二是增加联合社理事长、理事应当由成员社选派的人员担任的内容;三是明确农民专业合作社联合社的成员大会选举和表决,实行"一社一票"。② 联合社是农民专业合作社契约意志的制度创新,使得联合社能够实现规模经济与分散单个合作社的风险。

由此,联合社的合法定位得以确立。同样,作为农民专业合作社契约联结的制度安排,联合社在组织结构、运营管理上有别于农民专业合作社对外投资,但就资产性质而言,同样属于合作社以自身财产入股的合作形式。因此,对于联合社在土地经营权市场的准入规制可参照前文所述合作社对外投资形式的制度设计。

虽然《农民专业合作社法》在第五十八条规定了农民专

---

① 新三农:《什么是农民合作社联合社》,2017 年 12 月 1 日。

② 参见朱宁宁.建议厘清部门职责加强审计监督[N].法制日报,2017-12-26(10).

业合作社联合社及成员社的责任承担方式,但基于现有联合社发展现状,真正的实现还需要在联合社的制度规范方面有所建树。当前看来,应注重识别联合社规范化发展与土地经营权市场建构并存的制度现状与时代特征:其一,当前联合社的形态还比较松散,各合作社之间还缺乏紧密的联结机制,内部缺乏"收益共享、风险分担"的利益联结机制,较少由联合社采取合作社入股入社的联合方式,联合社内部尚未建立起成员社之间的股权合作机制,由此也导致诸多交易行为虽以联合社之名实属个别合作社之实。① 在土地经营权市场的准入规制领域,应注重联合社的资质和结构认证,避免原土地经营权人遭受表见行为之负担;其二,当前关涉农民专业合作社联合社的规范大多为地方性法规,且各地在规定上千差万别。如《山西省农民专业合作社条例》第三十一条规定:"两个以上农民专业合作社可以设立农民专业合作社联合社,领取农民专业合作社法人营业执照。农民专业合作社联合社的登记、生产经营以及对其指导、扶持、服务等活动,参照本条例的有关规定执行。"《黑龙江省农民专业合作社条例》第八条规定:"两个以上农民专业合作社可以根据自愿、平等的原则组成联合社,并享受农民专业合作社的相关优惠政策。"由此,在各地土地经营权市场的准入制度中,应注重对地方立法规定的回应,以避免全国出现千差万别的准入状况。

(3)农民专业合作社准入问题

如前所述,农民专业合作社成员以土地经营权、林权等

---

① 参见刘同山,周振,孔祥智.实证分析农民合作社联合社成立动因、发展类型及问题[J].农村经济,2014(4):7-12.

可以用货币估价并可以依法转让的非货币财产出资已经具备了实现的基础。易言之,农民专业合作社进入土地经营权市场是具有双向激励的选择。一是土地经营权人需要进入农民专业合作社以改善自身经营,二是农民专业合作社同样需要土地经营权的流入以扩大经营规模。为适应农民财产多样化和农村土地"三权分置"的发展趋势,平衡农民财产权利的实现与农村社会稳定之间的关系,保护农村家庭承包经营户在农民专业合作社中的利益,完善专业合作社出资结构,《农民专业合作社法》第十三条规定:"农民专业合作社成员可以用货币出资,也可以用实物、知识产权、土地经营权、林权等可以用货币估价并可以依法转让的非货币财产向农民专业合作社作价出资;但是,法律、行政法规规定不得作为出资的财产除外。"此外,还应强化农民专业合作社的登记注册制度,开展农民合作社资格审核,对于专业大户领办并持有90%以上股份等有名无实的合作社,符合家庭农场条件的可以转型为家庭农场,不符合条件的应予以规范或注销。扶持发展规范的合作社扩大土地连片经营规模,重点支持农机合作社的发展,鼓励农户带地入社,形成更紧密的利益联结。①

3.农业企业的准入规制对策

工商资本规制的重点和路径设计应当以工商资本下乡可能出现的弊端和负外部性进行有效的规制为中心,规制的重点在于以准入管制和用途管制为抓手,要坚持土地公有制性质不改变、耕地红线不突破、农民利益不受损三条底线,让

---

① 参见黄维,梁汝文,何良俊,等.新型农业经营主体培育存在的问题及其对策[J].钦州学院学报,2017(2):96-100.

农民成为土地流转和规模经营的积极参与者和真正受益者。

首先,对于工商资本下乡可能引起的破坏农业可持续发展的问题,要加强工商资本租赁农地监管和风险防范,对工商资本租赁农地实行分级备案,严格准入门槛,探索建立程序规范、便民高效的工商资本租赁农地资格审查、项目审核制度,健全多方参与、管理规范的风险保障金制度。加强事中事后监管,防止出现一些工商资本到农村流转土地后搞非农建设、影响耕地保护和粮食生产等问题,确保不损害农民权益、不改变土地用途、不破坏农业综合生产能力和农业生态环境。①

其次,从工商资本下乡的时间、面积等方面进行准入规制。对工商资本长时间、大面积租赁农户承包地要有明确的上限要求,制定相应控制标准。对租赁期限,应视项目实施情况合理确定,可以采取分期租赁的办法,但一律不得超过二轮承包剩余时间;对租赁面积,由各地综合考虑人均耕地状况、城镇化进程和农村劳动力转移规模、农业科技进步和生产手段改进程度、农业社会化服务水平等因素确定。既可以确定本行政区域内工商资本租赁农地面积占承包耕地总面积比例上限,也可以确定单个企业(组织或个人)租赁农地面积上限。首次租赁面积一律不得超过本级规定的规模上限;确有良好经营业绩的,经批准可进一步扩大租赁规模。要按照工商资本租地面积的多少,以乡镇、县(市)为主建立农村土地经营权流转分级备案制度。备案事项应包括农地租赁合同、农地使用情况等内容。②

---

①② 参见《关于加强对工商资本租赁农地监管和风险防范的意见》。

最后,对于工商资本下乡排斥农户的情况,应以发展股份合作为重点,完善工商资本下乡的企业组织形式。发展现代农业必须突出农民主体及市场化的手段,通过土地入股等方式,让当地农民参与进来,将企业的效益和农民利益紧紧连在一起。"企业兴,农民兴",才是发展现代农业的正确选择。对此,可以采取"公司+合作社+农户"的方式,以此发挥三者在资本技术、引领农户和家庭分散经营方面的各自优势,推进收益分配上的合理性。

管制的历史揭示,结构性的经济变化经常伴随着政府干预市场的新形式。我国改革开放以来不断调整经济结构和转变发展方式,农地市场同样经历了结构、发展与规制的转变。析言之,农地市场在理念层面呈现出"管制"到"规制"的转变,即由传统具有更多公权力管制色彩的土地制度,迈向一种更具市场化权利保护的土地制度。法律规制作为制度契合和治理经验的选择,理应成为土地经营权市场规范发展的理想范式。但同样应当认识到,准入规制作为土地经营权市场规制的"门槛"和起点,容易忽视对社会经济关系的理念提炼以及市场主体要求的直接回应,演变为"纯技术问题"。因此,探讨土地经营权市场法律规制问题,整体框架是基础,规制效果是关键,规制技术是保证,都需要从理论上开展更加深入的研究。总之,对于工商资本下乡的准入规制,应从企业经营资质、经营条件、项目审查、分级备案、企业组织形式、租赁期间和租赁面积管控方面着手,完善工商资本下乡的准入制度。

本章小结

　　当前的政策法规鲜有对经营权的受让主体进行限制，经营权的流转突破了农民身份的限制，包括工商资本在内的任何第三方都可以成为农地经营者。但如果对新型农地经营者的行为不加管控，一些强势的工商资本会为了获取高额的利润，对土地采取"非农化、非粮食化"的经营方式，进行"涸泽而渔"式的利用，从事土地的工商业开发，这将对我国农业的可持续发展和国家粮食安全产生重大的影响。传统农户与新型农业经营主体存在主体性质、经营方式等方面的差别，需要在法律规制中树立公平与效率的理念，以保障传统农户利益的基础上促进新型农业经营主体快速发展。因此，制度目标的设定上应注重准入门槛"宽度"的设置，注重农业经营主体类型化，实现规制协调。以农户、家庭农场、专业大户、农民专业合作社及农业企业为规制对象，探讨准入规制理应把握的重点方向：农民专业合作社和农业企业，以此探讨土地经营权市场准入规制的制度构建。

第五章　土地经营权市场运行规制

土地经营权市场运行是多主体、多环节的市场现象,市场主体(参与者)、中介组织(协助者)、政府(干预者)是土地经营权市场主体制度的核心要素;私法层面而言,土地经营权市场合同制度和土地经营权市场登记制度是市场运行的程序性法律制度,是土地经营权市场运行的基础性制度。公法层面而言,政府基于职能和公共利益需要对相关市场进行宏观调控,实现效益的最大化。此外,市场失范行为甚至违法行为同样需要政府履行监管职责,其规制路径为构建、完善市场基础法律制度、市场改革法律制度、市场秩序法律制度及社会保障法律制度。

一、土地经营权市场运行的主体法律制度

主体要素是土地经营权市场的必备要素,是私法行为或公法行为的发起者以及接收者。按照市场参与环节的不同,可以分为市场参与者(市场主体)、市场协助者(社会中介)、市场监管者(政府)。其中,市场主体是土地经营权交易市场

的核心要素,是市场运行的主要当事人。社会中介是基于土地经营权市场特殊性所设立,与一般中介组织不同,土地经营权市场相关中介更具存在的必要性和正当性。政府是土地经营权市场的监管者,其科层结构上至中央政府下至乡镇政府甚至"村民委员会"。

(一)参与者:市场主体

历史和现实经验已经证明,构建现代市场体系的关键在于激活市场主体的活力。根据对市场主体类型及其法律制度的整体认识可知,市场主体具有法定性、多样性、规范性、灵活性和一致性。[①] 土地经营权市场的市场主体与土地经营权产权制度、农民根本权益具有重大关联,这种关联是复杂的、多面的和变化的。当前看来,土地经营权市场主体至少应包含发包方、承包农户、次级土地经营权人。

1.发包方

发包主体(即发包方)是指依法有权对农村土地行使发包权的当事人。这里的"发包权"是指发包方发包本集体经济组织农民集体所有或者国家所有依法由本集体经济组织农民集体使用的农村土地和委托发包农村土地的权利。根据《农村土地承包法》第十三条:"农民集体所有的土地依法属于村农民集体所有的,由村集体经济组织或者村民委员会发包;已经分别属于村内两个以上农村集体经济组织的农民集体所有的,由村内各该农村集体经济组织或者村民小组发包。村集体经济组织或者村民委员会发包的,不得改变村内各集体经济组织农民集体所有的土地的所有权"和"国家所

---

① 参见王利明.市场主体法律制度的改革与完善[J].中国高校社会科学,2014(4):130-131,160.

有依法由农民集体使用的农村土地,由使用该土地的农村集体经济组织、村民委员会或者村民小组发包",发包方为农村集体经济组织、村民委员会或者村民小组。《农村土地承包法》第三章"其他方式的承包"规定了"不宜采取家庭承包方式的农村土地承包方式"。第五十条规定:"荒山、荒沟、荒丘、荒滩等可以直接通过招标、拍卖、公开协商等方式实行承包经营,也可以将土地承包经营权折股分给本集体经济组织成员后,再实行承包经营或者股份合作经营。"显然,两类农村土地承包的发包方都为农村集体经济组织、村民委员会或村民小组。其中,农村集体经济组织是主要发包主体。基于三权分置改革的层次性,需要明确土地承包经营权与土地经营权在发包人的发包制度下究竟存何区别。此外,如果发包人发包的是土地承包经营权,则此类情况不在本节的讨论范围之内。因此,通过探寻土地承包经营权主体,以"互补式"的范畴界定方式来界定土地经营权于发包人发包时的范围。

基于《农村土地承包法》第十六条和《民法总则》第五十五条的法律依据,土地承包经营权的主体是农户或农村承包经营户为主流学说,前者规定:"家庭承包的承包方是本集体经济组织的农户";而后者规定:"农村集体经济组织的成员,依法取得农村土地承包经营权,从事家庭承包经营的,为农村承包经营户"。法学界看来,主要有三种意见:第一,由土地承包经营权的制度价值、家庭与农业的特殊适应性及中国传统农业运行模式与经验等因素所决定,以家庭承包方式取得承包经营权采取了以"户"为单位的主体构造模式。① 第

---

① 参见袁震.论"户"的主体构造及相关土地承包经营权益冲突[J].河北法学,2013(9):83-90.

二,以家庭承包方式设立的土地承包经营权,其主体具有身
份性,必须是本集体经济组织成员所组成的农户,至少在土
地承包经营权设立之时是这样的。① 第三,以家庭承包方式
取得土地承包经营权的主体形式上是农户,实质上是本集体
经济组织的成员。② 关于土地承包经营权主体的不同意见,
主要是对我国现行法律尤其是《农村土地承包法》的相关规
定存在不同解释所致,此所涉及的解释论问题主要为两方
面:第一,以《农村土地承包法》第十六条与《民法总则》第五
十五条确定土地承包经营权的主体是否恰当;第二,能否依
现行法确定土地承包经营权的主体。本书的意见是,《农村
土地承包法》第十六条不是关于土地承包经营权主体的规
定,《民法总则》第五十五条规定的农村承包经营户不能作为
土地承包经营权的主体,根据《农村土地承包法》《土地管理
法》《农业法》等法律,完全可以明确得出土地承包经营权的
主体是集体经济组织成员(农民个体)的结论。③ 据此,严格
来讲,发包人将土地发包给土地承包经营权的个体即农民个
体的土地并非土地经营权市场之"土地流转"。而由此可以
推定土地经营权于发包人发包的土地经营权应为非农民个
人所接受的土地经营权。其范畴的依据是《农村土地承包
法》第三章"其他方式的承包"的规定,不宜采取家庭承包方
式的荒山、荒沟、荒滩等农村土地可以通过招标、拍卖、公开

① 参见崔建远.物权:规范与学说——以中国物权法的解释论为中心:下册
[M].北京:清华大学出版社,2011:507.
② 参见韩志才,袁敏殊.土地承包经营权主体辨析[J].安徽大学学报:哲学社
会科学版,2007(4):93-98.
③ 参见朱广新.论土地承包经营权的主体、期限和继承[J].吉林大学社会科学
学报,2014(4):28-37,171.

协商等方式承包给农户,也可承包给单位或个人,这里的单位或个人可以来自本集体经济组织外。即发包方所流转之土地经营权结构为:农村集体经济组织(土地经营权流出方)—土地经营权人(非农民个体的土地经营权流入方)。

2.承包农户

户在人口范围的划定上与中国传统的家庭基本一致。因此,承包农户通常指代通过家庭承包方式承包集体土地的农户。从法律技术上来讲,农户对于土地承包经营权的取得需要法律赋予主体资格,并据此成为一个法人。然《民法总则》在《民法通则》的基础上依然将农村承包经营户规定在自然人这一章节,由此说明"户"实质上并不构成法人的组织条件,属于自然人的一种特殊联合形式,是以家庭构造为基础所进行的联合。从土地经营权本源来讲,可归结于两个主体即集体经济组织和承包农户。集体经济组织以非农户土地经营权人为对象进行发包是土地经营权的首次分配,是本源性的。承包农户从集体经济组织获得土地承包经营权,并在"三权分置"背景下流转自身土地经营权,此土地经营权仍然是初始流转,是本源性的。因此,承包农户作为土地经营权流出方具有以下特征:其一,所流转的土地经营权是土地承包经营权的分离,即只有当承包农户开展流转,土地经营权的流转属性和价值才得以彰显。其二,承包农户既可以是土地经营权的流出方,亦可以是土地经营权的流入方,家庭农场的发展模式可以很好地诠释这一点。其三,承包农户作为土地经营权流出方,是土地经营权的主要发源地。其四,无论是土地承包经营权的流转抑或是土地经营权的流转,承包农户都将是最主要的受影响者,且在二者的制度衔接过程中,承包农户的保障问

题是制度考量的关键。因此,承包农户所流转之土地经营权结
构为:承包农户—土地经营权人(包含承包农户)。

　　3.次级土地经营权人

　　广义上的土地经营权人指用益农村土地经营权的所有
主体。此处命名为次级土地经营权人的目的是与初级土地
经营权人作区分,初级土地经营权人指首次从集体经济组织
或承包农户通过流转合同获得土地经营权的流入方,次级土
地经营权人即指从初级土地经营权人获得经营权的市场主
体。在这个环节中,土地经营权更具市场流转性,制度设计
更考虑市场供求关系与竞争性,且在很大程度上次级土地经
营权人主要是包含专业大户、家庭农场、农民专业合作社、农
业产业化龙头企业等新型农业经营主体。次级土地经营权
人获得土地经营权后将以更多的方式用益土地经营权,这部
分的流转将是多位市场主体之间的平等博弈,是市场机制的
重要组成部分。之所以作以上区分,理由如下:首先,鉴于各
流转环节的特征,初级土地经营权获得程序将是设立性的,
次级土地经营权的获得而是备注性的;其次,初次土地经营
权的设立与次级土地经营权的发生将是阶段性的,"三权分
置"改革初期将多为初级土地经营权的设立,"三权分置"改
革的发展及深化阶段将更多是次级土地经营权的流转。

(二)协助者:中介组织

　　关于中介组织的内涵和外延,有两种不同的解释。一种
是在党的十四大报告中提到的市场中介组织,主要是指在企
业与政府、企业与市场、企业与企业之间发挥其服务、沟通、
公证、监督作用的组织;另一种是在《中华人民共和国国民经

济和社会发展"九五"计划和2010年远景目标纲要》中提到的"发展联结农户和市场的中介组织",它指的是在引导农户进入市场过程中,向农户提供生产性服务、流通性服务以及金融性服务的市场中介服务组织。① 由于土地经营权市场阶段的初级性以及土地交易流转程序的复杂性,急需建立土地经营权市场信息、咨询、预测和评估等中介组织,使服务专业化、社会化。当前看来,我国农地流转中介还处于起步阶段,类似于土地流转服务中心、土地信托服务站、土地银行等中介组织数量少、区域分布不合理、结构和功能不完善,职能缺失严重。② 这在一定程度上不利于"三权分置"政策的执行以及土地经营权市场的构建。就行业区分而言,多数行业亦建立了不同类型的中介组织,即存在行政性的,也存在市场性的。中介组织作为市场运行的协助者,对土地经营权市场运行具有重要意义。其一,作为政府与农民、农民与农民、农民与土地流入方的重要联结者,土地流转中介组织在落实农业政策、法律法规,推动土地流转机制的健全和管理制度的完善等方面发挥了重要作用。土地流转中介通过搜集分析市场供求信息,建立信息网络,可以帮助农民掌握土地价格走势,形成比较成熟的市场价格;通过提供土地评估、测量,土地保险,合同管理,法律咨询等服务,扭转单个农户流转土地"单打独斗"的局面,让农民在市场谈判中掌握更多主动权;通过中介协调、指导登记、跟踪服务和纠纷调处等,保障土地

---

① 参见钟涨宝,狄金华.中介组织在土地流转中的地位与作用[J].农村经济,2005(3):35-37.

② 参见匡远配,陆钰凤.日本发展农业适度规模经营的经验[J].世界农业,2016(10):197-202.

流转的规范和高效。可以说,借助土地流转中介组织,农民流转土地的利益能够得到更好的保障。其二,土地流转中介组织具有行政性与市场性的双重属性,土地管理部门通过对中介组织的管理与监管可以高效地了解土地经营权市场运行的基本情况,并可以通过中介服务来达到规范市场交易行为的目的。此外,中介组织以居间的身份发挥作用,实现了土地经营权交易双方特别是农民一方市场主体的实质平等性,消除了双方的议价能力差别。其三,中介组织以市场主体的身份存在,可以促进土地经营权流转。一方面,中介组织通过建立农村土地流转交易信息网络,及时登记汇集需要流转土地的数量、质量、区位、价格等信息资料,公开对外发布可开发土地资源的信息,有助于降低单个农户为转入或者转出土地而寻求信息的高成本,从而激励农户进入土地经营权市场,促进土地经营权流转。此外,中介组织作为居间性的协调组织,其可以撮合土地经营权流转的规模、区域和期限,促进土地经营权市场流转规模化、体系化。

(三)监管者(干预者):政府

所有的规制体制都承担一系列职能,且这些职能的实现呈现出多个方面:其一,行使政策制定权时必须确立一系列规制目标;其二,目标被转换为控制行为的原则和规则;其三,具备解释和执行这些原则和规则的程序以及裁判由此产生的争议。这些方面在很大程度上是紧密联系、交错的,以致如何在不同的机构之间分配这些职能成为重要的结构问题。合理的权力分配包括横向和纵向两个维度,前者指机构而非立法机关或者行政机关所享有的权限范围(即本部分将讨论的政府作为干预者的权限问题），后者是指机构对其他机构实施的控制程度（即下文将讨论的政府干预与市场机制的边界、限度问题）。① 从当前市场经济的固有模式来看，政府干预的程度虽有深浅，但对于政府干预必要性却毋庸置疑。甚至在经济学界看来，土地流转本应就是政府主导下的市场模型，土地流转速率内在机制的关键因素在于政府。② 土地经营权市场处于起步阶段，制度环境也处于逐步完善和构建之中，在此，并不赘言政府对于土地经营权市场干预的正当性，因为，在中国的土地市场从所有权伊始即是管控性的，制度改革亦是自上而下的，这不仅可以证明干预的正当性还可以推衍出政府干预的必要性。

17 世纪著名的哲学家托马斯·霍布斯认为，人们天生的贪财心会引导他们在利益分享问题上喋喋不休，除非有一个强有力的第三方出面强迫他们同意，否则争执是难以克服的。这个思想被当代产权经济学家考特命名为"霍布斯规范定理"：通过建立法律结构，使私人协议难以达成所造成的损失最小。土地作为一种特殊的自然资源和生产资料，在农地市场化、法制化进程中，国家的管理只能加强，不能削弱，此点也同样适用于土地私有制的国家。③ 土地经营权市场的规

---

① 参见[英]安东尼·奥格斯.规制:法律形式与经济学理论[M].骆梅英,译.北京:中国人民大学出版社,2008:102.

② 有学者通过构建政府主导下的土地流转理论模型,得出以下结论:第一,政府始终有动机推动土地的整合集中;第二,农村土地有序整合与集中,根本在于农民劳动能力的提高,关键在于政府土地政策推动;第三,提出以产量甄别农民劳动能力的方法,改进政府定向采购方式.参见陈廷宇,姚东旻,洪嘉聪.政府主导下的土地流转路径模型——一个动态博弈的视角[J].经济评论,2012(2):5-15.

③ 参见胡亦琴.农村土地市场化进程中的政府规制研究[M].北京:经济管理出版社,2013:184-185.

制过程中,政府应注重以下几个方面的把握,以平衡土地经营权市场的利益结构。

第一,界定土地经营权的产权性质和边界。既有的政策导向及地方实践逐步论证了土地经营权物权性质的事实,其实现手段也逐渐清晰化为:《农村土地承包法》修订、确权登记工作以及变更登记的流转效力。对土地经营权物权性质的明确是土地经营权发展的基本前提,同时也赋予了农民进入土地经营权市场的信心和勇气,此外,这种稳定性的产权制度也是市场规范化发展的基础。当然,在具体的制度实现过程中,还需要进一步细化、完善土地经营权确权登记制度,明确土地经营权的流转法律关系。

第二,加强土地经营权市场的监管机制建设。主要包括:一是注重农村土地流转的法制建设,发挥政府宏观管理的重要作用。对政府而言,需要加强土地用途监管制度的改革,严加处理没有达到环保要求的企业项目,防止企业利用土地套利;二是要强化中介机构管理,完善配套服务体系。政府可以组织建立正规的中介机构,如银行和其他金融机构为参与土地流转的农业种植大户或土地合作股份社提供方便快捷的融资服务;三是加强土地流转过程中的引导和监管,保障城镇化进程中的土地资源。对农村土地的征用标准应该更为明确和严格,各种指标将满足农村建设发展需要放在首位,避免公益性建设用地被改用,防止不必要的土地纠纷发生。①

第三,注重土地经营权市场的宏观调控。新型城镇化的

---

① 参见宋宜农.新型城镇化背景下我国农村土地流转问题研究[J].经济问题,2017(2):63-67.

重点指标是人的市民化,然人的市民化必然是建立在社会保障以及土地利用方式的转变基础之上,而土地利用方式又取决于中国当前的土地市场国情。因此,土地经营权市场是城镇化解决的重要一环,也是农民脱贫致富的重要手段。走城乡发展一体化的道路,一定离不开土地要素的支撑。要统筹城乡发展,加大土地宏观调控的力度,必须进行土地制度与机制的创新。"三权分置"下土地经营权市场的创新是符合农村发展和市场经济发展趋势的制度创新,也是国家宏观调控制度下的产物。具体而言,这种宏观调控可从两个维度展开:其一,从土地用益的角度来看,基于"农地农用"政策的指导,土地经营权流转多以农业产业为主,由此,从农业产业角度所展开的宏观调控对于土地利用效率以及产业协调具有重要作用;其二,土地使用权较土地所有权而言是相对权,基于土地集体所有的特征,宏观调控的方向可从土地分布与使用的角度展开,以实现土地利用的公共效益。

第四,健全农村社会保障体系。农民离开土地后需要完善的农村社会保障制度为生存提供保障,只有为农民解决后顾之忧,才能使农民脱离对土地的依赖,使土地真正在流转中实现价值。其一,从我国实际出发建立农村社会保障体系,以统筹城乡协同发展为目标,坚持推进基本公共服务均衡化,完善农村社会养老保险制度,对失地农民发放生活补贴;其二,加快城镇医疗保险全覆盖,推广新型合作医疗制度;其三,加快户籍制度改革,将已在城市落户的农村转移人口纳入城市社会保障体系中,使其享受和城镇居民平等的社会福利保障权。

(四)三者之间的边界

现代社会呈现出"三元结构",市场经济角度来看,表现为市场机制起基础性作用的三方协调。市场机制关注供求、选择、价格、竞争与风险,是集体选择和公共选择的根基,是被人类证明为最具效率的资源配置方式。市场机制蕴育于市场主体、政府以及中介组织的"三个关键点"之中。[1] 当前的土地经营权市场构建是政策推进型的,存在许多不足的地方,这些需要完善的地方也正由市场主体、中介组织和政府三者以共治的态势去解决和完善。在这个共治的过程中,需要我们清楚地界定三个主体的行为边界,以更好地发挥各自功效。

政府的边界:"政府作为社会公共利益的代表,与生俱有的行政职能使它成为市场经济运行的组织者、调控者和市场作用的补缺者。在组织创新活动中,政府既要避免过度干预,又要避免干预不足,或者干预过程中的角色错位等,这就必须明确政府干预的行为边界。"[2]首先,政府对市场主体的干预以不侵犯其要素资源的产权为限;其次,政府对市场运行的干预以不介入微观经济组织的经营决策为限;最后,政府对市场环境的干预以不打破交易市场化机制为限。

在土地经营权市场运行过程中,市场主体具有行业准入的特殊性。由此,也决定了土地经营权市场主体是组织性、身份性、市场性的联合。其行为的基本底线将是法律不规定

---

[1]　参见方林佑.主体身份、政府角色与中介组织地位——关于我国高等教育市场机制的研究[D].长沙:湖南师范大学教育科学学院,2013.

[2]　参见黎元生.农业产业组织创新:政府职能定位与行为边界[J].当代经济研究,2006(2):55-57.

为非法,即应然状态下的"法不禁止则自由"。具言之,集体土地所有制下发包方的权利(权力)应得到明确,避免基层权力任意化、自由化。承包农户是土地经营权市场得以形成的重要发起点,也是"三权分置"政策主要着力点,承包农户权利问题应主要体现在土地流转的增值利益获得之上。土地经营权人是土地经营权市场交易的重要市场主体、资金要素供给者、土地利用权利需求者。基于制度环境下的考量,其理应具备以下三个方面的行为边界:其一,市场行为不得侵犯国家政策、法律法规;其二,合法经营,不得利用优势地位侵害农民权益;其三,土地经营权使用过程中应注重农地质量的保护,杜绝掠夺性使用。

讨论中介组织的行为边界问题,首先需要理清社会中介与市场中介的关系问题。两者都是中介组织,都是市场经济的产物,但在实践和理论上常常被混淆。社会中介组织以行业协会、商会、基金会为代表,以维护某个行业或社会群体的利益为目的而成立的非营利性社会团体法人。市场中介组织是指与市场经济主体处于同等法律地位,为其经济活动提供信息、咨询、沟通等服务功能的组织。① 两者的主要区别在于:社会中介组织行使公共管理职能,享有公共管理权力,与企业或个人法律地位不平等,同时,社会中介组织是非营利性的组织,而市场中介组织没有公共管理权力,与其他市场主体处于平等的法律地位,是营利性组织。因为,"市场中介组织的存在正是以收益为前提,只不过它们在收益时要考虑

---

① 参见丁凤楚.论社会中介组织的法律地位[J].福建法学,2005(3):6-9.

社会责任,不能唯利是图,不能以营利为最高宗旨。"①基于土地经营权市场特征的考量,本市场中介组织应选择社会中介组织的组织模式。由此,其权利来源于政府组织并承担政策执行人的角色,对其的行为边界应主要有以下规制方式:其一,明确土地经营权中介组织的性质、宗旨、地位、组织形式、设立条件、章程、权利与义务等,界定中介组织的行为法律关系,厘定土地经营权市场中介组织的法人地位;其二,明确土地经营权市场中介组织的审批程序、监督管理制度、监管机构和执法机构,规范农村土地流转中介组织的行为,保护其合法权益,促进农村土地流转中介组织管理体制和运行机制转换,强化对中介组织的监督和管理;②其三,建立和执行土地经营权市场中介组织的责任制度;其四,构建土地经营权市场中介组织成员从业准入制度。

二、土地经营权市场运行的程序法律制度

土地流转是在法定的运行框架内,由流转主体依据其市场权利,按照相应的时限和步骤开展的一系列活动,整个活动过程就是土地流转的实现过程,反应在法律制度中就是土地流转的各种程序制度。"三权分置"本质上即是对土承包经营权的法律调整,其具体的权能需要法律界定以及相应的法律程序来保障实现。私法层面而言,"三权分置"理念下承

---

① 参见黎燕,杨妮,柴进.经济法前沿问题研究[M].北京:中国检察出版社,2004:114-115.

② 参见阎玮.架好农村土地供需"桥梁"——农村土地流转中介组织法律规制途径[J].中国土地,2013(2):57-59.

包农户获得的将是土地承包权和土地经营权,土地承包权是集体经济组织的身份性权利,需要在合同设立时予以明确,土地经营权是包含占有、使用、收益和针对经营权本身的适度处分,具有流转性和市场性。因此,其作为土地用益权利的一般做法是登记确立模式。公权力层面而言,政府基于职能和公共利益需要对相关市场进行宏观调控,实现效益的最大化。此外,市场失范行为甚至违法行为同样需要政府履行监管职责,以构建健康的市场秩序。

(一)土地经营权市场合同制度

当前而言,农村土地流转的主要形式是农户通过家庭承包取得集体土地使用权(经营权)后,以出租、转包等方式有偿转让给其他经营权人的行为。这种流转是当事人之间的法律行为,而流转中签订的合同则是记载当事人权利义务和规范当事人行为的准则,是当事人在权衡人情与利益的基础上对流转事宜所做的承诺,对推动土地使用权流转和保护当事人合法权益都具有重要的作用。①《中华人民共和国农村土地承包经营权流转管理办法》第四章较为详细地规定了流转合同的方式、程序、内容等,其中原则性规定了"承包方流转农村土地承包经营权,应当与受让方在协商一致的基础上签订书面流转合同",并明确指出了例外情况是"承包方将土地交由他人代耕不超过一年的,可以不签订书面合同"。② 然

---

① 参见肖方扬.农村土地使用权流转中的合同问题研究[J].安徽农业大学学报(社会科学版),2005(6):81-84.

② 《农村土地承包经营权流转管理办法》第二十一条规定:"承包方流转农村土地承包经营权,应当与受让方在协商一致的基础上签订书面流转合同;承包方将土地交由他人代耕不超过一年的,可以不签订书面合同。"

实践中,上述规定的实现大打折扣。李光荣等学者通过调研,对当前土地流转的合同签订情况进行了特征分析,其发现:从调研的省份来看,流转耕地并签订了流转合同的占60%,其中广西签订流转合同的比例最高,2013年和2014年分别为77.01%和76.09%,河北省签订流转合同的流转耕地占总流转面积的比重最低,不足50%,2013年和2014年分别为44.68%和46.55%。整体而言,签订流转合同的面积占比重呈上升趋势,由2013年的58.95%上升到2014年的60%。①同时,根据在重庆忠县的调研发现,农户间土地流转大多是"隐性契约"、口头协议,私下自发性的流转,流转的程序不规范、不固定,未通过流转合同来规范双方的权利和义务关系,也极易出现流转双方不遵守合同、产生流转纠纷等问题。目前全县土地流转中,呈现出农民自行流转多,批准备案的少;口头协议多,书面协议少;书面协议不规范的多,内容规范的少的现状。

农地流转合同制度是流转规范性、秩序性的保障,也是土地经营权市场化建设的重要制度。当前这种制度安排尚处于完善、优化阶段,制度的不足也同样扎根于农村市场的阶段性特征和环境中。且这种制度安排同样遭受到了学理的抨击,如郭继认为,农地流转合同形式的制度规定之所以在实践中未得到认可,主要是因为这种法律规定不能适用于农村现状,不符合农民切身利益的需要。并指出,我国农地立法应取消农地流转合同需采取书面形式的规定,将合同形式的选择权赋予当事人。② 本书认为,合同制度面向的不仅

---

① 参见李光荣.中国农村土地市场发展报告[M].北京:社会科学文献出版社,2016:137-138.

② 参见郭继.农地流转合同形式制度的运行与构建——以法律社会学为视角[J].中国农业大学学报:社会科学版,2009(4):37-44.

仅是流转双方的程序意愿问题,而是市场化建设的规范性问题。只有签订期限更长、内容更规范的书面合同,土地经营权人才能获得稳定的经营权,才能在更长期限上对土地利用和产出进行优化配置,也才能激励经营主体对土地进行长期有效的投资和维护,进而带来更大的收益,促进土地流转市场发展。这就意味着我们在土地经营权市场的规制过程中应展开以下制度构建:

其一,合同形式。根本而言,土地经营权流转的种类决定合同的形式。"三权分置"改革是渐进性的,由此也决定了当前流转方式是兼具土地承包经营权与土地经营权两种权利并行流转的阶段,且这种并行还存在区域性的划分。试点地区具有暂停相关法规适用的制度前提,非试点地区则需要在当前法律框架下摸索前进。目前,农村土地使用权流转主要有:出租、转包、入股、互换、转让等五种类型,与此相对应的是五种不同的合同形式。土地经营权流转过程中,上述五种流转形式是否依然准确,还需要进一步讨论。从流转形式的本质来看,出租是最能体现出土地经营权流转之性质的流转方式。流转方与受让方形成土地经营权租赁关系,签订租赁合同,然较有争议的是出租所形成的是债权法律关系,而土地经营权债权性流转不利于土地经营权市场化的建设,由此,有学者建议分设债权性流转与物权性流转。[①] 转包指承包方将部分或全部土地承包经营权以一定期限转给同一集

---

① 如张红波提出:"集体土地所有权不做改变;扩大土地承包经营权权能,允许抵押和继承;建立包含多种权利类型的土地经营权,包括:出租形成的债权式土地经营权、入股形成的股份式土地经营权、转包形成的物权性质土地经营权、信托形成的信托式土地经营权。"参见张洪波.农地"三权分置"的法律表达:基于权能理论的分析[J].烟台大学学报:哲学社会科学版,2017(4):40-46.

体经济组织内的其他农户从事农业生产经营。现实情况是，由于现行土地经营权流转不仅适用于通过家庭承包取得的土地经营权，还适用于通过其他方式承包的物权性质的土地经营权，且伴随着者农业税的取消，真正意义上的转包与出租并无二致。① 就入股而言，目前主要存在三种模式：股份合作社模式、农民专业合作社模式和有限责任公司模式。基于"三权分置"背景下土地经营权物权性的拟制，入股土地经营权才能具有入股合伙的共有财产属性。② 互换是"地块"换"地块"的"物物交换"，实际上与流转法律关系相差甚远。转让指原承包人放弃承包权，并非本质意义上的土地经营权流转，属于土地承包经营权流转，是政策趋向为保持稳定甚至限制的类型。基于以上判断，应着重处理的是土地经营权出租合同、入股及抵押类合同，并基于地方实践确立合理合法的合同范本。此外，基于农民处于信息弱势地位及改革稳定性的考虑，改革过程中以注重对"隐形契约"流转的防范，实现产权明晰、信息公开的土地流转，合同形式尽可能以书面备案为主。在今后的改革成果固化过程中，对合同形式进行明确规定，保障土地经营权市场规范性发展。对此，有学

---

① 自从 1978 年农村改革实行土地家庭承包制后，转包是最早出现的土地承包经营权流转方式。1984 年中央"一号文件"《中共中央关于一九八四年农村工作的通知》指出："鼓励土地逐步向种田能手集中。社员在承包期内，因无力耕种或转营他业而要求不包或少包土地的，可以将土地交给集体统一安排，也可以经集体同意，由社员自找对象协商转包，但不能擅自改变集体承包合同的内容"；"自留地、承包地均不准买卖，不准出租，不准转作宅基地和其他非农业用地"。可见，转包是中央政策最早肯定的允许农村土地承包经营权流转的唯一方式。参见丁关良.土地承包经营权转包有关法律问题的探讨[J].南京农业大学学报：社会科学版,2010(4):88-94.

② 参见肖鹏.土地经营权入股的合伙模式研究[J].中国土地科学,2017(5):55-61.

者洞见到当前农地流转困境的根本原因,并指出标准合同对于困境的克服可为一种助推策略。标准合同因其制定时对各因素的综合性考量,在本质上可以缓和或消减合同签订双方的谈判地位。在当前农地流转"低制度化"的现状下,借由合同形式的创新来克服流转困境及负外部性问题值得学界关注。①

其二,合同内容。《农村土地承包经营权流转管理办法》第二十三条明确规定了农村土地承包经营权流转合同的内容。包括:当事人姓名、住所;流转土地的四至、坐落、面积、质量等级;流转的期限、起止日期;流转方式;用途;当事人权利义务;价款及支付方式;合同到期后附着物的处理;违约责任。据调研,县一级通常提供了流转合同的规范文本,如《忠县人民政府办公室关于进一步规范农村土地流转工作的通知》(忠府办发〔2014〕58号)即附有农村土地承包经营权流转合同等文件。从既有的承包合同纠纷来看,主要争议有经营权确认纠纷、征地补偿费用分配纠纷、继承纠纷等(表5.1)。

表5.1　土地承包经营权纠纷及其现有类型案件数量对比②

类别 年份	全部土地承包经营权纠纷	土地承包经营权确认纠纷	承包地征收补偿费用分配纠纷	土地承包经营权继承纠纷	其他土地承包经营权纠纷
2014年	9 256件	451件	4 003件	35件	4 767件
2015年	10 014件	471件	3 537件	31件	5 975件
2016年	15 070件	547件	4 913件	41件	9 569件
总数	34 340件	1 479件	12 443件	107件	20 311件

---

①　参见尹亚军.通过合同的治理——克服农地流转困境的助推策略[J].社会科学研究,2019(3):73-81.

②　参见李广德.农地流转纠纷的类型构造与司法治理——基于承包经营权纠纷案件的实证展开[J].山东社会科学,2017(4):110-115.

一般来讲,合同的规范程度与纠纷的发生数量成反比。基于上述纠纷类型,应考虑从以下几个方面对土地经营权合同制度予以进一步规范:其一,"三权分置"背景下进一步明确土地承包经营权流转与土地经营权流转的区别,此乃土地经营权市场化实现的应有之义;其二,注重对流转目的的限制,即不得改变土地的用途,除非通过法律程序得到批准;其三,合同规范应依照土地流转各类、各层级法律适用之情形。土地承包经营权的流转须遵循《农村土地承包法》的规定,即《农村土地承包法》第五节的规定。这表明这条规范在性质上属于准用性规范,也表明了旧《物权法》和《农村土地承包法》之间的关系,即《农村土地承包法》相对于旧《物权法》而言属于特别法,优先适用《农村土地承包法》。就内容而言,该条首先肯定了土地承包经营权流转的正当性,即承包经营权人有权流转,这条内容与《宪法》《土地管理法》的原则性规定"土地使用权可以依法转让"相一致;此外,该条规定了流转的方式:转包、互换、转让。《农村土地承包法》第三十六条还增加了出租和其他方式,该法第四十七条规定了抵押担保制度等,这些都属于流转方式。① 此外,纠纷解决与合同内容具有直接关系,合同内容应注重对流转纠纷的防范及处理。土地经营权流转合同是权利转移的形式,是财产交易行为,属于民事合同范畴。纠纷解决制度则应体现出私法性、民间性和自治性。

其三,合同履行督促制度。从土地经营权流转市场稳定性以及农业产业弱质性的特征出发,土地经营权流转是经济发展的需求,但这种需求同样需要建立在农村社会稳定以及

---

① 参见李广德.农地流转纠纷的类型构造与司法治理——基于承包经营权纠纷案件的实证展开[J].山东社会科学,2017(4):110-115.

农民权益得以保障的前提之下。因此,对于土地经营权流转合同较强的市场性以及农业经营主体的多元化,应注重对土地经营权合同履行施以公法层面的督促制度。由此既可以在渐进性改革中稳定前进,又能防范新型农业经营主体失约、违法经营。可考虑从以下几个方面构建合同履行督促制度:第一,合同鉴证。合同鉴证一是可以督促流转当事人合同签订及内容的合理、合法性,二是对于合同纠纷的处理将提供更有说服力的证据。"乡(镇)农村土地流转服务中心在指导流转合同签订或流转合同鉴证中,要严格履行相关程序和手续。对相关情况进行核实,发现不实或缺失,要及时予以调整和补充。发现流转双方有违反法律法规的约定,要及时予以纠正。"[1]第二,基层政府督促作用。《农村土地承包经营权流转管理办法》第二十七条明确规定:"乡(镇)人民政府农村土地承包管理部门应当建立农村土地承包经营权流转情况登记册,及时准确记载农村土地承包经营权流转情况。以转包、出租或者其他方式流转承包土地的,及时办理相关登记;以转让、互换方式流转承包土地的,及时办理有关承包合同和土地承包经营权证变更等手续。"基层政府基于政府职能及流转程序便于对土地经营权流转合同履行实施督促,同时纠正土地经营权人合法用益土地亦是政府职能的一部分。

(二)土地经营权市场登记制度

20世纪80年代到1993年可以认为是我国土地权利确权登记的起步阶段,其间,《土地管理法》得以实施,为当时集

---

①　参见《农村土地承包经营权流转管理办法》第三十一条。

体土地产权及农村社会稳定作出了贡献;1993 年到 1999 年可以认为是我国土地权利确权登记的停滞阶段,由于农业税费的逐步取消,确权登记工作丧失物质基础而难有发展。如表 5.2 所示,2000 年以来,土地产权确权登记工作于政策层面得到重视,在此期间多项确权登记政策颁布,并于部分地方试点,取得了一定的成效。[1]

表 5.2 部分产权登记政策

时 间	名 称	内 容
2001 年 11 月	《关于依法加快集体土地所有权登记发证工作的通知》	强调在全国范围加快集体土地承包经营权确权登记工作。
2004 年 8 月	《土地管理法》	集体土地由县级人民政府登记注册,核发证书,确认所有权,开启了土地承包经营权确权初始登记。
2008 年 10 月	中共中央《关于推进农村改革发展若干重大问题的决定》	搞好农村土地确权、登记、颁证工作。完善土地承包经营权职能。
2009 年 2 月	中共中央、国务院《关于 2009 年促进农业稳定发展农民持续增收的若干意见》	明确提出,开展农村土地确权登记颁证试点。自此,农村土地承包经营权的确权登记颁证成为一项国家战略并取得进展。
2010 年 1 月	中共中央、国务院《关于加大统筹城乡发展力度进一步夯实农业农村发展基础的若干意见》	要求农村现有土地承包关系保持稳定并长久不变,实现农民土地承包地块、面积、合同、证书"四到户"。

[1] 参见赵阳,李隆伟.农村土地确权登记颁证有关问题探讨[J].兰州大学学报:社会科学版,2017(1):1-7.

续表

时　间	名　称	内　容
2012 年 2 月	中共中央、国务院《关于加快推进农业科技创新持续增强农产品供给保障能力的若干意见》	要求土地承包关系保持稳定并长久不变,实行农村地籍管理,扩大农村土地承包经营权登记试点范围。
2014 年 1 月	《关于全面深化农村改革加快推进农业现代化的若干意见》	切实加强组织领导,抓紧抓实农村土地承包经营权确权登记颁证工作,充分依靠农民群众自主协商解决工作中遇到的矛盾和问题,可以确权确地,也可以确权确股不确地,确权登记颁证工作经费纳入地方财政预算,中央财政给予补助。
2014 年 11 月	《关于引导农村地区土地经营权有序流转发展农业适度规模经营的意见》	健全土地承包经营权登记制度
2015 年 1 月	《关于认真做好农村土地承包经营权确权登记颁证工作的意见》	确权登记颁证工作的总体要求、政策原则、重点任务等内容
2015 年 11 月	《深化农村改革综合性实施方案》	在基本完成农村集体土地所有权确权登记颁证的基础上,按照不动产统一登记原则,加快推进宅基地和集体建设用地使用权确权登记颁证工作。明确和提升农村土地承包经营权确权登记颁证的法律效力,扩大整省推进试点范围,总体上要确地到户,从严掌握确权确股不确地的范围。

续表

时　间	名　称	内　容
2015 年 12 月	《关于落实发展新理念加快农业现代化实现全面小康目标的若干意见》	继续扩大农村承包地确权登记颁证整省推进试点。
2017 年 2 月	《中共中央、国务院关于深入推进农业供给侧结构性改革加快培育农业农村发展新动能的若干意见》	加快推进农村承包地确权登记颁证,扩大整省试点范围。统筹协调推进农村土地征收、集体经营性建设用地入市、宅基地制度改革试点。
2018 年 1 月	《中共中央、国务院关于实施乡村振兴战略的意见》	全面完成土地承包经营权确权登记颁证工作,实现承包土地信息联通共享。

　　整体而言,政策层面包含土地承包经营权的确权试点工作在政府的精心组织和有力推动下有序进行,但就当前"三权分置"改革下土地经营权之登记工作尚未引起国家、集体以及土地经营权人的重视。[①]"三权分置"作为新一轮农村土地制度改革的基本方向,对农村经济改革作出了新的制度要求。其以稳定的土地承包权保障农民不失去赖以生存的基础,以活跃的土地经营权构建土地市场配置机制,其核心是"平等保护经营主体依流转合同取得的土地经营权,保障其应有稳定的经营预期",且明确了"抵押"是土地经营权的流转方式之一。这就要求土地经营权流转制度需要构建起公示公信的登记制度,以实现改革目标的基本要求。然现行土

---

① 参见焦富民."三权分置"视阈下承包土地的经营权抵押制度之构建[J].政法论坛,2016(5):25-36.

地承包经营权登记制度暴露出的种种缺陷,反映了其制度功能已不能满足市场与国家对于农地信息的需求,导致农地难以纳入市场机制合理配置,国家也失去对农地资源进行干预所需要的信息来源,对市场主体个体利益和社会公共利益均产生消极影响。[①] 职是之故,应充分识别"三权分置"下土地经营权是以土地"利用"为核心的制度设计,土地经营权是具备财产权属性的独立性法权构造。在此前提下,权属的保障是流转的制度支撑和基础,土地经营权登记制度亟须在法律制度上作出承接和保障。

第一,土地承包经营权登记的现状及发展。

从不动产物权登记的视角来看,《物权法》实施十余年来,其制度设计和规则体系对于权利人的利益保护、交易安全及经济发展起到了积极作用。但毋庸讳言,立法技术的发展及社会经济状况的变化要求《民法典·物权编》对登记对象、效力模式、登记技术等作出应有的革新。就当前农村土地整体登记而言,"二轮"承包以来,承包地虽然原则上只经历"小调整",然由于集体经济组织土地调整、农地征收等因素,承包地在很大程度上呈现出信息不匹配、不准确,土地权属关系混乱的客观现实。土地经营权独立性财产性权利的拟制更为需要一个整合的、可持续的、公平的土地登记系统。

现行土地承包经营权登记是"以身份为中心"并承载社会保障稳定性功能的制度模式,相关制度亦是围绕集体经济组织成员为标准所展开的登记,这种行政管理化、信息内部化的登记制度与当前土地经营权市场的构建并不适宜。登

---

① 参见徐超."三权分置"下土地经营权登记制度的缺陷及完善——以信息规制为研究路径[J].农业经济问题,2017(9):19-27,110.

记制度理念落后、登记类型划分错位、登记生效混乱、登记涵盖范围缺失、登记效力不足、登记内容缺失等诸多问题共同存在,对于"三权分置"改革的推进及土地经营权市场的发展形成消极影响。有学者以信息规制为研究路径对相关问题进行讨论,建议树立"实质正义"的登记理念,破除农户的身份桎梏,土地经营权设立、流转登记应当设立不同的生效模式,土地经营权登记应当限定于物权型流转,土地经营权登记应当将农地质量纳入登记内容等优化路径。"三权分置"背景下,土地经营权的独立性得以实现,土地承包经营权从而归于身份性权利。由此,二者之关系及相应的制度模式理应进行调适。农村土地承包经营权,作为市场性的土地权利,并纳入国务院新颁布的《不动产登记暂行条例》的不动产登记范围。在"三权分置"制度模式下,当土地承包经营权不再进入市场流转,依法进入市场流转的土地权利转化为土地经营权。土地承包经营权登记基础性工作得以延续并成为土地经营权登记工作的制度准备。土地承包经营权颁发的不动产权证书,作为一项土地使用权,并在土地经营权层级进行登记。[①] 如前所述,"三权分置"改革,就是将土地承包经营权中物权性权利以土地经营权为载体分离出来,实现其肩负土地资源市场配置机制中可交易的权利功能。将土地成员权性质的土地承包权仍然留在土地承包经营权之中,让其作为农民的稳定性权利继续发挥社会保障功能。

第二,土地经营权登记的确立及模式选择。

依据《民法典·物权编》和《农村土地承包法》的规定,

---

① 参见刘禺涵."三权分置"下土地经营权登记[J].中国土地科学,2017(1):76.

土地承包经营权依承包农户与集体土地所有权人之间的土地承包经营合同而设定,无须登记。但在适度规模经营的政策方针之下,土地经营权的市场化流转即为题中之义。市场化流转之下,登记将已经设定的土地承包经营权确定下来,以使其他农业经营主体依登记簿的记载即可明确其欲设立土地经营权的土地承包权的归属。① 据统计,我国目前土地经营权的流转规模已经达到35.1%,基于这一经济现实的巨大变化,建立土地经营权不动产登记制度与规制实属需要,主要途径应为对《不动产登记暂行条例》及其《实施细则》进行修改,将"三权分置"制度改革的产物"土地承包权"和"土地经营权"纳入修法范围,以更好地释放"三权分置"制度绩效。从既有政策到制度改革的主要路径来看,土地经营权登记制度同样可基于当前登记制度的基础而完善和优化。② 主要思路是土地经营权登记沿用当前土地承包经营权登记制度的成果,并在其基础上赋予地方管理部门调适登记强度的自由裁量权。

首先,土地经营权的设立,应当以土地承包经营权人的自愿为前提,以土地承包经营权人自己做出分离土地经营权的法律行为、行使设立土地经营权的权利为条件。土地经营权并非是由登记才形成的权利,它存在于土地承包经营权之中,只有土地经营权需要流转时,才有登记的必要性,在不流转的情况下,国家和法律不能强制土地承包经营权人分割(设立)土地经营权并登记。因此,尽管土地经营权是一项在

① 参见高圣平.农地三权分置视野下土地承包权的重构[J].法学家,2017(5):1-12,175.

② 参见张红宇.农村土地"三权分置"政策读解[J].领导科学论坛,2017(4):29-40.

土地市场流转的基础性权利,但也无须对它展开全面的确权登记,对于农户自身用益土地承包经营权的应进行土地承包经营权的登记,而这一程序早在多年前已进行。

其次,考虑到土地经营权的生成路径及不动产登记的延续性要求,现行土地承包经营权登记之功效可助于土地经营权的确权登记。"投入在土地承包经营权确权登记上的成本,主要集中在对承包地面积、坡度、四至界限等客观状况进行的航拍、实地丈量、勘测和图解等技术性工作上,通过这些技术性工作得出的土地承包经营权的宗地坐落、界址、空间界限、面积、用途等不动产客观状况的结论,与土地经营权登记要求的宗地坐落、界址、空间界限、面积、用途等客观状况是完全一致的。"①分离后的土地经营权与土地承包经营权的不同之处,在于权利内容,或者主体(归属)的不同,而其他不动产客观事项,尤其是土地的客观自然状态则是完全相同的。目前正在全面开展的土地承包经营权确权登记颁证工作,完全可以成为支撑未来土地经营权登记的内容基础。"放活土地经营权"不会妨碍现有的土地承包经营权登记,而土地经营权登记必须延用土地承包经营权确权登记的成果。

再次,从登记技术上而言,既往的纸质记载登记模式已经被电子登记技术所取代,《不动产登记暂行条例》第九条第一款、《土地登记办法》第十五条第三款、《房屋登记办法》第二十四条第二款明确将电子介质作为法定的登记手段。② 基于登记技术的革新,登记以低成本、高效率的方式实施,以致登记对象可能从法律明文规定到自由意志的体现。《荷兰民

---

① 参见刘禺涵."三权分置"下土地经营权登记[J].中国土地科学,2017(1):73-79.
② 参见蔡立东,姜楠.农地三权分置的法实现[J].中国社会科学,2017(5):102-122,207.

法典》即实行所有类型的法律行为均可纳入公共登记簿,突破了传统的不动产物权登记格局。① 此外,以效率与安全为原则,从国外诸多鉴益及国内颇多的事实可知债权借由登记实现物权化之效力已为登记发展的事实和方向。② 职是之故,土地经营权非法定物权的规制争论可得以消解,基于当事人合意,遵循"法不禁止则自由"的原则,通过登记公示实现土地经营权的物权化规制。农户自身用益土地经营权,依土地承包经营权之登记实现权利保护。农户设立(初始流转)土地经营权时,向登记机关申请土地经营权设立登记。土地经营权人在此转让土地经营权时,向登记机关申请土地经营权转让登记,同时亦可申请登记经营权转让合同,进而赋予土地经营权对抗第三人之效力。

复次,就登记效力模式而言,有学者提出,虽然基于土地经营权市场化构建过程中需要权利交易的稳定性,物权变动模式的确定,然由于农地自然影响属性的多元,部分的确难以实施市场化流转甚至缺乏登记的条件,因此,应倾向于采取登记对抗主义,赋予当事人自由选择是否登记的权利,在

---

① 参见《荷兰民法典》第十条之规定。王卫国.荷兰民法典[M].北京:中国政法大学出版社,2006:6.

② 如《德国民法典》第一千零十条第一款规定:"土地的共有人已安排管理和使用,或已永久或暂时排出请求废止共同关系的权利,或已制定通知终止期间的,仅在所做出的规定已成为应有部分的负担设定而登记于土地登记簿时,才对共有人之一的特定继受人有效力。"再如我国台湾地区《民法》第八百二十六条之一第一款之规定,"不动产共有人间关于共有物使用、管理、分割或禁止分割之约定或依八百二十条第一项规定所为之决定,于登记后,对于应有部分之受让人或取得物权之人,具有效力。其由法院裁定所定之管理,经登记后,亦同。"再如依我国《土地管理法》第二十九条之规定,"依法以国有土地租赁方式取得国有建设用地使用权的,当事人应当持租赁合同和土地租金缴纳凭证等相关证明材料,申请租赁国有建设用地使用权初始登记。"凡此等等,均为债券之内容与类型通过登记实现物权法之规制。参见蔡立东,姜楠.农地三权分置的法实现[J].中国社会科学,2017(5):102-122,207.

流转并不频繁的地区,并无须强制性地推行登记制度。① 物权的设立及变动需要借助一定的公示方法,以明确权利的归属和内容。当前土地承包经营权的设立模式采取"合同生效"设立模式,即发包方与承包方意思表示一致,土地承包经营权得以设立。"三权分置"背景下,土地经营权的设立及变动重心应在变动之上,基于更具市场流转性的考虑,此种生效模式具有极大的局限性,而"登记设立"模式应是未来立法的理想选择。主要包含以下优势:其一,近几年来,农地流转规模和频率大幅提升,登记设立可以有效地保护交易安全和市场问题;其二,无论是土地承包经营权还是土地经营权进行登记造册都是发展趋势,对于当事人来讲,信息成本得到了大幅度减少,由此促进了市场交易;其三,土地经营权登记是纠纷解决的主要依据;其四,土地经营权登记与不动产登记协调发展,实现物权设立模式的规范统一,也与当前的不动产统一登记改革相辅相成。此外,有学者建议赋予土地经营权人登记申请权,若登记机关不作为,土地经营权人可提出行政诉讼;若由于登记机关工作人员失误造成登记错误的,土地经营权人有权要求更改并获得赔偿。②

最后,技术手段上实时更新,明确土地经营权的勘查、权属确认及登记查询办法。土地经营权登记是农地登记的重要组成部分,因此也存在农村土地权属混乱的病症。应注重以下几个方面的问题应对:第一,着重解决承包面积与实际面积不符、土地承包证书与土地不符的权属确认工作,对村镇之间、村与村之间、承包户与承包户之间的地界勘察,做到权属明确、四至清晰;第二,规范农地登记机关执法模式,减少政策执行的随意性,严禁任何组织和个人趁确权登记之机,违法调整承包土地,谋取不法利益;第三,应有效适用《不动产登记资料查询暂行办法》,切实保护承包农户、土地经营权人登记信息,避免权益损害。①

综上,在土地经营权之性质尚未由法律确认以前,应对土地经营权登记秉持以下观点,以助益"三权分置"改革:其一,考虑基于当事人意思自治的设立、流转登记模式,以适应市场经济的发展;其二,考虑设计土地经营权设立、流转的登记形态,应实现农地三权分置的清晰逻辑及更好地保护承包农户的权利;其三,技术手段上实时更新,明确土地经营权的勘查、权属确认及登记查询办法。

三、土地经营权市场运行的监管法律制度

(一)市场宏观调控制度

土地宏观调控或土地政策与宏观调控等概念在21世纪初被正式提出并得以确认,十年之内学术界也贡献了诸多智识。②"宏观经济调控制度是指国家从经济运行的全局出发,

---

① 参见宋才发.农村集体土地确权登记颁证的法治问题探讨[J].中南民族大学学报:人文社会科学版,2017(1):100-105.
② 这一时期所产出的相关著作包括:甘藏春.土地宏观调控创新理论与实践[M].北京:中国财政经济出版社,2009;卢为民.土地政策与宏观调控[M].北京:经济科学出版社,2008;范恒山.土地政策与宏观调控[M].北京:经济科学出版社,2010;杨志荣.土地供给政策参与宏观调控的理论与实证研究[M].西安:电子科技大学出版社,2009;刘艳君.土地供给参与宏观调控的传导机制研究[D].武汉:华中农业大学土地管理学院,2006.

运用各种宏观经济手段,对国民经济总体的供求关系进行调节和控制。"①据此,土地宏观调控实质上就是国家以土地作为调控经济运行的措施和政策,对经济运行状态和经济关系进行的干预和调整,其旨在将微观经济活动纳入国民经济宏观发展轨道,及时纠正经济运行中偏离宏观目标的倾向,属于供给侧结构性改革的基础性环节。② 自国务院《关于深化改革严格土地管理的决定》和紧随其后国土资源部出台的一系列政策实施后,土地参与宏观调控的效果逐步显现:根据国土资源部组织的 2004 年土地利用变更调查结果显示,全国当年新增建设用地和建设占用耕地均比上年下降了37%,这是多年来出现的少有的下降趋势,为过猛的城市化发展增加了理性。③ 可见,在土地参与宏观调控的实践经验中,其调控价值得到了证成。"三权分置"政策下,土地经营权进入土地流转市场,加强了土地市场对国民经济的影响,也彰显了土地市场化配置所体现出的调控价值。

土地经营权的设立及流转激活了沉闷的土地市场,土地要素价值对经济发展所起的作用越来越大。"三权分置"政策背景下,农村经济逐渐出现了"地根"经济的特征。④ 由此,土地管理部门的职能也诱致性地发生了变化,不再是单纯的

---

① 参见李昌麒.经济法学[M].北京:法律出版社,2016:309.

② 参见程子腾,高峰.供给侧结构性改革中的土地宏观调控战略框架设计研究[J].现代管理科学,2017(6):79-81.

③ 参见张波,阎弘文,刘新华.土地宏观调控应注意的问题[J].中国土地,2005(6):6-7.

④ "地根"本意为土地供给,意指土地资源在经济发展中的基础性和重要性地位,与"银根"(即货币供应)对应,土地管理由原来的一般性资源管理逐步上升为宏观经济管控工具。参见杨雪锋,史晋川.地根经济视角下土地政策反周期调节的机理分析[J].经济理论与经济管理,2010(6):5-11.

资源管理部门,而是开始扮演宏观调控部门的角色,运用土地市场的相关制度和政策为宏观经济保驾护航。具体而言,包括以下几个方面的调控。

其一,土地的宏观调控功能体现在通过严格规划管控和用途管制,在增加规划制度供给的同时处理好国土资源开发利用与生态环境保护的关系,同时遵循市场价值规律和供求关系的变化,为资源优化配置、土地利用结构和布局调整提供规划保障。

其二,规划引导功能。土地宏观调控的引导功能体现在注重区域协调发展,总体把握规划的宏观性、空间性和综合性特征,促进土地利用结构的调整和优化与产业结构调整的数量、空间和时序要求有机结合,同时守住基本农田以及生态保护两条红线,以实现供给侧结构性改革中的人口、资源和环境的协调可持续发展。

其三,城乡统筹功能。土地宏观调控的城乡统筹功能体现在通过保障城乡建设合理用地需求,在综合考虑生产、生活和生态用地需求的情况下,促进土地在城乡实现结构优化、合理布局、效率提高和空间释放。同时,进一步完善基于城乡统筹的土地宏观调控制度,促进城乡土地要素能进行合理的流动。

其四,创新驱动功能。土地宏观调控的创新驱动功能体现在通过创新激发需求进而促进有效供给,通过改革创新把握土地供给的数量、质量和时序要求,实行规划和管理创新,促进合理用地、人口资源疏解、产业结构调整和城市功能提升,优化生产、生活、生态空间,为供给侧结构性改革的顺利实施奠定基础。

(二)市场基础法律制度

新制度的产生是发展理论的经典诠释,但是发展是相对的,是新制度与旧制度的传承与创新。"三权分置"下土地经营权制度是对土地承包经营权制度的创新,是更符合当前经济形势的选择。然制度改革是渐进性的,土地经营权市场制度仍需要在改革实践中修正、完善,才能以较高的契合度实现既定改革目标。本源上讲,土地市场具有国家管控的制度依赖,这种制度路径在注入市场性时需要宏观把握,重点监管。在"三权分置"实施过程中,"重者恒重"的问题依旧需要面对和解决:农地社会保障功能的维持、农地农用政策的监管、市场健康秩序的维护等。

第一,产权制度。物权性土地承包经营权分离出的土地经营权性质在经济学界和法学界出现了物权化实现的分歧。法学界多以"物权法定"为由坚持土地经营权为非物权的性质判断,但却忽视了土地经营权实现的现实需要以及制度改革的一般逻辑。从实践经验出发,同样也可以得出土地经营权的实现需要孕育物权性流转的产权法律制度。从地方实践来看,一些地方为了克服债权性土地经营权质押的不确定性,以便于土地经营权融资,通过改革试点,致力于对土地经营权进行物权塑造,以之进行抵押贷款。比如,根据 2012 年11 月发布实施的《武汉市农村土地经营权抵押贷款操作指引(试行)》,武汉农村综合产权交易所将土地经营权制成《产权流转交易鉴证书》和《农村产权抵押证明书》的形式,土地经营权人据此向银行办理抵押贷款。2014 年 11 月实施的《河北省农村土地经营权抵押贷款管理暂行办法》规定,农村土地经营权流转合同或农村土地经营权流转证,是土地经营权抵押贷款的前提条件。无论是将土地经营权制成鉴证书,还是颁发土地经营权流转证,都是试图打破现行的法律框架,将土地经营权作为一种新型物权。[①] 例如,2015 年 10 月 1 日施行的《浙江省农村流转土地经营权登记管理办法(试行)》进一步规定,凡遵循"依法、自愿、有偿和平等协商"原则,通过转包、出租、入股等方式流转获得的农村家庭承包耕地土地经营权,均由县级农村土地承包管理部门办理登记,由县级人民政府颁发"农村土地流转经营权证",从而在法律程序上完成了土地经营权的物权塑造。[②] 可见,现行政策所明确的"土地经营权"于法律实施层面还有较大距离,有必要在产权制度层面对土地经营权加以明确界定,以利于土地经营权市场的构建。

第二,市场环境。2015 年初发布的《关于引导农村产权流转交易市场健康发展的意见》,明确规定"农村产权流转交易市场是政府主导、服务三农的非营利性机构,可以是事业法人,也可以是企业法人。"由此,各地普遍成立了一些带有一定行政色彩的县级产权交易中心,部分地区在镇一级设立了交易站所,在村一级设立了信息点。[③] 整体而言,当前土地经营权交易的场域主要是产权交易中心、土地流转中介以及网络交易平台。产权交易中心一般由政府设立,下设到乡镇

---

① 参见申惠文.法学视角中的农村土地三权分离改革[J].中国土地科学,2015(3):39-44.

② 参见朱继胜."三权分置"下土地经营权的物权塑造[J].北方法学,2017(2):32-43.

③ 参见王刚.关于农村产权交易市场建设的思考[J].当代农村财经,2017(2):33-34.

产权交易所。土地流转中介包含政府主导的流转中介、市场主导的流转中介以及农民自发形成的流转中介。网络交易平台目前既有全国性的(如土流网),也存在地方性的(如重庆农村土地交易所)。虽然表面上看来,市场主体可选择的场所较多,但同样也存在着流转环境的管理混乱,且各平台业务交叉,定位不齐,无信息共享平台。职是之故,平台环境作为市场运行的主要场域应进行有效规范,并明确自身职能,发挥活跃市场的作用。围绕现代农业发展要求,积极引导新型农业经营主体和服务供应商利用农村产权流转交易平台,即时发布交易信息,逐步建立成覆盖区域广、种类全和涵盖农业产前、产中、产后全链条的专业化、社会化服务市场平台。①

(三) 市场改革法律制度

第一,试点改革与市场法治的契合。从改革成本与效率出发,"三权分置"改革摒弃了直接立法的改革模式,选择授权试点后立法的改革模式,降低制度改革的试错成本。首先,自改革开放以来的近40年来,土地承包经营权制度为农村社会带来了极大变化。《农村土地承包法》《民法典·物权编》《土地管理法》等法律对此进行了确认,"三权分置"下土地经营权的设立与"两权分离"模式存在权利义务关系的诸多变化,直接立法模式会致使主导型法律修改过大、过多,不利于法治的稳定性。此外,当前"三权分置"相关理论还处于讨论、理清阶段,理论准备的不足也不支持采用直接立法模式的制度改革。更为关键的是,此次土地制度改革是涉及土地承包经营制

---

① 参见重庆市人民政府办公厅《关于引导农村产权流转交易市场健康发展的实施意见》。

度、征地制度、集体经营权性建设用地制度、宅基地管理制度的多方面制度,自《关于农村土地征收、集体经营性建设用地入市、宅基地制度改革试点工作的意见》以来,"三块地"的改革将采取试点模式开展。十二届全国人大常委会第十三次会议审议通过了《关于授权国务院在北京市大兴区等33个试点县(市、区)行政区域暂时调整有关法律规定的决定》,明确了授权的范围、内容和时限,为相关改革试点提供了法律依据。考虑到农村土地制度相互之间的关联性,农村土地"三权分置"改革也应该和"三块地"改革一同推进,同时采用全国人大授权试点的方式以利于各改革制度设计之间的协调和衔接。

　　第二,试点工作与市场法治相衔接。"三权分置"理念本身即是对土地使用制度的突破,同时也突破了《农村土地承包法》等一系列法律规范,因此,试点工作在权限范围、试点区域、试点期限等方面得到正式的应允和授权。就授权内容而言,应明确暂行执行的法律条款以及试点区域,未经授权试点的地区严禁越法试点,确保试点工作的结果可控。就试点地区而言,试点地区的选择上应公平、公开、公正,以代表性、可行性为选择标准,必要时引入招投标机制,杜绝审批部门权力寻租。就试点期限而言,建立及时有效的跟踪评价和决策转化机制。在试点政策执行过程中应当及时对试点情况进行跟踪评估,及时总结经验教训并及时修正试点方案,在试点期限结束后,应当及时综合评估试点执行情况并做出决策建议。避免"试点无限拖延""久试不决""试点遍地开花"导致试点成为常态,现行法律规定反倒被架空的现象。①

---

① 参见宋志红.农村土地"三权分置"改革:风险防范与法治保障[J].经济研究参考,2015(24):5-10.

此外,还应加大改革政策的宣传和解读,并以地方宣传部门为媒介,实现公众参与和制度反馈的权利,由此,不仅可以赢得社会公众对改革的热情和支持,还减少了制度普适的成本。

(四)市场秩序法律制度

第一,建立经营者资格审查机制。从当前的政策法规检视来看,尚未对土地经营权的主体资格进行限制,但不是说无论土地经营权人借由何种手段获取土地经营权即有资格成为土地经营权的合法用益主体,因为并非任何主体均有能力开展农业经营活动,而这恰恰是土地经营权流转的资格性前提。由此,也证成了本书所讨论准入制度之价值。因而,在一定程度上需要对经营权资格进行把关,建立经营者资格审查制度:其一,资格审查的对象。如前所述,土地经营权的合法受让主体为承包农户、新型农业经营主体。其二,资格审查的内容。从农业经营和土地用益的特性出发,应当包含资质审查、项目审查和风险控制等方面。资质审查应当包含企业性质、企业经营能力及企业科技水平等方面;项目审查应当包含项目合法性、项目与产业政策契合性、项目的预期收益及经营风险等方面;[1]风险控制应当开展形式审查及实质审查两方面,前者包含农业项目可行性报告、规模经营风险评估报告、风险保证金等方面,后者则体现为立项通过与准入、项目期中考核以及项目持续性考评等。

第二,土地用途监管机制。土地用途监管是国家制定土

---

[1] 参见吕祥.浅析上海如何建立农业经营者资格审核机制[J].上海农村经济,2012(11):38-40.

地利用规划划定土地用途,限制土地利用条件的强制性制度安排。① 其被视为1998年修正的《土地管理法》中贡献最大、最有历史意义的制度。② 然而,土地用途管制实践效果与制度文本上的严格之间形成了强烈的反差,据国土资源部的数据显示,违法违规用地依然总量大、比例高,从2009年度土地执法检查结果看,重点工程项目用地和部分行业用地违法问题严重,③2012年第一季度全国发现违法用地行为9 462件,涉及土地面积4.8万亩,全国违法用地面积呈逐月上升态势,违法违规用地反弹压力加大。④ 此种土地监管模式的"制度失灵"需要在土地经营权市场构建中予以克服。"三权分置"背景下,土地经营权具有更强的市场性、流转性,土地经营权人更多元,土地利用方式更多样。对此,土地管理部门更应严格执行国家耕地保护和用途管制政策,杜绝以租代征、假借流转之名非法买卖、使用土地的情况发生。一方面,严格执行基本农田保护、土地监测、用途管制等政策,以定期与不定期检查监督相结合的方式,严防工商企业以土地流转之名,乱占耕地进行其他营业活动之实。另一方面,鼓励村委会、农民对土地用途进行监督。村委会的组织属性具有监督的正当性,农民作为承包人具有监督的便利性。此外,政府或土地管理部门

---

① 目前土地用途管制的概念尚存争议,有学者认为,土地利用管制包括土地用途管制。亦有学者提出,土地用途管制与土地利用管制在概念上可交叉使用。参见张全景,欧名豪.中国土地用途管制制度的耕地保护绩效[M].北京:商务印书馆,2008:149.郭洁.土地用途管制模式的立法转变[J].法学研究,2013(2):60-83.

② 参见杨慧.土地用途管制法律制度研究[D].西南政法大学,2010:14.

③ 参见孙雪梅.一季度全国违法用地4.8万亩[N].京华时报,2012-4-19.

④ 参见陈明灿.财产权保护、土地使用权限制与损失补偿[M].台北:台湾翰芦图书出版有限公司,2001:344.

应接受群众举报,针对性开展土地用途监管工作。[①]

第三,违法经营惩戒机制。一般而言,农业经营面临的风险来自市场、自然条件等,但近些年诸多农业违法经营问题逐渐显现。例如,2004 年全国各地查处种子案件 6 400 多起,吊销许可证 31 个,移送司法机关 115 起,惩处不法分子 34 名。[②] 此外,由于近些年农业支持力度加大,农业补贴较高,一些经营主体通过虚构材料骗取国家补贴的现象也时有发生。因此,农业管理部门应构建起违法经营的惩戒机制,并进一步明确违法责任,以保障健康的农业经营秩序。

(五)社会保障法律制度

"从逻辑上讲,如果将土地作为解决农民的基本生存的社会保障,那么国家为了社会的长治久安,为了填补公共财政在农村地区的缺位,就必然要求农村集体为每一个位农民均等地分配一块土地,并长久维持着这一均等的土地占有状态,所以土地分配要经常调整、不断均衡,并严格禁止土地向个别民间的经营者集中。"[③]然这种思路是市场经济的倒退,由此也延伸出另外一条道路,即通过优化社会保障结构以抑制一部分市场经济可能带来的负外部性。市场经济解决了少数人的市场风险,正确的办法是国家建立起社会保障体制,而不是重新回到计划经济的老路上去。[④] 但土地不再是

---

① 如《广州市农业局关于举报农业违法行为的奖励办法》于 2016 年 8 月 10 日正式实施,奖励举报 7 类农业领域违法行为,举报人最高可获 30 万元奖励。

② 中国农业新闻网.农业部通报 23 个种子违法案件[EB/OL].2017-12-1.

③ 参见马俊驹.中国城市化与农村土地财产权结构的变革[J].私法研究,2014 (1):3-34.

④ 参见刘俊.中国土地法理论研究[M].北京:法律出版社,2006:329.

农民保障之根本,事实上,"三权分置"下土地经营权的市场化是对土地社会保障功能的一种弱化,而国家就必须为农民提供基本的保障以实现社会的平衡发展,也就意味着国家应该为农民提供一个制度化的社会安全网。农村社会保障体系,应该是全方位、多层次的,并由一系列社会机制保障其有效运行。

一是着眼于改变目前养老保障的城乡二元结构,制定全国城乡统一的社保法规。根据中国经济发展的状况,考虑制定统一的《社会保障法》,对社会保障的原则、主体、相关权利义务等作出原则性规定。① 因此,需要在制度和政策上做好衔接,为制定全国统一的《社会保障法》奠定基础。二是在城乡统一的《社会保障法》出台之前,首先要改变农村土地养老、家庭养老现状,以构建土地承包经营权社保功能角色转换、实现土地经营权资本化作为农村土地承包户社会保障的基本资金,把农民从土地养老的束缚中解放出来。其次要建立个人交费、集体补助等多元化筹资方式,广泛筹集农村居民的社保资金。再次要增加国家财政投入。政府通过多种方式,加大政策扶持力度,为农村居民社会保障提供补助资金,缩小农村居民与城镇居民养老金的差距,为建立城乡一体化社会保障体系提供资金保障。② 最后,实现农村和城市社会保障制度的统一和转换,为农民提供良好、稳定的社会生活环境。土地流转必然会带来农民进城的现实状态,这就需要保证进入城市的农民及时地被纳入城市社会保障的体

---

① 参见高佳,朱洪瑞.论我国养老保障城乡统筹发展[J].农业经济,2014(6):45-46.
② 参见韦旭.关于转移承包土地社保功能、创新土地流转机制的研究[J].中国农学通报,2015(19):270-275.

系之内。此外,还需要科学地设计农村和城市社会保障的对
接点,从而使得城乡社会保障转换具备可能性。①

本章小结

主体要素是土地经营权市场的必备要素,是私法行为或
公法行为的发起者以及接收者。市场主体是参与市场交易
的各相关利益方,是交易对象的提供者和需求者。交易对象
是进行交易的相关商品或权利;而交易规则是维持市场有效
运转的一整套制度体系和方法。从私法层面而言,土地经营
权市场合同制度和土地经营权市场登记制度是市场运行的
程序性法律制度,是实现土地经营权市场性的基本途径。公
法层面而言,政府基于职能和公共利益需要对相关市场进行
宏观调控,实现效益的最大化。同时,市场失范行为甚至违
法行为同样需要政府履行监管职责,其主要途径包括:市场
基础法律制度、市场改革法律制度、市场秩序法律制度以及
社会保障法律制度。

---

① 参见柴荣,王小芳.农民土地权益保障法律机制[M].北京:社会科学文献出
版社,2017:206.

第六章　土地经营权市场交易价格规制

"几乎可以不夸张地讲,只要有政府的地方,就有价格控制。因而,这一规制形式至少已经有了五千年的历史。"[①]通过土地流转路径实现农业生产现代化和经济社会转型是当前城乡二元背景下的优选方案,但通过对土地流转实践现状的检视可知,目前我国的农地市场存在系统化程度低、缺乏根本性保障等问题。当然,这在一定程度上是由传统的二元经营体制所引致。有学者提出,以家庭为主体的传统农业经营模式下的体制性约束,直接导致农业生产与消费决策的不可分性,又形成了农民流动与土地流转的无关性。[②]但同样不能否认的是,在推进土地经营权市场化的过程中,制度安排存在盲目、滞后和缺乏针对性。其主要原因是制度依赖式的"父爱主义"行政管理模式设计,经营权市场化首先应该是市场,且是竞争性市场,只有原则性地秉持这一前提,才能使交换双方的利益和意志得以表征和实现。然而,现实世界中

---

① 参见安东尼·奥格斯.规制:法律形势与经济学理论[M].骆梅英,译.北京:中国人民大学出版社,2008:107.

② 参见李恒.农村土地流转的制度约束及促进路径[J].经济学动态,2015(6):87-92.

的市场是复杂的,经济系统中必然又会出现如垄断、外部性、信息失灵等市场不完全现象,从而使市场表现失真,价格不能反映市场主体的本意。此外,"各种各样的商品价格是相互关联的,就是说,存在一个价格体系,因为在现实经济世界中,经济是一个内部有机统一的整体,其中一个变量的变动,都会以某种方式影响其他变量的决定,一切决定于其他一切"。① 因此,价格规制得以产生。正如熊彼特所言,"离开价格的物与物的交换,留给我们的就没有别的什么东西了"。

"土地价格是最基本的市场信号,具有调控土地总量和利用结构的功能。"②从既有对土地市场的价格规制可知,当前统揽性和具体性的制度安排均处于缺位或低效状态,相应的法律制度又远滞后于土地市场的发展。"三权分置"背景下,市场实践与政策改革亟须法律制度作出有效衔接和释放制度绩效。因而,对土地经营权价格规制的制度构建研究就极具实践价值。农地作为一种农业生产要素不仅可以土地物质起作用,还可以土地资本形态起作用。以土地资本形态实现其价值的主要方式即是土地流转,而土地流转价格的形成是市场化程度的关键问题。因此,对土地经营权市场法律规制的讨论不可避免需要对土地经营权市场价格制度作出合理、合法性检视,如此才能对土地经营权市场法律制度提出优化、完善之路径。此外,众多学者在对农地价格及其体系的讨论中提出,农地价格的产生具有外生性,即农地价格的形成依赖于制度,是制度建构的产物。于本书而言,在对土地经营权价格规制的具体讨论之前,有必要对此作出回

---

① 参见刘学敏.价格规制:缘由、目标和内容[J].学习与探索,2001(5):54-60.
② 参见郭洁.论土地价格法律规制的若干问题[J].法商研究,2005(2):53-59.

应,而对此的反驳理应回到土地流转的农村实践中去。改革开放以后的很长一段时间,农地的有偿流转受到法律限制,但民间自发形成的农地有偿流转仍大量存在。虽然其价格的形成缺乏市场性,但这种价格仍可能作为长期趋势是法定价模式之基础,以相对准确地形成农地内转价格评估。因此,农地流转的价格是外生性的,国家制度当然有利于农地市场、流转体系的形成、发展及完善,但其根本上是作为民间实践的固化工具和发展延续。或者说,制度只是使隐性的市场和隐性的交易活动、行为显性化,使正在进行的市场、交易行为规范化、扩大化、完善化。

与一般商品的价格形成机制不同,土地经营权的交易价格的形成具有多样性、相机性,这种特征是由我国土地经营权流转的合法性变迁路径所决定的。对经营权合法性、流转范围等方面的制度限定,将直接决定流转价格的发现及价格量值的高低。土地私有条件下,所有权人具有完全的自物权权利束,土地价格也因土地所有权人所欲实现的权利类型而定,具有多种形式。土地公有条件下,土地价格的形式和量值受土地产权制度的直接影响,且这种流转是非所有权流转,是他物权型流转,不产生所有权流转的价格形式,只能是土地使用权价格。① 新中国成立以来,我国土地经营权流转可阶段性分为自由流转阶段、限制型流转阶段、法制化流转和准市场型流转。② 第一,自由流转阶段。1950 年《中华人民共和国土地改革法》的颁布为开端,自耕农所有制形式开

---

① 参见石爱虎.现阶段我国农地价格的确定与管理[J].农业经济问题,1993(11):26-30.

② 参见许月明.农地流转风险问题研究[M].北京:中国社会科学出版社,2016:79-90.

启了农户、农产间具有调剂余缺性质的土地自由流转。1951年政务院《关于一九五一年农林生产的决定》明确提出,新解放区土地改革完成之后,立即确定地权,颁发土地证。① 第二,限制型流转阶段。准确地讲,此阶段具有明显的过渡特征,即是从逐步禁止农地流转阶段到逐渐放松流转阶段,时间可截至2002年《农村土地承包法》的颁布。② 第三,法制化流转。2002年8月29日发布的《农村土地承包法》第一条明确规定:"赋予农民长期而有保障的土地使用权"。第十条规定:"国家保护承包方依法、自愿、有偿地进行土地承包经营权流转",并在第二章第五节"土地承包经营权的流转"中的12个条款对农地流转作了全面的规定。由此,土地承包经营权流转有了法律依据。第四,准市场型流转。可以说,经营权流转的法制化为土地经营权市场化奠定了坚实的制度基础,经营权市场化的顶层设计也有了制度基础和制度自信。2008年中共中央、国务院"中央一号文件"《中共中央、国务院关于切实加强农业基础建设进一步促进农业发展农民增

---

① 参见许月明.农地流转风险问题研究[M].北京:中国社会科学出版社,2016:79.

② 此阶段属于我国农地流转合法化的形成阶段,因而出现了较多合规性、限定性的法律文件。主要包括:《中共中央批转华北局关于处理农村党员出租土地、房屋等问题的回复》(1953年)、《关于印发〈当前农村经济政策的若干问题〉的通知》(1983年)、《关于农村个体工商业的若干规定》(1984年)、《关于农民进入集镇落户问题的通知》(1984年)、《关于一九八四年农村工作的通知》(1984年)、《关于一九八六年农村工作的部署》(1986年)、《把农村改革引向深入》(1987年)、《中共中央、国务院关于当前农业和农村经济发展的若干政策措施》(1993年)、《中共中央关于建立社会主义市场经济体制若干问题的决定》(1993年)、《国务院批转农业部关于稳定和完善土地承包关系意见的通知》(1995年)、《关于进一步稳定和完善农村土地承包关系的通知》(1997年)、《中共中央关于农业和农村工作若干重大问题的决定》(1998年)、《中共中央关于做好农户承包地使用权流转工作的通知》(2002年)。

收的若干意见》明确指出："按照依法自愿有偿原则,健全土地承包经营权流转市场。农村土地承包合同管理部门要加强土地流转中介服务,完善土地流转合同、登记、备案等制度,在有条件的地方培育发展多种形式适度规模经营的市场环境。"以及 2014 年 11 月 20 日《关于引导农村土地经营权有序流转发展农业适度规模经营的意见》、2016 年 10 月 30 日《关于完善农村土地所有权承包权经营权分置办法的意见》等一系列文件均对土地经营权的市场性流转予以了确认。

一、土地经营权市场交易价格的法制生成

(一)土地经营权市场交易价格生成的法源路径

产权的可分性印证了不同的权利可以有不同的权利主体。依我国现行土地产权制度,土地权利可分为所有权、占有权、使用权、收益权和处分权,亦可分为自物权(所有权)、他物权。三权分置背景下,又可分为土地所有权、土地承包权、土地经营权。上述权利可以合并存在,如土地承包权与土地经营权分离前的土地承包经营权,也可以独立存在,如脱离于集体所有权的他物权行使。亦可以由不同权利主体所拥有,如集体土地所有制下的农户占有、新型农业经营主体占有。土地经营权的本质更趋近于英美法系普通法对土地物权的层次性划分:一是土地所有权,二是土地用益物权。也就是说,不管是土地法规定之权利,抑或是物权法规定之权利,权利的可分性亦可实现,并单独存在不同的主体。而

不同主体亦可同时拥有同一主体的不同权利。

本质上说,产权的收益性以及收益的可资本性是土地权利价格的显性路径。不同的土地权利对应不同的土地收益,不同的土地收益又对应不同的土地价格。农地流转就是权利的流转,权利的流转其实是土地收益的流转,土地收益的流转即体现出土地贴现率及土地价格,而土地价格的市场化实现即是土地流转的目的实现。农地流转过程中,权利的可分性决定了土地流转的结构性设置,不同的权利代表不同的收益,收益的资本化即是贴现的过程。所有权对应收租、处分之权利,他物权对应担保性、用益性权利。权利类型直接决定权利收益及流转方式。非所有权流转为主流的中国农地流转实质上进行的是直接附着于土地并具有某种经济价值的用益权利,这种用益权利决定权利收益、贴现率以及实现价格。

(二) 土地经营权市场交易价格生成的内在机理

马克思主义价格理论和西方土地价格理论是土地价格理论的两大主要派别。马克思主义价格理论认为,土地虽然不是劳动产品,但其因具有使用价值而存在价格,这个价格导源于土地所有权垄断的地租产生。土地价格是出租土地的资本收入,即地租的资本化,以此主要说明了土地价格产生的根源以及土地价格与地租的理论逻辑。[①] 西方土地价格理论又以土地收益理论和土地供求理论为代表,但不难得出,二者均存在阐释逻辑的诟病,并不能对土地价格的形成

_____

① 参见石爱虎.现阶段我国农地价格的确定与管理[J].农业经济问题,1993 (11):26-30.

给予最优解。

尽管马克思和土地收益论者对土地价格的形成给出了基本的基准和价格公式,但"真正的地租"和"最优利用状态"均只存在于理论价格形成模式之中。而价格规制又恰恰已经不是一个理论议题,而是一个实实在在的事实。[①] 实际情况而言,土地使用价值需要综合的考量因素,如自然因素、社会因素、经济因素等,因而其价格的形成同样遵循使用价值的形成思路。此外,土地价格的相机性特征决定了其还受国家政策的较大影响。于中国而言,更是如此。

1.应然价格[②]

交易是市场化实现的主要方式,价格作为交易的基础尤为重要。市场主体定价权是宪法上经济自由权的具体体现,市场主体有权基于对商品价值、市场预期的合理判断作出议价、定价的权利。[③] 此外,定价权不仅事关市场主体的利益分配,而且还与国家经济职能的履行、价格杠杆的运用以及政府的价格管制政策息息相关,因此定价权的法律分配问题应加以明晰。当讨论土地经营权的应然价格时,就不能舍弃土地作为载体的特殊性而仅仅参考使用价值或"真正的地租"

---

① 参见 WRIGHT C. W. The Economics of Governmental Price Regulation Some Objections Considered[J].American Economic Review,1913,3(1):126-142.

② 瞿研宁认为,农村土地承包经营权的应然价格是指由于农村承包地作为一种资源能够带来的一定经济效益,农地土地承包经营权作为一种权利能够带来一定收益,农地承包经营权流入方为了取得农村土地承包经营权而应当支付的价格,是农村土地承包经营权所凝结的无差别的人类劳动的货币表现。参见瞿研宁.农村土地承包经营权流转价格问题研究[J].农业经济问题,2013(11):82-86.

③ 哈耶克认为,政府直接管制物价是与自由制度不相容的,据此,定价权应当是市场主体的重要权利。参见哈耶克.法制国家中的经济政策[A].参见[德]何梦笔.德国秩序政策理论与实践文集[M].上海:上海人民出版社,2000:311-312.

来对其予以发现和确定,这需要法律经济学的论证方式和逻辑,以实现真正的应然。在各种交易之中,市场主体总是以风险值为追求,否则交易就因无利可图而难以完成。议价过程所欲实现的合理解是各市场主体获得风险值及合作剩余的一个合理份额。① 虽然现行土地流转趋势已铺天盖地而来,但主要以民间小规模流转为主,多发生在集体经济组织内部成员之间,这种流转习惯很可能抑制经营权市场化、规模化的实现。在传统小份额流转形式下,流转双方互为"熟人",对流转土地质量、四至、排灌情况均十分了解。此种流转受让方通常为降低经营风险主要种植大宗农作物,而流转方也当然知道当地种植大宗农作物之合作剩余,双方即能较为顺利地计算出合作条件,使得价格之确定快捷、合理。土地经营权市场的创设初衷为实现农业现代化,释放土地要素功能之价值,因此,对于市场性大规模流转之价格同样应予以阐释。根据法律经济学原理,商品交易的基础理应建立在"意思自治"的完全理性基础之上。作为传统农户的承包方在与规模经营权主体议价过程中,承包方所组成之群体往往难以克服"搭便车"的问题,即希望别人支付谈判成本而自己坐享土地增值。而受让方准备"一对一"的直接谈判时,承包方又可能因集体行动逻辑而难以配合。有限的传统农户固然是知道规模经营中土地成片的重要性,而各农户均"奢望"自己所在土地是最关键的那块"拼图"。因此,土地流转规模化、市场化过程中存在严重的信息失灵、负外部性等问题,需要国家干预和介入。乡村基层政府甚至县一级政府在规模

---

① 参见[美]罗伯特·考特,托马斯·尤伦.法和经济学[M].施少华,姜建强,等,译.上海:上海财经大学出版社,2002:68.

流转中理应起到组织、"公共利益"代理人的作用。一般而言,应通过建立土地经营权流转价格法律体系,确立土地经营权流转价格法律规制的基本原则,构建公开、完备的土地经营权流转价格规制机制,明确土地经营权价格法律责任制度等路径来进行保障。

2.实然价格①

以零星流转、小宗土地流转为主的传统流转模式因为地缘、亲缘关系,在价格形成机制上具有一定的准确性。这一方面取决于此种流转模式传统完成的基本经验,即一般认为承包地的农业产出为种植当地大宗农作物的纯收入,在几乎无边际成本的情况下,此纯收入即是合作剩余价值。另一方面,实践中土地承包经营权的价格有所偏离于合作之价值,往往低于当地大宗农作物纯收入的一半,而这种偏离的合理解释即是人情关系的价值让予。因此,实践中此种流转模式之流转价格较低又往往是完全理性的体现。②

---

① 亦有学者称其为实际交易价格,二者并无明显差别。如瞿研宁学者认为,农村土地承包经营权流转的实际交易价格,是指农村土地承包经营权流入方为取得相应的承包经营权利而实际支付的价格。农村土地承包经营权流转的实际交易价格一般由流入方和流出方个人或流出方所在的集体经济组织协商确定,在流转合同中的价格条款中予以明示,是农村土地承包经营权流入方实际支出而流出方实际得到的价格。农村土地承包经营权流转实际交易价格的载体可以是货币,也可以是粮食等实物,一般是货币。相关讨论可参见瞿研宁.农村土地承包经营权流转价格问题研究[J].农业经济问题,2013(11):82-86;于传岗,张军伟.是否流转分权?农地有序流转最优机制设计[J].西北农林科技大学学报:社会科学版,2017(4):40-50.

② 因为承包方与受让方互为"熟人",彼此之间对对方所拥有的土地数量、土地肥力、地块数量、地块面积、排灌方式、排灌难度等方面非常了解。不仅如此,双方甚至对对方的人品、支付能力、征信情况均十分了解或易于获得。此种条件下,承包方与受让方很容易在合作的理解上达成协议,并比较默契地达成合作条件。参见[美]罗伯特·考特,托马斯·尤伦.法和经济学[M].施少华,姜建强,等,译.上海:上海财经大学出版社,2002:77.

现代农业背景下所追求的规模流转、市场性流转具有区别于传统流转的特殊性。第一,市场性更强,信息获取成本较高;第二,流转具有长期性、稳定性;第三,价格发现难度大、受制因素多。基于上述特征,此种流转方式所形成的交易价格体现为更多的博弈过程。一般来讲,承包户作为经济相对弱势方具有以下两个议价基础。其一,合作剩余提高。农业产业对自然环境具有天然的依赖性,土地要素是基本要求。受让方在种植经济作物时往往需要充足的前期投资才能获益,如土地质量改良、市场渠道扩展、农业经营经验等,且这些因素具有不确定性,这决定了双方流转合同不宜过短也不宜过长。理想情况而言,受让方能从逐年经营中获得规模效益。此种情况下,当地大宗农作物的价值基准将难以说服承包户完成后续流转合同或进行二次流转缔约,并以此为议价基础影响流转价格的合理形成。其二,"零碎化"要挟。众所周知,土地规模经营需要连地成片,以便管理。承包户有限的理性已足以认识到谈判对手的议价风险。如果少数承包户拒绝与受让方达成流转协议,或受让方不能满足承包户的价格预期,受让方即使与其他大部分承包户达成流转协议,其农业经营的现代化程度、规模经营效益、管理效益将大打折扣,从而致使成本过高而降低收益甚至亏损。因此,这种零碎化胁迫将迫使受让方提出相对有说服力的流转价格。

3.小结

实践中,流转价格的形成受市场主体、农业政策、基层政府等多个因素的影响,这种多元因素引致的流转价格具有相对的合理性。土地经营权市场化过程中,经营权的流转市场性更强、资本性更强,流转价格将更趋近于受价值规律的影响。总之,农村土地产权制度的变革将引致农村交易制度的变革,且这种变革是市场性的,市场主体是更多地由非完全理性的"经济人"构成。因此,建立、优化基本的市场法律规制制度迫在眉睫。

二、土地经营权市场交易价格规制现状评析

土地经营权市场价格规制是立足于市场发展阶段性特征的制度建构过程,这个过程是弹性的、可变的。这种弹性并非社会学所揭示,是社会结构、乡村伦理、行政力量等多重社会逻辑交互作用的结果,同样也不是经济学所阐释的纯粹土地供求关系或者土地生产力变化的结果。① 而是法制社会背景下,法律制度对相关市场的逐步覆盖过程。因此,试图对规制路径和方式进行优化都势必回归到立法实效、制度价值的现状检视上来,实现问题导向性研究。

---

① 经济学对土地价格问题的研究是以"地租"的形式呈现的,主要经历了古典经济学、新古典经济学和新制度经济学等若干个阶段。尽管每个阶段对此命题在研究思路、研究角度、研究方法上存在差异,但都达成了一个基本共识,即地租是一种剩余,是除去生产成本和农业资本政策利润后的剩余利润。以此为基础,经济学家从土地的自然条件、投入产出、供需状况和产权结构等角度来要讨论土地的价格及规制问题。社会学对土地价格问题的研究侧重于对市场阶段及制度背景影响下的价格发现及形成方面,一般认为影响价格及科学的规制方法的因素包括社会结构、民间伦理秩序、地方行政权力等方面。相关讨论参见[英]阿尔弗雷德·马歇尔.经济学原理(上卷)[M].西安:陕西人民出版社,2006;张五常.佃农理论[M].北京:中信出版社,2010;申云,朱述斌,邓莹,等.农地使用权流转价格的影响因素分析——来自于农户和区域水平的经验[J].中国农村观察,2012(3):2-17;伍振军,孔祥智,郑力文.农地流转价格的影响因素研究——基于皖、浙两省413户农户的调查[J].江西农业大学学报:社会科学版,2011(3):1-6.

（一）立法实效检视

农地市场相对滞后的发育程度以及行政管理模式的制度偏向致使我国土地价格立法起步较晚,层次也相对混乱。目前规范土地价格的法律、法规包括:1990年发布的《中华人民共和国城镇国有土地使用权出让和转让暂行条例》、《中华人民共和国价格法》(以下简称《价格法》)、国土资源部1999年发布的《关于已购公有住房和经济适用住房上市出售中有关土地问题的通知》、国务院2001年颁发的《关于加强国有土地资产管理的通知》、国土资源部分别与2003年、2006年发布的《协议出让国有土地使用权规定》《招标拍卖挂牌出让国有土地使用权规范(试行)》《协议出让国有土地使用权规范(试行)》、2004年修正的《中华人民共和国土地管理法》、2007年国土资源部发布的《招标拍卖挂牌出让国有建设用地使用权规定》、2014年国土资源部发布的《节约集约利用土地规定》等屈指可数的几部法规、规章。且规制土地价格的主要法律规范大多为部门规范性文件,关涉农地价格的更是少之又少。不仅如此,由于我国土地价格是在土地利用市场化进程中逐渐形成的,这些价格的形成受多个因素影响,可能不客观、不稳定。由此形成的法律规范就具有很强的政策相机性,欠缺对土地市场全局性、持续性的预见和判断,致使法律层面难以形成、部门规章难以统摄、规范性文件多出的规制特征。可见,土地经营权市场法律规制的立法层面,主要存在以下问题。

第一,法律规范效力层次较低,形式上多以部门规范性文件式的通知、公告出台。以此形成了与行政管理中的内部规范性文件或者效力较弱的政策相类似,淡化了规制的效力。以土地价格为例,通过北大法宝以土地价格为关键词展开全文检索,检索结果显示法律 1 篇,行政法规 9 篇,部门规章 96 篇,其中"通知"59 篇、"公告"13 篇、"意见"5 篇、"批复"3 篇。① 以此类规范性文件作为规制基础将必然导致:其一,执法部门具有较大且自由的解释权和裁量权,由此形成了土地批租、土地流转中大量的腐败现象。依据国土资源部出台的《查处土地违法行为立案标准》,土地违法案件包括买卖和非法转让、破坏耕地、未经批准占地、非法批地等。有学者对 2003 年至 2007 年土地违法案件进行实证统计发现,2003 年违法案件达到最高点 128 125 件,而违法案件涉及土地的面积由 2003 年的 55 896.6 公顷增加至 2007 年的 89 846.8公顷,呈现出很明显的增长趋势。② 其二,公众对法律的识别主要以全国人大、全国人大常委会颁布的法律、国务院制定的行政法规为主。上述规范性文件于地方政府而言执行阻力较大,于社会公众而言普适性较低,难以形成同法律一般的认同感和约束力。

第二,缺乏专门性的土地经营权市场交易法律规范。目前对土地经营权流转的规范主要依靠《土地管理法》《农村土地承包法》《农村土地承包经营纠纷调解仲裁法》等几部法律规范,且上述法律对于市场交易相关制度仅进行了原则性的规定。如《土地管理法》第六十三条、六十四条通过解除入市限制、明确入市条件、规范合同内容、明确管理措施等路径对

---

① 此统计包含了已失效的法律、法规、规范性文件。

② 参见陶坤玉,张敏,李力行.市场化改革与违法:来自中国土地违法案件的证据[J].南开经济研究,2010(2):28-43.

入市规则进行了原则性规定。此外,《农村土地承包法》亦在第二章第五节对土地经营权的流转作了流转原则、流转主体、流转方式等方面的基础性规定。上述法律规范对流转市场的作用主要体现在对流转客体作了合法与非法界定,具体流转制度依然依靠地方性法规、基层政府组织、流转平台来确定、执行。从各地实践的具体情况来看,普遍存在交易不规范、价格不显化、后续多纠纷等问题。瞿研宁教授于2012—2013年对河南省洛阳市中的6个村庄调研发现,农地流转中基层组织定位不明,存有"制度性虚置"问题,流转过程中交易成本过高,交易信息不实时。① "有关学者对安徽、福建、广西等17个省、自治区1 773个村、1 962份有效问卷说明,绝大多数交易发生在本村,半数以上的交易为美元显化的市场价格"。②

　　第三,土地指导价的定价权不清,不同规定之间相互矛盾。《价格法》于第一章"总则"部分原则性规定了价格制定主体为政府及市场主体,明确了价格规制的职责范围。③ 这种原则性规定对一般商品价格而言具有较强的指导意义,而土地价格既有一般商品价格的共性规范,又有由于土地的资

---

　　① 参见瞿研宁.农村土地承包经营权流转价格问题研究[J].农业经济问题,2013(11):82-86.

　　② 参见洪名勇.马克思土地产权制度理论研究[M].北京:人民出版社,2011:453.

　　③ 从《中华人民共和国价格法》第三条可知,国家实行并逐步完善宏观经济调控下主要由市场形成价格的机制。价格的制定应当符合价值规律,大多数商品和服务价格实行市场调节价,极少数商品和服务价格实行政府指导价或者政府定价。此外,从管理部门来看可分为全国和地方,即国务院价格主管部门统一负责全国的价格工作。国务院其他有关部门在各自的职责范围内,负责有关的价格工作;县级以上地方各级人民政府价格主管部门负责本行政区域内的价格工作。县级以上地方各级人民政府其他有关部门在各自的职责范围内,负责有关的价格工作。

源属性和技术特征而产生的特殊问题。这就决定了单一的
《中华人民共和国价格法》（以下简称《价格法》）无法调整特
殊性、复杂性的土地价格法律关系。如《协议出让国有土地
使用权规定》（以下简称《规定》）第六条规定："省、自治区、
直辖市人民政府国土资源行政主管部门应当依据本规定第
五条的规定拟定协议出让最低价，报同级人民政府批准后公
布，由市、县人民政府国土资源行政主管部门实施。"《关于加
强国有土地资产管理的通知》（以下简称《通知》）于第五项
加强地价管理中要求："市、县人民政府要依法定期确定、公
布当地的基准地价和标定地价，切实加强地价管理。凡尚未
确定基准地价的市、县，要按照法律法规规定和统一的标准，
尽快评估确定；已经确定基准地价的市、县，要根据土地市场
价格变化情况，及时更新。要根据基准地价和标定地价，制
定协议出让最低价标准。"《规定》和《通知》分别将定价权赋
予了省、自治区、直辖市人民政府国土资源行政主管部门及
市、县人民政府，而根据《价格法》规定，上述土地的指导性价
格由省、自治区、直辖市人民政府制定。[①]"如此矛盾的分散
权限规定不仅导致定价权不能发挥宏观调控作用，而且也导
致各级地方政府低价出让土地，甚至以地方经济、产业调整
为名，无偿处分土地，对外商和内资企业在土地价格上实行

---

① 《中华人民共和国价格法》第十九条：政府指导价、政府定价的定价权限和
具体适用范围，以中央的和地方的定价目录为依据。中央定价目录由国务院价格主
管部门制定、修订，报国务院批准后公布；地方定价目录由省、自治区、直辖市人民政
府价格主管部门按照中央定价目录规定的定价权限和具体适用范围制定，经本级人
民政府审核同意，报国务院价格主管部门审定后公布；省、自治区、直辖市人民政府
以下各级地方人民政府不得制定定价目录。

差别待遇。"①这就决定了土地价格法律规范内容纷繁复杂，单纯的《价格法》无法包含其中的全部内容。

(二)制度价值检视

既有研究来看,学界对于土地经营权的研究大都立足于诱致性制度变迁理论,对现有制度进行一定程度实证分析,进而得出土地经营权相关制度的评价。如,瞿研宁针对农地承包经营权流转价格偏低的现象,通过实地调研得到农地流转的实际交易价格,运用收益还原法测算农地流转的应然价格,通过对比两种价格分析了造成实际价格偏低的原因。②王颜奇、郭翔宇通过对经营权价格的产权本质、构成及其实现形式的分析,认为经营权价格可以现金、实物、股权等方式体现。郭继用法经济学分析法有效地分析了家庭承包地流转价格形成制度的内在机理,据此认为:零星流转价格制度应沿袭"当事人自由协商定价"的现行规定,而规模流转价格形成制度应规定由承包户委托中介机构与受让方协商定价。③ 可见,学界已经意识到流转价格不客观、不能反映出流转土地的价值,而"原因固然是多方面的,但与价格形成制度的不够完善存在很大关联"。④ 因此,价格形成制度与土地流转基础制度是流转价格问题的制度归因,基于我国现实出

---

① 参见郭洁.论土地价格法律规制的若干问题[J].法商研究,2005(2):53-59.

② 参见瞿研宁.农村土地承包经营权流转价格问题研究[J].农业经济问题,2013(11):82-86.

③ 参见郭继.家庭承包地流转价格形成制度的法经济学分析[J].中国土地科学,2011(8):69-73.

④ 参见郭继.家庭承包地流转价格形成制度的法经济学分析[J].中国土地科学,2011(8):69-73.

发,可将其类型为诱致性变迁制度与强制性变迁制度。[①] 纵览改革开放以来土地制度变迁史可知,诱致性变迁制度与强制性变迁制度共存于我国现行土地制度中,成为城乡土地流转、使用的基础制度。

以农村集体建设用地流转制度为代表,一系列土地流转制度属于典型的诱致性制度变迁,并由此形成了大量的流转规则内部化、流转价格失真的隐形流转。[②] 随着经济、社会环境的变化,单一的诱致性制度变迁已无法满足土地制度改革的需要,政府主导的强制性制度变迁重回舞台。如十八届三中全会提出的"建立城乡统一的建设用地市场,允许农村集体经营性建设用地出让、租赁、入股,实行与国有土地同等入市、同权同价",以及《三权分置意见》中对土地规范流转管理制度、土地三权分置相关制度的界定等。

第一,强制性制度变迁视阈下价格扭曲问题

伴随城乡经济、社会环境的变化,流转制度诱致性变迁已经无法适应经济发展和城乡统筹发展的需要。强制性制度变迁具有政府主导性、效果直接性等制度特征,于当前土地流转环境下的制度功效开始显现。然而,其在引导产权制度变革的过程中同样会引致一些问题,如土地流转中行政性过强而导致流转价格扭曲问题。基于扭曲理论,土地流转价

---

① 诱致性制度变迁与强制性制度变迁是新制度经济学对制度变迁方式作出的界定。诱致性制度变迁是由某种在原有制度安排下无法获取的获利机会引起的,主要表现为在制度不均衡的情况下,由个人或群体响应获利机会时自发倡导、组织和实施;强制性制度变迁指通过行政权力和立法手段等外在强制力推行制度、变革制度的一种制度变迁方式。

② 参见黄锐.农村集体建设用地流转制度变迁的制度经济学分析[J].江汉大学学报:社会科学版,2015(1):51-55.

格扭曲的原因有二:一是内生性的,即市场机制自我调节实效,称为市场失灵;二是引致性的,即政府规制失效,称为政府失灵。就市场失灵而言,由于我国土地制度的原因,不同土地流转市场具有较低的替代性,其相关市场易于识别。且严格意义上讲,三权分置背景下土地经营权派生于土地承包经营权,二者于权利属性、功能定位等方面存在差异。因此,土地经营权市场还处于初级构建阶段,信息不完全、市场不完备等缺陷将难以避免,其市场失灵问题将普遍存在。易言之,土地经营权市场发育初期市场失灵现象是市场经济普遍存在的,其很难避免也不好确定。① 就政府失灵而言,正如公共选择理论的代表詹姆斯,其指出:"政府的缺陷至少与市场一样严重"。② 政府作为克服市场失灵的重要手段,但又与市场失灵具有共存性,如政府行为在克服市场失灵时,需要导入和利用市场机制。究其深层次原因有二:一是政府职能转变问题;二是政府内部博弈问题。不难解释,政府职能对新兴市场创新的回应具有滞后性,守旧式的形式主义对市场创新的框定和规范将是失效和反市场的。政府内部博弈问题源于中央与地方对资源的吸取博弈以及地方政府之间对地方利益的保护博弈。例如,对土地流转市场的地域性垄断将阻碍土地流转市场价格外部化,中央对农村土地国家所有的认知强化将对农地流转的市场价值、市场信心造成损害,凡此等等,均揭示出强制性制度变迁视阈下,土地价格扭曲问

---

① 参见边学芳.快速城市化阶段农地转用价格扭曲研究[D].南京:南京农业大学,2009:6.

② 参见[美]詹姆斯·布坎南.自由、市场与国家[M].吴良健,等,译.北京:经济学院出版社,1998:28.

题是土地经营权市场构建过程中应竭力去解决的关键问题。

第二,诱致性制度变迁视阈下价格失真问题

土地流转的制度惯性是具有明显的诱致性制度变迁特征的,且这些制度变迁是由现有制度中的潜在收益引致的制度变迁需求所推动的。[①] 制度的不均衡性允许和放任了土地流转,释放了土地流转的经济价值。其方式是流转主体自发倡导、隐形实施以响应获利机会。对此,较多学者以"隐形流转"来命名此种特殊土地产权制度下所产生的土地交易市场。[②] 所谓"隐形流转",即在我国特殊的土地产权制度下,各利益主体在土地产权权能流动过程中绕开现行土地法律法规擅自行动而形成的一切土地交换关系之和,相关当事人因利益驱使擅自改变原有土地用途或使用类型而形成了土地交易市场,具有隐蔽性、非国家正式认可性、产权权能流动性等特征。[③] 诱致性制度变迁视阈下,隐形流转充斥于国有土地、农村集体建设用地、宅基地以及承包经营性用地等土地流转市场中。随着国家土地流转法律制度完善,国有土地隐形交易得到了一定程度的遏制,农用地隐形市场也逐渐显化。然就土地经营权市场而言,政策性软性规范实施性问题、制度供给不足及滞后性问题、新造权利农民接受度问题

[①] 参见姜开宏,孙文华,陈江龙.集体建设用地流转制度变迁的经济分析[J].中国土地科学,2005(1):34-37.

[②] 相关文献可参见朱明芬,常敏.农用地隐性市场特征及其归因分析[J].中国农村经济,2011(11):10-22;黄中显.集体土地"隐形"市场的法律对策[J].经济与社会发展,2006(12):147-153;陈洪博.城镇土地使用的双轨制及隐形市场[J].经济研究,1992(3):70-73;常敏.农村集体土地隐性市场的双重效应分析[J].现代经济探讨,2013(6):68-72.

[③] 参见罗湖平.中国土地资源配置中的隐形市场研究[D].长沙:湖南农业大学,2013:摘要.

等都将使得该市场交易规则相对模糊,交易秩序相对混乱,交易价格相对失真。

诱致性制度变迁视阈下,土地经营权流转价格主要是集体组织或农民个人与交易方协商达成的协议价格,并非是根据供需竞争形成的价格。同时,土地经营权流转市场中还缺乏与市场价格相协调的农地基准地价,更缺乏地价评估与管理监督制度,流出方无法获得判断土地流转市场价格的基础和依据,由此造成相关市场价格失真。主要表现为两个方面:一是低廉的经营权流转价格,包括承包户流转的经营权以及新型农业经营主体之间流转的经营权价格远低于土地的实际价值。二是流转市场价格并非完全由市场机制决定,且很大程度上受制于行政权力的影响。[①] 此种制度变迁背景下,制度效益较低,流转价格紊乱,不利于市场主体根据市场信号作出正确的市场决策,亦有碍于市场健康秩序的构建及优化。

而政策性的引导及政府补贴水平的激励稀释了农地经营利润水平对资源的吸引,价格信号失真抑制农业资本流向。农村金融市场的价格信号失真根源之一是农村金融领域的寻租行为,受到政策性金融的引导,投资于农业的金融机构关注的焦点并不完全在于项目的利润水平,还包括政府补贴水平。为此,金融机构往往设置各种信用障碍,用以换取优惠政策,并获取农户的租金。寻租行为弱化了农业净产出水平,降低了农业资本积累能力,也使大量国家支援农业的资金滞留在金融体系,并有可能随着金融机构的逐利行为而流向工商业领域。同时,价格信号失真抬高了资源转移的

---

① 参见帅晓林.我国农村承包地流转价格机制构建方略[J].社会科学辑刊,2012(2):105-108.

门槛,增加了工商业资本投资与经营农产品加工、流通,甚至是直接从事农业生产活动的机会成本。工商业资本注入农业属于资本的跨部门流动,资源转移的门槛相对于部门内部流动要高许多,因此需要更多的前期投入。在存在金融寻租的条件下,经济主体必须使用自有资本完成跨部门投入,无形中抬高了投资成本,加之由于农业部门的生产周期较长,降低农业部门的净产出预期,机会成本会被进一步放大。因此,基于寻租行为的价格信号失真不仅直接抑制了金融资源流向农业,而且间接抑制了工商业资本向农业的转移。

三、土地经营权市场交易价格规制的基本原则

部分产权决定论学者提出,农地产权结构决定农地流转方式和农地流转价格体系,但同时也认可农地价格发现的客观性、价格体系的特质性。[1] 制度经济学者认为,农地市场和农地价格的形成诱致性制度变迁促进了法律对产权结构的确认和规范。可见,学界对农村土地的研究秉持了学界特有的思维向度,并得出了具有学科导向性的结论。由此,也容易陷入学科界别所蕴含的思考路径,致使对问题的研究实践性较低。土地经营权市场化过程中,价格规制是基本的通识。然规制的基础与原则却有着法学、社会学、制度经济学、农业经济学等各个学科的不同认识。[2] 本书认为,规制对于

---

[1]   参见邓大才.农地流转价格体系的决定因素研究[J].中州学刊,2007(3):44-48.

[2]   如法学学者强调价格体系对弱者的保护,体现社会公平;社会学学者主张价格规制理应考量社会效应,注重对社会稳定的维护;制度经济学学者可能强调制度对价格行为、价格形成的影响,并推崇以制度构建的路径来实现制度目标。

一般竞争性商品价格是默认的。对于土地经营权而言,其规制原则的确定则需要回归于规制客体生成环境及客体本身的特殊性基础之上,如社会结构、市场阶段、客体本质、竞争环境等因素的考量。因此,土地经营权价格规制的原则应该是学科研究综合性的成果,经济学完成对市场竞争性、信息完全程度等方面的回应,法学实现对市场制度、市场安全等方面的把握,社会学达致市场矛盾、社会稳定等方面的调和管控。

(一)直接规制与间接规制的有效衔接

直接规制意味着政府以介入的方式解决市场外部性问题,现阶段我国土地经营权市场尚未完全形成,市场机制不能发挥有效作用,资源配置效率低、市场参与者福利受损。出于对公共利益的维护,政府直接决定产业或者部门的规模、市场主体资格等,甚至介入企业的决策与经营模式;间接规制是指市场机制已经建立且能够实现一定的资源配置,但负外部性问题依然存在或资源配置有提升空间,政府"以形成、维护竞争秩序的基础为目的,不直接介入经济主体的决策而仅制约阻碍市场机制发挥作用的行为,并且以有效地发挥机制职能而建立完善的制度为目的"。① 21 世纪以来,探索农村劳动力转移背景下如何保障粮食供给和发展现代农业问题时,较为一致的观点和做法即是通过政府力量推进农地流转,促进规模经营。② 此种政府直接介入的农地流转逻辑无可厚非,也为农地制度改革提供了有因可循的"政策突

① 参见[日]植草益.微观规制经济学[M].北京:中国发展出版社,1992:21.
② 参见尚旭东.农村土地经营权流转:信托模式、政府主导、规模经营与地方实践[M].北京:中国农业大学出版社,2016:45.

破"。然而同样也应该反思的是这种直接规制的方式是否利
于农村经济可持续发展,是否有利于解决当前不平衡、不充
分发展的社会矛盾,对此,众多学者对此种直接规制模式提
出了质疑。① 不同市场领域、不同发展阶段下的规制事项无
疑存在一定的差异,一部特定范围的规制立法只能规定与其
整体制度设计相适应的规制事项。② 土地经营权市场的发展
是农村经济迎来的机会,也是挑战。对该市场的规制应尽可
能在兼顾社会效应的情况下去开展,充分认识到市场发展阶
段的初级性、市场主体力量的薄弱性和不稳定性以及规制策
略的"主观性"、滞后性。因此,可效仿世界各国对初级市场
之规制模式,即市场经济初期采取直接规制,市场发展及完
善阶段采取直接规制与间接规制的混合规制模式。首先,当
前土地经营权市场处于形成初期阶段,产权价格体系尚未形
成,价格机制受外部因素的制约较多,对此,政府应更多地选
择直接规制的介入模式,避免市场主体经济人行为思路所引
致市场效率的低效。具体制度应包含:其一,创设、完善价格
立法,对企业行为进行合法性评估,并以法律责任形式纠正
企业行为;其二,设立政府指导价,通过限定交易价格,决定
企业与消费者之间成本分配,规制企业行为,维护市场交易
秩序;其三,以第三方身份"参与"市场交易,审查双方交易事

---

① 如尚旭东通过理论分析和实证分析均证明了政府直接规制农地流转在行
为与目标上发生背离。政府主导农地流转不仅将原有流转价格通过"地租乘数"得
以放大,与此同时,承包户"卖房垄断"下的询价策略进一步提升了土地租金,二者
合力加重了农地经营成本;实证分析验证了相比于市场配置流转,政府主导流转在
"成本弹性"上是无效的。参见尚旭东.农村土地经营权流转:信托模式、政府主导、
规模经营与地方实践[M].北京:中国农业大学出版社,2016:45-60.

② 参见盛学军,陈开琪.论市场规制权[J].现代法学,2007(4):83-90.

宜,对不合理价格、不合法行为予以指导或纠正。其次,土地
经营权市场由发育初期过渡到成熟阶段后,价格规制理应转
向以间接规制为主。十八届三中全会审议通过的《中共中央
关于全面深化改革若干重大问题的决定》明确指出:"使市场
在资源配置中起决定性作用",对于土地经营权市场而言,应
转变过去政府行政指导为主的发展模式,注重市场的资源配
置作用,形成弱化直接规制与强化间接规制的调整机制。且
随着施政理念的转变与市场发育程度的不同,直接规制模式
与间接规制模式制度局限可能凸显,①二者实施的力度和发
挥的作用也应进行能动的调整。具体而言,应注重对以下制
度的构建:其一,取消集体经济组织成员优先权的相关规定,
促使流转价格回归市场竞争性;其二,规范农地抵押、入股、
信托流转模式,形成农地流转价格资本化形态;其三,完善农
地流转财政补贴制度,实现农地流转的社会效应,流转价格
的公平性。最后,混合规制模式的经验性选择。从世界经验
来看,无论是欧洲、美洲还是东亚,市场法律规制模式总是随
着市场经济不断完善而呈现出对直接规制模式的摒弃,转而
青睐灵活度、接受度更高的间接规制模式,并于理论上参考
帕累托最优点形成稳定的混合规制模式。这种混合规制模
式以帕累托公平为追求,蕴含了直接规制与间接规制模式的
多项方式和优点,具有规制结构的稳定性。土地经营权价格

---

① 直接规制的主要局限包括:第一,容易导致土地权利人抵制,进而阻碍政府
相关法律政策推行;第二,易形成"干预扩大化"局面;第三,容易滋生权力寻租与腐
败现象。间接规制的主要局限包括:第一,如果单纯强调自由流转,市场失灵情况
下,会使农地流转集中速度减慢,或农地被进一步细分,难以形成有效的规模经营;
第二,推行激励性规制的成本不可控。参见阎其华.农地规模经营行为法律规制问
题研究[D].辽宁大学,2014:74.

规制理应沿袭此种规制模式,一方面可以在有效监测市场发育情况的基础上展开规制,另一方面可以缓冲土地制度改革对农村社会稳定所引起的波动。

(二)微观规制与宏观调控的合理配合

我国土地的特有属性决定了农地市场是不完全竞争的市场,这个市场必然地蕴含着对"三农"问题的解决之道,而这些特殊性决定了对土地经营权市场的规制是经济效益与社会效益的耦合。因此,规制模式上应体现为微观规制与宏观调控的两种规制方式、经济效益与社会效益的双重规制目标。此外,价格规制的配置与行使是市场规制的基本逻辑和基本规则,唯有处理好价格规制中政府与市场的关系,才能在推进价格领域改革和新兴市场法律规制的问题上有所建树。而政府与市场的关系从本源上同样可追溯到政府为主的微观规制以及市场起主要作用的宏观调控规制理念,由此,也决定了土地经营权市场理应是微观规制与宏观调控的合理配合。

就微观规制而言,因为其手段的直接性,能准确地表达政府对于市场经济活动的影响力,也更具有政府管理市场经济的一般意义。其方式可分为价格规制、经济规制、法律规制。[①] 价格规制通常包含了对于工资、利率、汇率、地租、土地价格等要素价格的规制,具有直接性;经济规制则体现为政府通过介入市场的方式来解决负外部性问题,实现经济目标。规制对象是个体的活动,而非个人或组织;法律规制的

---

① 参见刘学敏.中国价格管理研究:微观规制和宏观调控[M].北京:经济管理出版社,2001:7.

最直接体现即是《价格法》的制定及实施,当然,特殊行业还制定了特殊价格法律。上述微观规制方式致力于解决市场运行中的具体问题,维护市场经济健康秩序。就宏观调控而言,价格总水平是宏观调控的关键行为指数。价格总水平持续上升,就会导致通货膨胀,扭曲市场供求关系,价格机制失效,降低社会资源配置的效率。反之,价格总水平持续下降,将导致通货紧缩,经济衰退,资源配置不均衡、不公平。因此,宏观调控可通过全局性、宏观性的策略稳定价格总水平,保障经济持续健康发展。主要调控策略包括:其一,货币政策。通货膨胀时实行紧缩的货币政策,控制信贷总量;通货紧缩时推行积极而适度的财政和货币政策,激励非政府投资,带动产业部门健康成长。其二,财政政策。对于结构性的供求失衡,应区分不同产业和产品采取对应的政策进行结构性调整。"通过差别税率、差别利率、重点投资补助和其他产业政策,引导、扶持重点产业、基础产业的发展,促进产业结构的优化调整。"[1]其三,政策组合。"对于恶性的通货膨胀需要一系列特别的政策组合,涉及汇率、公共预算、货币供给以及某些情况下针对工资和物价的直接措施。"[2]改革开放以来,我国把稳定物价这一价格总水平的调控目标列为国民经济宏观调控的目标之一。为此,也制定了诸如目标责任制、商品储备制度、调价申报制度等一系列服务于价格宏观调控的具体制度。以农产品价格为例,如今基本形成了以生产补

---

① 参见姜榕兴.市场经济条件下中国价格管理研究[M].北京:光明日报出版社,2004:208.

② 同上。

贴、储备吞吐、进出口调节为主要内容的价格调控机制。① 微观规制与宏观调控合理配合的规制理念和原则，是计划价格到价格双轨，再发展至如今的市场均衡价格的经验总结，对于中国特殊国情下价格规制空间性的把握对实现改革发展成果共享与"三农问题"的解决至关重要。

(三)规制法定原则

规制法定原则一定程度体现出政府权力与市场机制参与市场规制的程度关系，通过事先制定的法律规则调整土地流转关系，剥离规制行为与行政权力的任意性、牟利性和内部控制的风险，保持价格规制的稳定、公开、中立、公平，并一定程度还原价格发现的市场机制。② 纯粹的政府权力、计划经济模式与计划经济机制、指导性经济模式已经成为历史。授权性立法规制抑或是市场定价机制均应立足于法律制度的基本框架内，形成规制实施的法定性。可以对当前规制模式作一个简洁和高度概括的描述，那就是：立法机构制定规制性法律，或授予具有立法权的机构立法；规制机构制定具体规则或法规性文件进一步适用法律；规则的执行交由特定机构；规制机构具有规制行为解释权以及法院享有争议裁判权。③

实践中，情况通常更为复杂，规制机构存在被俘获或者失灵的可能性。我国目前将国务院直属事业单位、国务院部

① 参见涂圣伟,蓝海涛.我国重要农产品价格波动、价格调控及其政策效果[J].改革,2013(12):41-51.
② 参见郭洁.集体建设用地使用权流转市场法律规制的实证研究[M].北京:法律出版社,2013:186.
③ 参见[英]安东尼·奥格斯.规制:法律形势与经济学理论[M].骆梅英,译.北京:中国人民大学出版社,2008:107.

委管理的国家局构建成独立性、专门性以及行政性的规制机构。然而在实践中,这些规制机构除了国务院直属事业单位具有一定独立性外,很多规制隶属于政府行政部门,不具有完全的独立性。此外,在任免机制、财政预算等方面仍受行政权力主要影响,规制策略上渗透出较多的行政指导性,不利于市场机制的优化与均衡价格的发现。① 1993 年底绝大部分工业生产资料和消费品的完全放开以及 1994 年汇率双轨制的并轨,实现了价格双轨制向单一市场价格体制的正式过渡,同时也为价格统一立法奠定了重要基础。② 1997 年《价格法》明确了"国家实行并逐步完善宏观经济调控下主要由市场形成价格的机制,价格的制定应当符合价值规律,大多数商品和服务价格实行市场调节价,极少数商品和服务价格实行政府指导价或者政府定价"的基本思路。事实上,《价格法》的颁布并未完全摆脱土地流转受制于行政权力的干涉,政策性调整始终制约着农地制度变迁的基本轨迹,但通过制定有关法律、法规,规范、约束农地制度和市场建设一直是政府致力的基本方向。③ 进一步讲,土地经营权交易价格规制应蕴含农村改革稳定性和土地经营权市场规范性的双重考量,因而,在法律规制原则基础上应逐步剥离公权力影响,还原土地要素资源的市场价值。此外,法律规制还有利于防止地方政府唯政绩是图,通过人为压低土地经营权流转价格的方式招商引资,侵害土地经营权人利益。

---

① 参见邢会强.走向规则的经济法原理[M].北京:法律出版社,2015:159-161.
② 参见张守文.定价权分配与行使的法律规制[J].法学,2016(10):89-96.
③ 参见胡亦琴.农村土地市场进程中的政府规制研究[M].北京:经济管理出版社,2013:207.

四、土地经营权市场交易价格规制的制度构建

(一)立法完善:一般立法统合与特殊立法规制并存

国外通常采用统一价格法为基准、土地价格法为特殊法的普通法与特殊法相结合的多层次价格规制体系。统一价格法仅对土地价格法律制度作原则性、共同性规定,土地价格法在考量土地资源特殊性基础之上为具体性、针对性规定。如韩国借由《价格法》实现一般法规制,通过《关于公示地标与土地登记的评价法律》《国土利用管理法》规定土地价格法定标准、土地利用具体事项等实现土地特殊属性的特别法规制。① 因此,《价格法》作为土地价格的一般性立法应实现其应有的原则性、共同性规定价值,并以一般法的定位框定特殊法的调整范围,形成规制的层次性。"市场经济一定意义上就是法制经济。价格法律体系是社会主义市场经济法律体系的有机组成部分,是建立新的价格体制的法律依据,加大价格立法力度,加快价格立法步伐,建立以《价格法》为核心,适应社会主义市场经济要求的一套完整的价格法律体系,已成为加强和改善物价工作,规范市场价格秩序,抑制通货膨胀,建立健全新的价格体制的当务之急。"②承上,土地经营权价格法律体系应分为三个层次:一为全国人大颁布的《价格法》;二为针对土地经营权改革路径和构造,全国人大

---

① 参见汪秀莲.韩国土地管理法律制度[J].中国土地科学,2003(3):57-62.
② 参见国家计委印发《关于加快价格法律体系建设的若干意见》的通知(计价调〔1996〕197号)(1996年2月1日)。

或国务院制定的土地价格特别法;①三为地方有立法权的政府或部门因地制宜所颁布的地方价格法规和部门规章,其应是针对土地经营权价格执法和价格监督的权限、程序等所作出的规范。

如果说土地价格法律规范仅调整国有土地价格关系,是因为集体土地资源的实现是以国家征用权为代表的非市场性行政性配置。"三权分置"背景下土地经营权市场的构建理应祛除制度依赖,把握土地经营权市场价格与国有土地使用权价格的共同性和相异性。共同性意味着土地经营权价格体系理应纳入土地价格规制体系,与国有土地使用权价格形成平行性土地法律价格制度。相异性决定了土地经营权交易价格蕴含着自身的特殊性,制度安排上应做出区别性、特殊性的制度设计。本书认为应把握以下两个方向:其一,明确土地经营权交易价格规制的共同性依据。现有价格基本法和国家土地管理法确定的基于规制权力产生的政府价格规制职权、分工等基本法上的价格规制制度,按照基本法的普遍适用原则,在性质上理应作为土地经营权交易价格的共同性依据,并以此来规制土地经营权市场交易价格水平和价格体系。② 其二,土地经营权市场尚处于试点、推广及逐渐形成阶段,市场主体制度、运行制度均还未完全建立,各地方地域市场还处于不完全放开的半开放状态。对此,价格基本法律制度还不能完全适用或即使适用也处于低效、失效状

---

① 可借鉴国外土地价格管理经验,设立《土地价格法》或增强《土地管理法》中对土地价格规制的相关法律制度。如美国伊利诺伊州设立专门的《土地征用法案》、俄罗斯的《农用土地流转法案(修正案)》。

② 参见郭洁.集体建设用地使用权流转市场法律规制的实证研究[M].北京:法律出版社,2013:181.

态。而国有土地使用权或集体建设用地使用权价格规制规则在法律效力上不能直接、完全准用于土地经营权交易价格。因此,明确价格一般立法的统合性规制定位,立足于各地"三权分置"改革进程、市场发展阶段的基础上开展特别立法。共同致力于打造多种法律规范组成的复合型法律规制体系。①

此外,从价格立法的进程上看,一般立法统合与特殊立法规制是实践经验的选择。1987年颁布的《价格管理条例》所明确的经济体制是"有计划的商品经济","有计划"强调政府定价,"商品经济"强调市场定价,进而形成"价格双轨制"之体制基础。基于改革开放市场稳定性要求的考虑,其立法目的显而易见,为从价格管理的角度保护国家利益以及生产者、经营者、消费者等各类主体之利益,"保持市场价格的基本稳定,安定人民生活,保障经济体制改革的顺利进行,促进社会主义有计划商品经济的发展"。② 其第二条规定:"价格管理应当在保障国家利益的前提下,保护生产者、经营者和消费者的合法经济利益,正确处理中央、地方、部门、企业相互之间的经济利益关系。"第三条规定:"国家对价格管理采取直接管理和间接控制相结合的原则,实行国家定价、国家指导价和市场调节价三种价格形式。"③凡此等等,均显现出国家于此阶段对市场价格法律制度的规制重心,即坚持计划商品政府定价、经济商品市场定价的原则下,根据商品特性而逐渐形成多层次的价格发现体系。以1997年《价格

---

① 这个复合型价格体系可能包括:价格基本法中的共同性规范、土地管理法中的共同性规范、其他法律中土地价格相关规范、土地价格法的基本规范、土地经营权交易价格的专门性规范、土地评估技术规程、农用地估价规程、公示地价等。

② 参见《中华人民共和国价格管理条例》第一条。

③ 参见《中华人民共和国价格管理条例》第三条。

法》为基础,针对行业特殊性,出台了一系列行业性价格规制规范。如国务院《关于进一步促进蔬菜生产保障市场供应和价格基本稳定的通知》(2010 年)国家发展改革委《关于提高国内成品油价格的通知》(2014 年)《农产品成本调查管理办法》(修订版)(2017 年)《关于加强配气价格监管的指导意见》(2017 年)等。[①]

(二)制度优化:指导性定价为辅与市场性定价为主

　　诱致性制度变迁与强制性制度变迁是一对共生的范畴。行政导向的显形流转与"市场需求"引导的隐形流转交叉融合于土地流转市场中。表现上看,显形流转在产业组织、市场格局和制度安排上优于隐形流转,然其实为履行国家体制改革所要求的"公法价值",并非是对客观的市场经济需求之表征。循此逻辑,制度需求成为强制性制度变迁的指引,而民间市场式的隐形流转迫于发展在制度安排的缺口之下。于土地经营权价格规制而言,亦无须奢望在制度变革上一蹴而就,理应在定价机制上保留行政性指导定价的合理空间,继续释放强制性制度变迁的制度红利,此外,建立、完善市场性定价,解决农村资源要素与社会资本要素的耦合问题,为土地进一步市场化奠定基础。

　　因此,强制性制度变迁视阈下价格扭曲问题抑或是诱致性制度变迁视阈下价格失真问题,根本上即是政府与市场关系问题,亦是行政权力介入市场经济的程度问题。科斯早在

　　[①]　据北大法宝检索得知,截至 2017 年 10 月,以"价格"为关键词标题精确检索,结果显示为法律(1)、行政法规(66)、部门规章(1649)、团体规定(4)、行业规定(45)、军事法规规章(3)。

《社会成本问题》中明确揭示了解决外部性问题的两种思路：政府手段(科层机制)和市场机制,并指出,采用市场机制解决土地资源利用中存在的外部性问题,其交易成本十分高昂。这一思路与大多数发达国家土地产权制度的变迁路径相耦合,从我国土地制度变迁的趋势来看,其观点同样得到了实践的印证,土地承包经营权制度即是典型。当下来看,科层式体制在农地制度转型期发挥了重要作用,诸多制度理应在土地要素市场化和产权制度改革进一步深化的进程中得以保留和延续,这是由此类制度的规制价值所决定的。如基准地价制度、出让最低价标准制度等。相应地,诱致性制度变迁是对强制性制度变迁的"倒逼",是对市场经济方式、市场经济类型所提出的更具开放性的要求。土地具有完全意义的商品性,其必须通过市场来实现最佳配置,"实质上,我国农村改革走的就是一条市场取向之路,这也是今后农地制度创新之路"。①

1.指导性定价:基准地价制度和出让最低价标准制度

第一,基准地价制度。2008年通过的《中共中央关于推进农村改革发展若干重大问题的决定》明确提出要"逐步建立城乡统一的建设用地市场",长远来看,国有土地市场与农村土地市场的接轨又是一个必然的趋势。② 国有土地价格形成机制经历了无市价阶段、有市价阶段以及市场与政策二元

---

① 参见胡亦琴.农村土地市场化进程中的政府规制研究[M].北京:经济管理出版社,2013:202-203.

② 参见吴越.土地承包经营权流转制度瓶颈与制度创新[M].北京:法律出版社,2014:171.

价格阶段,①并逐渐形成了以基准地价和标定地价为核心,包括出让底价和市场交易价在内的地价体系。这些价格制度的形成可以为经营权价格之形成提供借鉴。其一,基准地价制度。在土地承包经营权流转制度的改革进程中,已有地区对基准地价进行了试点工作。如《崇州市农村土地承包经营权评估基准价办法(试行)》,该办法成为该地区确定抵押贷款授信额度和利率的主要依据。基准地价由政府组织或委托专业评估机构进行评估,是进一步评估宗地地价的基准。②土地经营权流转过程中,价格过高会抑制土地流转成效,价格过低又不能保障流出方财产权益。因此,根据土地经营权的基本分类、结合集体土地的产权特点形成的基准地价既有政府行为的公信力,又提高了土地经营权流转的透明度和可操作性。有学者提出通过对国有基准定价进行修正的具体构建思路,以此来核定不同级别的农地基准地价。③ 通过对交易期日、使用年限、基础设施水平等因素进行相关修正,从而在已有基准定价基础上得出区域内土地地价。④ 本书认为,参照国有土地使用权基准地价制度虽然从制度价值层面体现了"地价统一"原则,但土地经营权价格具有根本特殊性,其价格内涵、开发程度、市场发育阶段均有着农村地权的多元属性内涵。因此,此种方式不能简单地直接效仿,而理应

---

① 参见潘石,董经纬.中国土地"招拍挂"制度变迁效应及改进方向[J].理论探讨,2013(2):167-169.

② 参见彭强.论城市土地区位发展与基准地价调整的关系[J].知识经济,2008(11):70-71.

③ 参见吴越.土地承包经营权流转制度瓶颈与制度创新[M].北京:法律出版社,2014:173.

④ 参见杨建波,李永明,梁辉,等.集体建设用地基准地价评估体系框架构建[J].中国国土资源经济,2013(6):69-72.

在确定土地规划条件、权利状况、开发程度、市场交易信息、区域经济发展状况等影响价格内涵的因素基础上,以保护交易相对人交易安全和形成公开交易价格为目的进行基准定价。

此外,基准地价于各种政府指导价的地价体系中具有基础性定位,因而基准地价的确定是否科学、准确,对于土地经营权流转价格具有决定性。对此,有必要建立基准地价更新制度和基准地价调控制度。通过基准地价更新制度真正实现价格信号的引导作用、保障地价公开性。建立统一的基准地价调控制度,解决基准地价空间分布区域性失衡及时间阶段性失衡问题,实现经营权价格的应然性和均衡性。

第二,出让最低价标准制度。出让最低价标准制度是指市、县人民政府通过招标拍卖挂牌方式出让工业用地,其出让底价和成交价格不得低于所在地土地等别相对应的最低价标准。[①]《招标拍卖挂牌出让国有建设用地使用权规定》亦明确提出:"市、县人民政府国土资源行政主管部门应当根据土地估价结果和政府产业政策综合确定标底或者底价;标底或者底价不得低于国家规定的最低价标准;招标标底和拍卖挂牌的底价,在招标开标前和拍卖挂牌出让活动结束之前应当保密。"[②]国土资源部《关于调整工业用地出让最低价标准实施政策的通知》进一步明确规定:"以农、林、牧、渔业产品初加工为主的工业项目,在确定土地出让底价时可按不低于所在地土地等别相对应《标准》的70%执行"。出让最低价标准制度有效治理了我国工业用地被行政手段扭曲和压低的现状,压缩了政府间恶性竞争压价的空间,体现了价值规律

---

① 参见《全国工业用地出让最低价标准》。

② 参见《招标拍卖挂牌出让国有建设用地使用权规定》第十条。

的要求,反映了各地工业用地成本的客观水平。① 可见,最低出让金制度在趋于成熟的国有土地市场中尚有"用武之地",鉴益于土地经营权制度中亦具有制度正当性:其一,以承包农户为主的流出方对专业知识缺乏,无法对土地价值形成正确或至少公平的判断,而土地流入方却具有强大的资信优势,因而交易中农户往往处于弱势方,出让最低价标准制度即是对农户权益保障的最后底线;其二,实践中,农地流转常有行政权力推动流转的现象,甚至出现地方政府或村级组织"越俎代庖",利用"反租倒包"等形式低价集结农地高价出让给农业企业,从中赚取差额利润。② 出让最低价标准制度能够避免地方政府因短视、逐利和追求政绩而违规操作,压缩土地流转价格,进而保障农地市场交易的市场性、竞争性,最大限度地增进交易双方的利益。

2.市场性定价为主:"招拍挂"制度

2002 年《招标拍卖挂牌出让国有土地使用权规定》(已于 2007 年修改为《招标拍卖挂牌出让国有建设用地使用权规定》)的颁布标志着国家对土地资源的管理方式由审批转变为利用市场手段公平地配置土地资源,并取得了应有的制度效应。③ 就土地经营权而言,招标、拍卖方式在土地流转中已有经验可循。如重庆 2008 年成立农村土地交易所,即开

---

① 参见李建中.析《全国工业用地出让最低价标准》出台——兼论完善工业用地的价格形成机制[J].浙江经济,2007(8):17-19.

② 参见赖丽华.乡村治理视域下的农村土地流转研究[J].江西社会科学,2013(7):204-209.

③ 如潘石、董经纬认为:"土地'招拍挂'制度建立了统一的市场,使得土地资源的价值得以显化;土地'招拍挂'制度使得行业分工细化,提高了不动产市场的运作效率;土地'招拍挂'制度使不动产开发过程中的总权益归属发生变化。"参见潘石,董经纬.中国土地"招拍挂"制度变迁效应及改进方向[J].理论探讨,2013(2):167-169.

展了承包地经营权挂牌交易。① 早在 20 世纪 90 年代,我国农村基层集体组织在政府支持下就开展过四荒土地拍卖,而后"四荒地"拍卖模式被《农村土地承包法》第四十六条所确认。诱致性制度变迁视阈下,农地流转的隐形市场已经客观存在,这种自发无序的交易模式不利于交易方权益的保护。城乡土地同地同权的制度构想下,建立农地流转的"招拍挂"制度则是应有之义。招标模式,即行政主管部门发布招标公告,邀请特定或者不特定的自然人、法人和其他组织参加土地权利投标,根据投标结果确定土地权利所有人的行为。通过招标模式,主管部门可根据投标人信誉、实力、权利形成方式以及地方农地规划综合确定竞标人,如此既兼顾了行政主管部门农地调控的职能,又实现了农地流转价格市场化。② 拍卖模式即行政主管部门发布拍卖公告,由竞买人在指定时间、地点进行公开竞价,根据出价结果确定拍卖物所有权的行为。于土地经营权而言,既有研究和实践均呈现出土地经营权拍卖制度实现的可能性。高圣平教授通过对重庆城乡统筹综合配套改革试点模式的研究提出,土地经营权的变价可借助既有农村土地产权交易平台,以协议拍卖、强制拍卖等形式实现。③ 实践中,河南省沁阳市通过村民大会、市政府批准、土地流转中心登记、公告等程序实现了首批 20 宗 2 200

---

① 重庆农村土地交易所。

② 以国有建设用地使用权招拍挂为例,《招标拍卖挂牌出让国有建设用地使用权规定》第五条明确规定:"国有建设用地使用权招标、拍卖或者挂牌出让活动,应当有计划地进行。市、县人民政府国土资源行政主管部门根据经济社会发展计划、产业政策、土地利用总体规划、土地利用年度计划、城市规划和土地市场状况,编制国有建设用地使用权出让年度计划,报经同级人民政府批准后,及时向社会公开发布。"

③ 参见高圣平.承包土地的经营权抵押规则之构建——兼评重庆城乡统筹综合配套改革试点模式[J].法商研究,2016(1):3-12.

余亩土地经营权的公开拍卖。① 当然，拍卖模式在如今的农地流转中体现出一定的"水土不服"，但可以预见的是，随着"三权分置"改革的推进，土地经营权市场的逐步完善，土地经营权拍卖将在农地流转市场发挥重要功能。② 挂牌模式即行政主管部门发布挂牌公告，按公告规定的期限将拟出让宗地的交易条件在指定的土地交易场所挂牌公布，接受竞买人的报价申请并更新挂牌价格，根据挂牌期限截止时的出价结果或者现场竞价结果确定土地权利所有人的行为。据统计，2009年以来，重庆、长沙、天津、武汉等地农村土地流转中心即开展了土地经营权挂牌交易。依托土地流转平台的挂牌交易可以有效地改善农户在信息掌控上的弱势地位，通过平台引入竞争机制，实现交易成本公开透明化，很大程度避免了权力寻租和土地财政现象。当下的土地流转是公法价值与私法价值逐渐统一的制度构造，政府"居间人"的平台设计是公法价值保障的要求，市场募集则是市场为导向的资源配置需要。"招拍挂"制度符合当下土地流转的制度定位，具有实现的价值和基础。

　　此外，有学者通过对土地市场化改革与土地违法案件的关联性实证研究指出：市场化程度较低的协议出让和挂牌出让方式会对违法案件的数量和涉案面积构成正向的影响，而市场化程度较高的招标和拍卖出让方式则有助于遏制土地违法案件的发生。且这一结论同样体现在中西部地区的市场化程度差异上，东部地区的土地违法案件受市场化影响程

① 河南省人民政府门户网站.沁阳开先河公开拍卖农村土地承包经营权［EB/OL］.2017-11-7.
② 如曾被冠以"农村土地流转第一拍"的北京市平谷区4700亩林地因竞拍价最高2000万元，未达到预期价格而流拍。参见张一鸣.农村土地流转第一拍再度流拍［N］.中国经济时报,2011-9-1.

度最大,中部和西部地区则不然。[①] 当然,"三权分置"背景下,土地经营权市场尚未完全建立,经营权最佳适用的具体交易方式还需要在实践中根据不同用途、不同情况去总结、提炼,但毋庸置疑的是"招拍挂"制度具有良好的应用前景。

本章小结

面对"三权分置"政策已然成为既定改革方向和政策方案的现实,需要秉持务实态度,在遵循法理逻辑和制度经验的基础上创新理论、更新话语、革新规制。[②] 价格是权利收益的基本条件,价格规制是市场化实现的必要方式。土地经营权已被赋予市场收益性属性,具备了市场化、资本化的品格。因此,从立法体制及制度优化的视角对土地经营权价格规制予以检视并作出制度回应尤为重要。理清土地经营权交易价格的法制生成,准确评析土地经营权交易价格的规制现状是展开有效规制的基础。对土地经营权交易价格规制理应坚持直接规制与间接规制有效衔接原则、微观规制与宏观调控合理配合原则以及规制法定原则。进而展开一般立法统合与特殊立法规制并存的立法完善和指导性定价为辅与市场性定价为主的制度优化。当然,土地经营权的价格规制是一个综合性的概念,本书对农地估价方法的讨论,对农地发展权价值的讨论,对农地生态价值的讨论还不够深入或阙如,这也成为今后研究的主要方向。

---

① 参见陶坤玉,张敏,李力行.市场化改革与违法:来自中国土地违法案件的证据[J].南开经济研究,2010(2):28-43.

② 参见耿卓.农地三权分置改革中土地经营权的法理反思与制度回应[J].法学家,2017(5):13-24.

后　记

本书是由我的博士论文发展而来的，而每个作者都有义务说明自己创作的由来，因此，我羞涩难掩。作为博士毕业的要求之一，博士论文是对博士阶段学习的检验，亦是作为学生时代求学生涯的告别。而无论是检验还是告别，都让人伤感。写作过程中，我也一度"沉迷"，仿佛博士论文的研究是一种独白的个别行为，几乎相信本命题的研究可脱离于实践。特别是写作后期，不断发现曾经的思想和见解断篇残简、见骥一毛，每每在讨论价值归属时，似乎成了非理论非实践的"废物"，这让我寝食难安，甚显心无一物。这种情绪本该源于对博士论文写作紧张情绪的放松，而我则深知，这是对我本身既有研究态度的不满和不安，以及对眼前这份博士论文所应有的亏欠。决定"土地经营权市场的法律规制"的选题时，我深知这份"战书"的艰难性与对抗性。一方面，时值《农村土地承包法》修订，"土地经营权"从法律表达到实践路径均尚未盖棺定论，这样的研究聚合了真假命题的切换可能与政策相机的研究大忌。另一方面，土地经营权市场在理论层面虽时有提及，但此市场与真正的产业竞争性市场相差甚远,归根结底仍处于整体管控到逐步放开的过渡阶段。且从类型化上论,实践中线上市场与线下市场并存,二者形式多样,优化路径亦少有共性,规制方案实难兼顾。法律规制的命题在学界是理论研究与实践深化的重要联结点,这种联结甚至体现在任何一个需要法律介入与制度规范的问题出现之处。因此,法律规制的研究可谓"百花齐放""百舸争流"。然在这个繁华的研究场域中,我们又难以读取到法律规制的一般性方案,也难以从过去规制方案中的有效性中得出一般性结论的有用性。如此,似乎法律规制的每一个命题都可能成为新问题、真问题,这让我既欢喜又忧愁。莫罗阿曾言:"一个智慧之士,若欲达到宁静的境界,首先应将使他思想变形的激情与回忆,回复成客观的、可以与人交换、向人倾吐的思想"。有幸的是,我的导师许明月教授是农地制度研究的大家,与老师的每一次交流都让我对农地制度的理论与实践有更为精进的认识。

中国现代法律制度整体上鉴益于西方,相应理论的本土化路径亦受域外法制影响较大。抛开非正式制度之影响,以时间为刻度、以制度变迁阶段为位序,对农地制度进行研判可以发现:当代农地法律制度是一个例外,并呈现出中国特色化的自我优化发展。"三权分置"作为当前农地制度改革的核心制度,一度被称为是适合中国国情的诺奖级制度创新。其以土地所有权、土地承包权、土地经营权为权利谱系展开权能的优化配置,对未来农地制度、农地经营方式、乡村社会转型乃至乡村振兴战略的实现产生了重大影响。"分置论"在体系上实现了权能落地,然从制度实现路径而言,无疑将为"三权分置"的制度实现增添诸多挑战:其一,新型权利的派生将致使交易主体更多元、交易链条更长、权利种类更多,权利之间的关系将面临新的融合与协调,这需要我们在制度设计中既需要塑造新型权利的适法环境又回应既有权利的本原功能;其二,土地问题积重难返,管理本位的制度应对与学理研究将问题单方面归咎于既有体制,导致国家权力的制度设计过多,权利本位的制度设计不足,这同样需要我们在新一轮制度改革中释放权利体系之功能,而这种体系化的重心则应更多体现在农民利益保护的权能设计上。如在原则设计中,我们需要明确交易安全是土地经营权市场的基础性原则,兼顾各方利益是土地经营权市场的保障性原则,公平与效率则是土地经营权市场的均衡发展原则。

关于法律规制合理性问题的研究基本上都是建立在市场失灵理论的基础上。虽然这种理论在解释一般性问题的法律规制合理性方面有一定效用,但用于解释土地经营权市场却显得宏大粗糙。一厢是由于市场失灵的判定基础是在完全市场中资源配置的效率减损,而土地经营权市场当前还需要坚守粮食安全、农地用途管制等公共性政策目标,因此,本市场中市场失灵在原因层面、表现形式层面很大程度耦合于政府失灵。另一厢则是由于土地经营权市场是资源禀赋差异下的市场,全国在基本农情、市场化程度等方面参差不齐,因而需要更为精准的规制理性予以框定。这种双重失灵就要求法律规制既是对市场主体市场需求的回应,又需要克服市场竞争多带来的负外部性,还要求法律规制既需要规范政府规制行为,又一方面承担起克服权力寻租的重要责任。经济法是国家为了克服市场失灵和政府失灵而制定的调整需要由国家干预的具有全局性和社会公共性的经济关系的法律规范的总称。① 经济法作为实践性较强的应用法学学科,需要坚持问题为导向,以规制对象的需求为追求,运用市场规制法的基本理论去直面经济发展中的经济法问题。因此,从经济法的视角去研究农地市场问题,是法律规制技术与规制受体需求的完美契合。

改革开放以来,中国农地制度充盈着中国智慧与中国方案。蕴含社会保障价值的土地承包经营权制度实现了农地经营效率的整体实现,也在一定程度上完成了农民利益保护的历史任务。在新一轮的土地制度改革中,"三权分置"以优化农业经营为制度目标,同时,也承载了基本农情下农民利益保护。这是我国农地制度的内在价值,也是农地权利构造的本色。基于价值选择层面的理论探讨似乎相对容易,也容易达成共识。然二者关系的调适终究要回归和体现到农村的田地里,农业的效能上,农民的"腰包"中。这种复合型的规制目标让我们对法律规制的规制机构能力、规制工具选用、规制实施成本的衡量中越发艰难,以至于对于规制体系的追求似乎成为"遥不可及"的梦。由此,也让法学有机会继续成为改革先锋,为乡村振兴助力。

体系永远只是暂时的总结,对体系的完善需要持续的实践验证,并包容、欢迎开放性的探讨来保证体系不至于过于偏离正义。"三权分置"类自上而下的农地制度改革从改革伊始就并非源于成熟的制度实践,这种模式从政策文本到地方实践均充斥并依赖着试错机制。以制度体系的开放性本质为共识,社会科学者们殚精竭虑于缩小试错成本,并力图

① 李昌麒.经济法学[M].北京:法律出版社,2016:39.

从法学、经济学、社会学等角度为制度展开合理性、科学性的优化。法学界基于程序正义、预防权力恣意等功能展开讨论同样致力于"三权分置"的法律实现和制度落地。体系化对正义的守护需要开放性的批判和实践的检验,本书对于土地经营权市场准入规制、运行规制、价格规制的体系构造同样需要秉持开放性的思辨之维。可以断言,这种开放性的本质不仅仅有利于农地法制的体系性进步,也是培育农地法制理论自立和制度自信的重要方式。

狄更斯言:"这是一个最好的时代,也是一个最坏的时代"。我曾经在多个场合想表达我对这个时代的谢意,您的好让我能旨趣于学术,您的坏让我扎根于学术。

感谢我的导师许明月教授和师母江燕老师。跟随老师的六年里,我心怀诸多感谢。感谢老师将我收入许门大家庭,让我在家一样的环境中幸福地学习。感谢老师在学习上对我谆谆教诲,让初入经济法殿堂的我有了深造和科研的学术基础和学术信心。生活上,两位老师对我的关心无微不至,父母般的恩情学生将一生铭记。

感谢中山大学程信和教授、重庆大学黄锡生教授、秦鹏教授、西南大学赵学刚教授、西南政法大学经济法学院的卢代富教授、岳彩申教授、盛学军教授、叶明教授、王煜宇教授、王怀勇教授、唐烈英教授、江帆教授、黄茂钦教授、邓纲教授、胡元聪教授、张志辽教授、邵海副教授、杨青贵副教授、彭致强老师等对学生的指导和帮助。论文写作过程中,还要感谢各位博大谦和的师友。李瑞雪博士、刘恒科博士、段浩博士、谭玲博士、佘杰新博士、钟颖博士、廖呈钱博士、何松龄博士、吴华升博士、陈耿华博士、陈鸣博士、徐超博士、徐新星博士、周骁然博士、薛艳华博士、唐立文博士、房建恩博士、宣潇然博士、杨丽梅博士、唐军博士、王文文博士、羊海燕博士、何兆飞博士、陈建博士、刘亚丽博士、陈洁博士等师友对我博士期间的照顾和帮助。此外,论文校对过程中,诸多师弟师妹伸以援手,在此一并感谢。

感谢博士后阶段的合作导师张新民教师、温涛教授。从事博士后研究是我的第一份工作,两位导师的无私帮助让我倍感温暖。张老师为人谦和,其宽容严谨的学术理念让我深感佩服。温老师的沉稳与睿智、厚重与深刻,值得学生一辈子去学习。有幸忝列二位先生之门墙,我荣幸之至。

感谢我的母校西南大学,感谢西南大学赵明教授、张步文教授、赵学刚教授、邓瑞平教授、李旭东教授、赵谦教授、龚微教授、房香荣副教授、胡建副教授、赵兴洪副教授、邹兵副教授、黄国泽副教授、王小华副教授、刘向强副教授、兰剑副教授、张海鹏老师、范卫国老师、罗明东老师、李丹老师、唐静老师、刘芳佳老师等对我的提携与帮助。

感谢我的博士后师兄杨复卫副教授及师嫂王卓女士。杨复卫师兄对学术的志业、对生活的乐观积极让我对似学业似工作的博士后研究信心十足。

感谢重庆大学出版社饶帮华社长、张永洋主任、陈力编辑以及致力于本书出版的编辑工匠们。

这些年,与父母聚少离多,本该奉亲之时,却立业未有,他们的无私奉献,是我论文完成、顺利毕业的保障。爷爷奶奶、外公外婆,我想念你们。

这些年,我的妻子秦俭一直支持我,让我心无旁骛。同样,女儿向知诺的出生让我欣喜若狂,我感谢她让我迈入人生新阶段。

这些年,太多的亲人和朋友给予我帮助,我终生铭记。

这些年,经历了很多事情,有悲欢亦有离别。我也感谢这些事情,"充实"了我的人生,让我成长。

向 超

2019 年 12 月 16 日谨志于西南大学法学院

参考文献

一、中文类参考文献

（一）著作类

[1] 安东尼·奥格斯.规制：法律形式与经济学理论[M].骆梅英,译.北京：中国人民大学出版社,2008.

[2] 埃德加·博登海默.法理学——法律哲学与法律方法[M].邓正来,译.北京：中国政法大学出版社,2004.

[3] 罗斯科·庞德.法理学：第一卷[M].邓正来,译.北京：中国政法大学出版社,2004.

[4] 罗伯特·D.考特,托马斯·S.尤伦.法和经济学[M].施少华,姜建强,等,译.上海：上海财经大学出版社,2002.

[5] 早见雄次郎,弗农·拉坦.农业发展：国际前景[M].吴伟东,等,译.北京：商务印书馆,1993.

[6] 长野郎.中国土地制度的研究[M].张我军,译.北京：中国政法大学出版社,2004.

[7] 马修·戴弗雷姆.法社会学讲义：学术脉络与理论体系

[M].郭星华,邢朝国,梁坤,译.北京:北京大学出版社,2010.

[8] 植草益.微观规制经济学[M].北京:中国发展出版社,1992.

[9] 杨青贵.集体土地所有权实现法律机制研究[M].北京:法律出版社,2016.

[10] 丁关良.土地承包经营权流转法律制度研究[M].北京:中国人民大学出版社,2011.

[11] 韩松.集体所有制、集体所有权及其实现的企业形式:修订版[M].北京:法律出版社,2009.

[12] 高富平.中国物权法:制度设计和创新[M].北京:中国人民大学出版社,2005.

[13] 王利明.物权法论[M].北京:中国政法大学出版社,1998.

[14] 王卫国,王广华.中国土地权利的法制建设[M].北京:中国政法大学出版社,2002.

[15] 陈小君,等.农村土地法律制度研究——田野调查解读[M].北京:中国政法大学出版社,2004.

[16] 贺雪峰.地权的逻辑——中国农村土地制度向何处去[M].北京:中国政法大学出版社,2010.

[17] 李昌麒.经济法学[M].北京:法律出版社,2008.

[18] 王立争.新时期农村土地承包制度改革的法律探索[M].北京:中国政法大学出版社,2016.

[19] 党国英.农村改革攻坚[M].北京:中国水利水电出版社,2005.

[20] 房绍坤.承包地"三权分置"的法律表达与实效考察

[M].北京:中国人民大学出版社,2018.

[21] 丁光良,等.农村土地承包经营权流转制度立法研究[M].北京:中国农业出版社,2009.

[22] 殷章甫.土地经济学[M].台北:五南图书出版公司,2010.

[23] 罗必良.中国农业经营制度——理论框架、变迁逻辑及案例解读[M].北京:中国农业出版社,2014.

[24] 陈明燦.土地法专题研究[M].台北:元照出版公司,2010.

[25] 曲福田,黄贤金,等.中国土地制度研究——土地制度改革的产权经济学分析[M].徐州:中国矿业大学出版社,1997.

[26] 郑风田.制度变迁与中国农民的经济行为[M].北京:中国农业科技出版社,2000.

[27] 石冬梅.基于非对称信息的农村土地流转问题研究[M].北京:中国农业出版社,2015.

[28] 国家统计局.中国统计摘要(2000)[M].北京:中国统计出版社,2000.

[29] 杜润生.杜润生自述:中国农村体制变革重大决策纪实[M].北京:人民出版社,2005.

[30] 胡亦琴.农村土地市场化进程中的政府规制研究[M].北京:经济管理出版社,2013.

[31] 周永坤.法理学:全球视野[M].3版.北京:法律出版社,2010.

[32] 毕宝德.土地经济学[M].5版.北京:中国人民大学出版社,2006.

[33] 洪名勇.马克思土地产权制度理论研究——兼论中国农地产权制度改革与创新[M].北京:人民出版社,2011.

[34] 黄茂荣.法学方法与现代民法[M].北京:中国政法大学出版社,2001.

[35] 周诚.土地经济学原理[M].北京:商务印书馆,2003.

[36] 黄韬.中国农地集体产权制度研究[M].成都:西南财经大学出版社,2010.

[37] 崔建远.物权:规范与学说——以中国物权法的解释论为中心(上册)[M].北京:清华大学出版社,2011.

[38] 孟勤国,等.中国农村土地流转问题研究[M].北京:法律出版社,2009.

[39] 朱强.农地流转风险与防范研究[M].北京:北京师范大学出版社,2013.

[40] 柴荣,王小芳.农民土地权益保障法律机制[M].北京:社会科学文献出版社,2017.

[41] 袁震.我国城镇化进程中农村土地制度改革的理论与实践[M].北京:法律出版社,2017.

[42] 王波.规制法的制度构造与学理分析[M].北京:法律出版社,2016.

[43] 周学荣.政府规制论[M].武汉:湖北人民出版社,2010.

[44] 宋容健.市场主体准入与监管[M].北京:高等教育出版社,2017.

[45] 刘道远.集体地权流转法律创新研究[M].北京:北京大学出版社,2011.

[46] 黄建中.农地"三权分置"法律实施机制理论与实践[M].北京:中国法制出版社,2017.

[47] 郑财贵.农地产权制度建设研究[M].重庆:西南师范大学出版社,2012.

[48] 国务院发展研究中心农村经济研究部.集体所有制下的产权重构[M].北京:中国发展出版社,2015.

[49] 高海.农用地"三权分置"研究[M].北京:法律出版社,2017.

[50] 蒋省三,刘守英,李青.中国土地政策改革:政策演进与地方实施[M].上海:三联书店,2010.

[51] 何梦笔.德国秩序政策理论与实践文集[M].冯兴元,庞健,译.上海:上海人民出版社,2000.

[52] 宋志红.中国农村土地制度改革研究:思路、难点与制度建设[M].北京:中国人民大学出版社,2017.

[53] 李光荣,王力.土地市场蓝皮书:中国农村土地市场发展报告(2015—2016)[M].北京:社会科学文献出版社,2016.

[54] 王金堂.土地承包经营权制度的困局与解破——兼论土地承包经营权的二次物权化[M].北京:法律出版社,2013.

[55] 高延利,李宪文.土地政策蓝皮书:中国土地政策研究报告(2017)[M].北京:社会科学文献出版社,2017.

[56] 孙立平.失衡:断裂社会的运作逻辑[M].北京:社会科学文献出版社,2004.

[57] 高富平.物权法原论[M].2版.北京:法律出版社,2014.

[58] 王泽鉴.民法物权:通则·所有权[M].北京:中国政法大学出版社,2001.

[59] 李红娟.农村土地产权制度改革——从身份到契约的嬗

变[M].北京:中国政法大学出版社,2017.

[60] 朱冬亮.农业治理转型与土地流转模式绩效分析[M].北京:中国社会科学出版社,2016.

[61] 甘藏春.土地宏观调控创新理论与实践[M].北京:中国财政经济出版社,2009.

[62] 卢为民.土地政策与宏观调控[M].北京:经济科学出版社,2008.

[63] 范恒山.土地政策与宏观调控[M].北京:经济科学出版社,2010.

[64] 杨志荣.土地供给政策参与宏观调控的理论与实证研究——基于风险控制的视角[M].西安:电子科技大学出版社,2009.

[65] 刘恒科.承包地"三权分置"的权利结构和法律表达研究[M].北京:中国政法大学出版社,2018.

[66] 上海社会科学院房地产业研究中心,上海市房产经济学会.土地供给在宏观调控中的传导[M].上海:上海社会科学院出版社,2017.

[67] 刘俊.中国土地法理论研究[M].北京:法律出版社,2006.

[68] 许月明.农地流转风险问题研究[M].北京:中国社会科学出版社,2016.

[69] 尚旭东.农村土地经营权流转:信托模式、政府主导、规模经营与地方实践[M].北京:中国农业大学出版社,2016.

[70] 刘学敏.中国价格管理研究——微观规制和宏观调控[M].北京:经济管理出版社,2001.

[71] 姜榕兴.市场经济条件下中国价格管理研究[M].北京：光明日报出版社,2004.

[72] 郭洁.集体建设用地使用权流转市场法律规制的实证研究[M].北京：法律出版社,2013.

[73] 邢会强.走向规则的经济法原理[M].北京：法律出版社,2015.

[74] 吴越.土地承包经营权流转制度瓶颈与制度创新：以农地资本化和农业现代化为研究重心[M].北京：法律出版社,2014.

[75] 张五常.佃农理论[M].姜建强,译.北京：中信出版集团,2010.

[76] 张全景,欧名豪.中国土地用途管制制度的耕地保护绩效研究[M].北京：商务印书馆,2008.

[77] 陈明灿.财产权保护、土地使用权限制与损失补偿[M].台北：台湾翰芦图书出版有限公司,2001.

[78] 庄斌.土地承包权与经营权分置制度研究：改革逻辑与立法选择[M].北京：中国社会科学出版社,2018.

(二)论文类

[79] 李忠夏.农村土地流转的合宪性分析[J].中国法学,2015(4)：123-141.

[80] 杨遂全,韩作轩,涂开均."三权分置"下农地流转主体：激励约束、利益冲突与行动策略[J].农村经济,2020(1)：16-23.

[81] 夏玉莲.农村土地"三权分离"背景下的农业经营体制研究[J].理论与改革,2016(1)：140-144.

[82] 卢代富,张国华.体制、机制和制度的形态界定[J].改革,2009(5):130-133.

[83] 秦小红.政府引导农地制度创新的法制回应——以发挥市场在资源配置中的决定性作用为视角[J].法商研究,2016(4):15-23.

[84] 叶剑平,蒋研,丰雷.中国农村土地流转市场的调查研究——基于2005年17省调查的分析和建议[J].中国农村观察,2006(4):48-55.

[85] 黄祖辉,王朋.农村土地流转:现状、问题及对策——兼论土地流转对现代农业发展的影响[J].浙江大学学报:人文社会科学版,2008(2):38-47.

[86] 卞琦娟,周曙东,易小燕,等.农户农地流转现状、特征及其区域差异分析——以浙江省为例[J].资源科学,2011(2):308-314.

[87] 焦富民."三权分置"视域下承包土地的经营权抵押制度之构建[J].政法论坛:中国政法大学学报,2016(5):25-36.

[88] 秦小红.政府干预农业市场制度创新的法律机制[J].现代法学,2016(1):107-118.

[89] 万宝瑞.当前我国农业发展的趋势与建议[J].农业经济问题,2014(4):4-7,110.

[90] 江淑斌,苏群.农村劳动力非农就业与土地流转——基于动力视角的研究[J].经济经纬,2012(2):110-114.

[91] 朱广新.土地承包权与经营权分离的政策意蕴与法制完善[J].法学,2015(11):88-100.

[92] 温世扬,兰晓为.土地承包经营权流转中的利益冲突与

立法选择[J].法学评论,2010(1):29-34.

[93] 徐珍源,孔祥智.转出土地流转期限影响因素实证分析——基于转出农户收益与风险视角[J].农业技术经济,2010(7):30-40.

[94] 高升,邓峰.农村土地产权"三权分置"政策解析[J].技术经济与管理研究,2020(1):124-128.

[95] 龙卫球.民法典物权编"三权分置"规范的体系设置和适用[J].比较法研究,2019(6):53-64.

[96] 许恒周,郭忠兴.农村土地流转影响因素的理论与实证研究——基于农民阶层分化与产权偏好的视角[J].中国人口·资源与环境,2011(3):94-98.

[97] 吕世辰,李华.准市民参与耕地流转的现状及影响因素——基于中部地区省内流动的准市民群体的考察[J].中国农村经济,2011(4):57-64.

[98] 傅广宛,韦彩铃.农村土地股份合作模式:潜在问题及对策——以"龙头企业+合作社+农民"模式为研究对象[J].学习与实践,2012(8):39-43.

[99] 陈成文,赵锦山.农村社会阶层的农村土地流转意愿与行为选择研究[J].湖北社会科学,2008(10):37-40,83.

[100] 周其仁.农地产权与征地制度——中国城市化面临的重大选择[J].经济学,2004(4):193-210.

[101] 李功奎,钟甫宁.农地细碎化、劳动力利用与农民收入——基于江苏省经济欠发达地区的实证研究[J].中国农村经济,2006(4):37-41.

[102] 钟涨宝,汪萍.农地流转过程中的农户行为分析——湖北、浙江等地的农户问卷调查[J].中国农村观察,2003

(6):56-65,81.

[103] 章政.农村土地产权制度创新模式的探索——北京郊区"郑各庄现象"实证分析[J].中国农村经济,2005(2):73-77.

[104] 张照新.中国农村土地流转市场发展及其方式[J].中国农村经济,2002(2):19-24,32.

[105] 于金富.构建新型合作经营方式实现农业经营体制新的飞跃[J].辽宁大学学报:哲学社会科学版,2016(2):52-57.

[106] 马晓河,崔红志.建立土地流转制度,促进区域农业生产规模化经营[J].管理世界,2002(11):63-77.

[107] 贺振华.农村土地流转的效率:现实与理论[J].上海经济研究,2003(3):11-17.

[108] 王利明,周友军.论我国农村土地权利制度的完善[J].中国法学,2012(1):45-54.

[109] 关春根.略论农村土地转包[J].湖南农学院学报,1985(4):65-71.

[110] 周文,倪瑛.我国农村土地制度改革问题探讨[J].云南民族大学学报:哲学社会科学版,2006(4):100-104.

[111] 田孟,贺雪峰.中国的农地细碎化及其治理之道[J].江西财经大学学报,2015(2):88-96.

[112] 孙宪忠.推进农地三权分置经营模式的立法研究[J].中国社会科学,2016(7):145-163,208-209.

[113] 丁文.论土地承包权与土地承包经营权的分离[J].中国法学,2015(3):159-178.

[114] 胡凤.三权分置背景下土地承包经营权的分离与重构

　　　　［J］.西北农林科技大学学报：社会科学版,2017(3)：
　　　　9-15.

［115］蔡立东,姜楠.农地三权分置的法实现［J］.中国社会科
　　　　学,2017(5)：102-122,207.

［116］高圣平.承包土地的经营权抵押规则之构建——兼评
　　　　重庆城乡统筹综合配套改革试点模式［J］.法商研究,
　　　　2016(1)：3-12.

［117］张红宇.准确把握农地"三权分置"办法的深刻内涵
　　　　［J］.农村经济,2017(8)：1-6.

［118］赵万一,汪青松.土地承包经营权的功能转型及权能实
　　　　现——基于农村社会管理创新的视角［J］.法学研究,
　　　　2014(1)：74-92.

［119］张洪波.农地"三权分置"的法律表达：基于权能理论
　　　　的分析［J］.烟台大学学报：哲学社会科学版,2017
　　　　(4)：40-46.

［120］单平基."三权分置"理论反思与土地承包经营权困境
　　　　的解决路径［J］.法学,2016(9)：54-66.

［121］尹亚军."问题导向式立法"——一个经济法立法趋势
　　　　［J］.法制与社会发展,2017(1)：68-80.

［122］高海.论农用地"三权分置"中经营权的法律性质［J］.
　　　　法学家,2016(4)：42-52,176-177.

［123］赵鲲.共享土地经营权：农业规模经营的有效实现形式
　　　　［J］.农业经济问题,2016(8)：4-8.

［124］陶钟太郎,杨环.农地"三权分置"实质探讨——寻求
　　　　政策在法律上的妥适表达［J］.中国土地科学,2017
　　　　(1)：64-72.

[125] 肖鹏.土地经营权的性质研究——基于土地经营权抵押贷款规范性文件的分析[J].中国土地科学,2016 (9):12-18.

[126] 陶钟太郎,杨遂全.农村土地经营权认知与物权塑造——从既有法制到未来立法[J].南京农业大学学报:社会科学版,2015(2):73-79,172.

[127] 宋宗宇,何贞斌,陈丹.农村土地经营权的确定化及其制度构建[J].农村经济,2015(7):19-24.

[128] 许明月.农村承包地经营权抵押融资改革的立法跟进[J].比较法研究,2016(5):1-13.

[129] 薛建良,郭新宇.农地产权权能扩展及管理措施完善研究[J].经济与管理,2016(2):88-91.

[130] 姜红利.放活土地经营权的法制选择与裁判路径[J].法学杂志,2016(3):133-140.

[131] 赖丽华.基于"三权分置"的农村土地经营权二元法律制度构造[J].西南民族大学学报:人文社科版,2016 (11):112-118.

[132] 刘金山.我国农业的过度竞争分析[J].上海经济研究,2002(11):19-25.

[133] 王珺,汪莉.三权分置背景下土地经营权法律属性思考[J].中国石油大学学报:社会科学版,2019(6):45-50.

[134] 邓大才.关于土地承包经营权流转市场的几个重大判断[J].学术研究,2009(10):92-97.

[135] 朱文.新农村建设中农村集体土地流转制度改革与创新[J].农村经济,2007(9):17-19.

[136] 陈卫平,郭定文.农户承包土地流转问题探讨[J].经济

问题探索,2006(1):70-74.

[137] 王瑞雪.土地换保障参保主体多元化的经济学解释[J].调研世界,2012(11):57-59.

[138] 陈景华.制约我国农村土地流转的原因分析[J].中国国土资源经济,2008(10):29-32,67.

[139] 曹荣山,沈志荣.溙东创设农村土地流转有形市场[J].江苏农村经济,2008(9):52.

[140] 陈小君.我国农村土地法律制度变革的思路与框架——十八届三中全会《决定》相关内容解读[J].法学研究,2014(4):4-25.

[141] 吴义龙."三权分置"论的法律逻辑、政策阐释及制度替代[J].法学家,2016(4):28-41,176.

[142] 胡震,朱小庆吉.农地"三权分置"的研究综述[J].中国农业大学学报:社会科学版,2017(1):106-117.

[143] 叶敬忠,吴惠芳,许惠娇,等.土地流转的迷思与现实[J].开放时代,2016(5):7-8,76-91.

[144] 李宁,陈利根,孙佑海.推动农地产权市场化改革需要考虑多重社会转型[J].江苏社会科学,2015(1):69-79.

[145] 陈彤.论农村土地流转市场化的权益分配机制[J].福建论坛:人文社会科学版,2013(10):32-37.

[146] 郭洁.论土地价格法律规制的若干问题[J].法商研究,2005(2):53-59.

[147] 周敏,雷国平,匡兵.信息不对称下的农地流转"柠檬"市场困境——以黑龙江省西城村例证[J].华中农业大学学报:社会科学版,2017(4):118-123,150.

[148] 尚旭东,常倩,王士权.政府主导农地流转的价格机制及政策效应研究[J].中国人口·资源与环境,2016(8):116-124.

[149] 高艳梅,刘海英,李景刚.基于产权价值的农地承包经营权流转价格评估方法研究[J].广东农业科学,2011(15):181-184.

[150] 宋志红.再论土地经营权的性质——基于对《农村土地承包法》的目的解释[J].东方法学,2020(2):146-158.

[151] 苏力.好的研究与实证研究[J].法学,2013(4):16-20.

[152] 黄文艺.法学是一门什么样的科学[J].法制与社会发展,2001(3):31-40.

[153] 赵骏.中国法律实证研究的回归与超越[J].政法论坛,2013(2):3-14.

[154] 金可可.民法实证研究方法与民法教义学[J].法学研究,2012(1):48-50.

[155] 左卫民.一场新的范式革命?——解读中国法律实证研究[J].清华法学,2017(3):45-61.

[156] 解亘.正当化视角下的民法比较法研究[J].法学研究,2013(6):8-11.

[157] 刘承韪.比较法的兴衰之势与中国取向[J].比较法研究,2013(3):1-11.

[158] 张文显,姚建宗.略论法学研究中的价值分析方法[J].法学评论,1991(5):7-11.

[159] 杨代雄.萨维尼法学方法论中的体系化方法[J].法制与社会发展,2006(6):21-30.

[160] 马凯,钱忠好.土地征用、农地直接入市与土地资源优

化配置[J].农业经济问题,2009(4):69-75,111-112.

[161] 刘诗白.社会主义商品经济与企业产权[J].经济研究,1988(3):37-42.

[162] 陈锡文.全面深化"三农"问题改革的思考[J].当代农村财经,2014(6):7-9.

[163] 刘保玉,秦伟.物权与债权的区分及其相对性问题论纲[J].法学论坛,2002(5):39-45.

[164] 张毅,张红,毕宝德.农地的"三权分置"及改革问题:政策轨迹、文本分析与产权重构[J].中国软科学,2016(3):13-23.

[165] 杨学成,曾启.试论农村土地流转的市场化[J].农业经济问题,1994(6):27-30.

[166] "农村土地问题立法研究"课题组,陈小君.农村土地法律制度运行的现实考察——对我国10个省调查的总报告[J].法商研究,2010(1):119-131.

[167] 袁铖.农村土地承包经营权流转:现状、政策与法律三维视角研究[J].宏观经济研究,2011(12):10-18.

[168] 宋志斌.关于农村土地价值实现的思考[J].经济体制改革,2003(5):71-72.

[169] 贺雪峰.论农村土地集体所有制的优势[J].南京农业大学学报:社会科学版,2017(3):1-8,155.

[170] 董正爱,谢忠洲.权能配置与风险回应:农地"三权分置"的制度设计[J].时代法学,2017(6):24-33.

[171] 刘歆立.对当前土地流转灰色预期的透视——基于转出土地农户的视角[J].理论探索,2010(2):56-59.

[172] 龚为纲,张谦.国家干预与农业转型[J].开放时代,

2016(5):57-75,7.

[173] 毕学进.新中国70年来农地权利束嬗递下的异化风险研究[J].农业经济,2020(1):93-95.

[174] 杨艺,朱翠明,张淇.农村土地经营权流转中政府与市场的关系研究[J].西南民族大学学报:人文社科版,2017(10):206-212.

[175] 严海蓉,陈义媛.中国农业资本化的特征和方向:自上而下和自上而下的资本化动力[J].开放时代,2015(5):49-69,6.

[176] 张伟丽,扈映,米红.中国农村土地流转:问题及影响因素——一个文献综述[J].东岳论丛,2013(1):160-164.

[177] 宋志红."三权分置"关键是土地经营权定性[J].中国合作经济,2016(10):11-13.

[178] 涂圣伟.工商资本下乡的适宜领域及其困境摆脱[J].改革,2014(9):73-82.

[179] 阎玮.架好农村土地供需"桥梁"——农村土地流转中介组织法律规制途径[J].中国土地,2013(2):57-59.

[180] 凌斌.土地流转的中国模式:组织基础与运行机制[J].法学研究,2014(6):80-98.

[181] 房绍坤.论土地承包经营权抵押的制度构建[J].法学家,2014(2):41-47.

[182] 薛澜,俞晗之.迈向公共管理范式的全球治理——基于"问题—主体—机制"框架的分析[J].中国社会科学,2015(11):76-91,207.

[183] 张燕,梁珊珊.农民金融权益保护视野下农业贷款难的

制度化路径选择[J].农村经济,2010(2):66-68.

[184] 张新文,詹国辉.整体性治理框架下农村公共服务的有效供给[J].西北农林科技大学学报:社会科学版,2016(3):40-50.

[185] 张良."资本下乡"背景下的乡村治理公共性建构[J].中国农村观察,2016(3):16-26,94.

[186] 农业部经管总站体系与信息处.2014年农村经营管理情况统计总报告[J].农村经营管理,2015(6):39-40.

[187] 张洪源,周海川,孟祥海.工商资本投资农业面临的问题及投资模式探究[J].现代经济探讨,2015(2):53-57.

[188] 王建,陈刚,马意翀.农业新型经营主体何以"毁约退地"[J].农村经营管理,2016(11):24-25.

[189] 汪衍玉,胡亦琴,吕惟攀.农村土地流转中介组织构建与发展问题研究——以浙江省杭州市为例[J].内蒙古农业科技,2011(3):4-6,11.

[190] 王守智.农村土地流转中的地方政府、农民与中介组织[J].北京工业大学学报:社会科学版,2010(3):13-19,80.

[191] 肖鹏,王丹.试论土地经营权租赁合同的完善——基于102个家庭农场的调研[J].中国土地科学,2015(10):20-27.

[192] 房绍坤,林广会.解释论视角下的土地经营权融资担保[J].吉林大学社会科学学报,2020(1):5-17,219.

[193] 肖鹏.农村土地"三权分置"下的承包合同研究[J].西北农林科技大学学报:社会科学版,2017(4):24-31.

[194] 李毅,罗建平,林宇静,等.农村土地流转风险:表现、成因及其形成机理——基于浙江省 A 乡的分析[J].中国农业资源与区划,2016(1):120-130.

[195] 杨建顺.土地规制、房屋拆迁与权利救济[J].法律适用,2010(6):2-9.

[196] 徐广军.论政府干预经济主张的历史错位与认知错位[J].探索,2002(1):104-106.

[197] 邹宝玲,罗必良.农地流转的差序格局及其决定——基于农地转出契约特征的考察[J].财经问题研究,2016(11):97-105.

[198] 黄延廷.论导致农地规模化的几种因素——兼谈我国农地规模化的对策[J].经济体制改革,2010(4):99-103.

[199] 叶兴庆.演进轨迹、困境摆脱与转变我国农业发展方式的政策选择[J].改革,2016(6):22-39.

[200] 蔡瑞林,陈万明,朱雪春.成本收益:耕地流转非粮化的内因与破解关键[J].农村经济,2015(7):44-49.

[201] 于传岗.我国农村土地流转方式、流转成本与治理绩效分析[J].江汉论坛,2011(6):82-87.

[202] 焦长权,周飞舟."资本下乡"与村庄的再造[J].中国社会科学,2016(1):100-116,205-206.

[203] 李乾.土地流转补贴的对象选择与效率差异分析——一个经济学分析框架[J].农村经济,2017(3):93-98.

[204] 马志远,孟金卓,韩一宾.地方政府土地流转补贴政策反思[J].财政研究,2011(3):10-14.

[205] 黄祥芳,陈建成,陈训波.地方政府土地流转补贴政

分析及完善措施[J].西北农林科技大学学报:社会科学版,2014(2):1-6.

[206] 罗必良,胡新艳.农业经营方式转型:已有试验及努力方向[J].农村经济,2016(1):3-13.

[207] 于传岗,张军伟.是否流转分权? 农地有序流转最优机制设计[J].西北农林科技大学学报:社会科学版,2017(4):40-50.

[208] 张淞纶.关于"交易安全理论":批判、反思与扬弃[J].法学评论,2014(4):104-111.

[209] 赖丽华.物权行为与善意取得保障交易安全机能之分析与比较[J].河北法学,2005(2):107-111.

[210] 于飞.从农村土地承包法到民法典物权编:"三权分置"法律表达的完善[J].法学杂志,2020(2):69-77.

[211] 刘经靖."交易安全"影响物权变动模式的原理与谱系——以"流通频率"变量为线索的展开[J].法学论坛,2017(2):46-55.

[212] 韩学平."三权分置"下农村土地经营权有效实现的物权逻辑[J].社会科学辑刊,2016(5):58-65.

[213] 曹振良.改革和完善中国土地制度论纲[J].南开经济研究,1994(S1):48-58.

[214] 王正平,刘玉.利益兼顾:构建社会主义和谐社会的根本道德原则[J].上海师范大学学报:哲学社会科学版,2010(5):5-15.

[215] 韩松.坚持农村土地集体所有权[J].法学家,2014(2):36-41.

[216] 王宏军.经济法国家适度干预原则的经济学分析[J].

法学杂志,2005(3):120-122.

[217] 甘强.经济法中的国家干预——基于法律文本的实证考察[J].现代法学,2013(5):68-75.

[218] 韩洪今.中国农村土地制度中的公平与效率[J].哈尔滨工业大学学报:社会科学版,2004(3):65-68.

[219] 赵丙奇,贾日斗.农村集体土地流转的公平和效率研究[J].经济体制改革,2011(3):77-80.

[220] 张新光.当代世界农业发展的基本规律及其启示[J].当代财经,2008(6):71-76.

[221] 梁书民.日本的土地制度与农业政策及启示[J].农业经济问题,2011(9):104-109.

[222] 汪发元.中外新型农业经营主体发展现状比较及政策建议[J].农业经济问题,2014(10):26-32,110.

[223] 崔宁波,宋秀娟,于兴业.新型农业生产经营主体的发展约束与建议[J].江西社会科学,2014(3):52-57.

[224] 张晓平,崔燕娟,周日泉.农村土地"三权分置"下承包经营权价值评估研究[J].价格理论与实践,2017(7):62-65.

[225] 马俊驹,丁晓强.农村集体土地所有权的分解与保留——论农地"三权分置"的法律构造[J].法律科学,2017(3):141-150.

[226] 陆剑."二轮"承包背景下土地承包经营权制度的异化及其回归[J].法学,2014(3):95-103.

[227] 刘同山,周振,孔祥智.实证分析农民合作社联合社成立动因、发展类型及问题[J].农村经济,2014(4):7-12.

[228] 李东轩,刘平养.三权分置改革中新型农业经营主体的政策认知及其行为响应——以上海市青浦区为例[J].自然资源学报,2020(4):950-962.

[229] 袁震.论"户"的主体构造及相关土地承包经营权益冲突[J].河北法学,2013(9):83-90.

[230] 匡远配,陆钰凤.日本发展农业适度规模经营的经验[J].世界农业,2016(10):197-202.

[231] 陈珏宇,姚东旻,洪嘉聪.政府主导下的土地流转路径模型——一个动态博弈的视角[J].经济评论,2012(2):5-15.

[232] 郭继.农地流转合同形式制度的运行与构建——以法律社会学为视角[J].中国农业大学学报:社会科学版,2009(4):37-44.

[233] 李广德.农地纠纷的类型构造与司法治理——基于承包经营权纠纷案件的实证展开[J].山东社会科学,2017(4):110-115.

[234] 徐超."三权分置"下土地经营权登记制度的缺陷及完善——以信息规制为研究路径[J].农业经济问题,2017(9):19-27,110.

[235] 程子腾,高峰.供给侧结构性改革中的土地宏观调控战略框架设计研究[J].现代管理科学,2017(6):79-81.

[236] 吕祥.浅析上海如何建立农业经营者资格审核机制[J].上海农村经济,2012(11):38-40.

[237] 高佳,朱洪瑞.论我国养老保障城乡统筹发展[J].农业经济,2014(6):45-46.

[238] 李恒.农村土地流转的制度约束及促进路径[J].经济

学动态,2015(6):87-92.

[239] 刘学敏.价格规制:缘由、目标和内容[J].学习与探索,
　　　2001(5):54-60.

[240] 翟研宁.农村土地承包经营权流转价格问题研究[J].
　　　农业经济问题,2013(11):82-86.

[241] 伍振军,孔祥智,郑力文.农地流转价格的影响因素研
　　　究——基于皖、浙两省413户农户的调查[J].江西农
　　　业大学学报:社会科学版,2011(3):1-6.

[242] 黄锐.农村集体建设用地流转制度变迁的制度经济学
　　　分析[J].江汉大学学报:社会科学版,2015(1):51-55,
　　　124-125.

[243] 朱明芬,常敏.农用地隐性市场特征及其归因分析[J].
　　　中国农村经济,2011(11):10-22.

[244] 常敏.农村集体土地隐性市场的双重效应分析[J].现
　　　代经济探讨,2013(6):68-72.

[245] 孙德超,周媛媛.农村土地"三权"分置面临的现实困
　　　境、政策供给体系及其保障措施[J].经济问题,2010
　　　(1):79-86,102.

[246] 张守文.定价权分配与行使的法律规制[J].法学,2016
　　　(10):89-96.

[247] 潘石,董经纬.中国土地"招拍挂"制度变迁效应及改
　　　进方向[J].理论探讨,2013(2):167-169.

[248] 单平基.分解、舍弃抑或改造:《民法典》编纂中土地承
　　　包经营权的定位[J].南京农业大学学报:社会科学版,
　　　2020(3):123-131.

二、英文类参考文献

[249] Ellis F.Peasant economics: farm households and agrarian development [M]. Cambridge: Cambridge University Press,1988.

[250] Huffman, Wallace. Peasant economics: Farm households and agrarian development [J]. Field Crops Research, 1995,40(3):194-195.

[251] Beasley S D, Workman W G, Williams N A. Estimating Amenity Values of Urban Fringe Farmland: A Contingent Valuation Approach: Note[J].Growth and Change,2006, 17(4):70-78.

[252] Nickerson C J, Lynch L.The Effect of Farmland Preservation Programs on Farmland Prices[J].American Journal of Agricultural Economics,2001,83(2):341-351.

[253] Brush S B.Farmers' Rights and Protection of Traditional Agricultural Knowledge[J].World Development,2007,35 (9):1499-1514.

[254] Painter M J.The Farmland Investment Market in Canada [J].Journal of International Farm Management,2009,5 (5):1-17.

[255] Lehn F, Bahrs E.Analysis of factors influencing standard farmland values with regard to stronger interventions in the German farmland market[J].Land Use Policy,2018 (73):138-146.